그리스도인의
감정 수업

Copyright © 2018 by Allison Cook and Kimberly Miller
Originally published in English under the title *Boundaries for Your Soul: How to Turn Your Overwhelming Thoughts and Feelings into Your Greatest Allies* by Nelson Books, an imprint of Thomas Nelson. Nelson Books and Thomas Nelson are represented trademarks of HarperCollins Christian Publishing, Inc.
Published by arrangement with HarperCollins Christian Publishing, Inc. through rMaeng2, Seoul, Republic of Korea
This Korean translation edition ⓒ 2025 by Color Communications, Inc., Seoul, Republic of Korea.

이 한국어판의 저작권은 알맹2를 통하여 HarperCollins Christian Publishing, Inc.와 독점 계약한 ㈜칼라커뮤니케이션에 있습니다.
저작권법에 의하여 한국 내에서 보호받는 저작물이므로 무단 전재와 무단 복제를 금합니다.

그리스도인의 감정 수업

초판 1쇄 발행 2025년 11월 3일
초판 2쇄 발행 2025년 12월 18일
지은이 앨리슨 쿡 & 킴벌리 밀러
옮긴이 김총명
발행인 이성만
발행처 (주)칼라커뮤니케이션
등록번호 제2007-000306호
주소 서울특별시 강남구 강남대로 320, 1108호(역삼동)
이메일 colorcomuni@gmail.com
편집 이의현 최성욱
마케팅 이재혁 김명진
편집디자인 최건호
ISBN 979-11-990799-8-4 (03230)
값 21,000원

야다북스는 (주)칼라커뮤니케이션의 임프린트 브랜드입니다.

불편한 감정을 내 편으로 만드는 방법

그리스도인의 감정 수업

앨리슨 쿡
킴벌리 밀러

김총명 옮김

야다북스

추천의 글

『그리스도인의 감정 수업』은 단순히 감정을 설명하는 책이 아니다. 독자는 이 책이 제시하는 과정을 따라가며, 두려움과 분노, 슬픔 같은 불편한 감정들 속에서도 하나님의 음성을 새롭게 듣는 경험을 하게 될 것이다. 상담실뿐 아니라 예배와 공동체 속에서 신앙인들이 자기 마음을 돌보고 자유롭게 살아가도록 돕는 실제적인 길이 여기에 담겨 있다. 이 책은 기독교 상담학의 언어로 내면의 세계를 풀어내면서도, 복잡한 이론에 머물지 않고 누구나 적용할 수 있는 친절한 안내서다. 감정을 부담스럽게 여겨온 신앙인들에게는 자유의 길을, 상담자와 목회자에게는 새로운 도구와 통찰을 제공한다. 무엇보다 성령의 인도하심을 받는 참자아를 회복함으로써 하나님 안에서 온전히 서는 법을 보여 주는 귀한 선물이 될 것이다.

_ 유영권
연세대학교 연합신학대학원 상담코칭학 교수, 한국기독교상담심리학회 창립자, 전 한국상담심리학회 학회장

인지되지 않거나 통제할 수 없는 감정은 대인관계의 바운더리를 무너뜨리고 감정의 주인을 도덕적·영적 위험에 빠트릴 수 있다. 하지만 자신 안에 있는 가깝거나 먼 감정들을 인식하고 그 가운데 성령을 모실 때 감정의 위험성은 누그러진다. 성령께서는 그리스도 안에 있는 참자아의 바운더리를 분명하게 세우셔서 우리가 감정에 압도되지 않고, 최고의 선을 추구하며 살도록 우리 영혼을 안내하신다. 이 책은 우리가 살아가면서 경험하는 불안과 두려움, 욕망과 수치심까지 다양한 감정들을 선한 스펙트럼으로 변화시킬 수 있도록 성경적이고 실제적으로 안내한다. 자신 및 타인의 감정 문제와 이와 관련한 상담에 관심이 있는 모든 독자들에게 적극 추천한다.

_ 하재성
고려신학대학원 실천신학 상담학 교수

인간 심리를 다루는 책들이 시중 서점에 많다는 것은 그만큼 현대인들의 마음이 쉽게 아프고 힘들다는 방증이다. 그런데 성경적 관점에서 이런 아픔들을 다룬 책들을 찾기는 쉽지 않다. 이런 시기에 이 책은 누구나 회피하고 싶은 자신의 내면에 실재하는 부정적 감정들을 성경적이면서도 실제적으로 다루는 방법에 대해 명확한 가이드를 제시하고 있다. 상담 현장과 신앙 공동체에서 사역하는 상담자들과 사역자들은 물론 자신 안에 있는 '나'의 존재를 깨닫고, 진정한 자아의 회복을 바라는 모든 이들에게 기쁜 마음으로 추천하고 싶은 책이다.

_ 오태균
총신대학교 상담대학원 목회상담학 교수

내면가족체계(IFS) 모델은 그것의 임상적 효용성에도 불구하고 유일하신 하나님과의 인격적 관계가 삶의 중심인 그리스도인에게는 적용하기 어려운 부분이 있었다. 『그리스도인의 감정 수업』은 이러한 고민을 놓치지 않고, 그리스도인들에게 친숙한 '바운더리'의 관점으로 통합의 길을 제시한다. 이 책은 단순히 이론을 소개하는 데 그치지 않고, 우리 삶 속에서 적용할 수 있는 구체적인 다섯 단계의 방법을 제시한다. 독자는 저자가 친절하게 안내하는 과정을 따라가며 자기 내면에 쌓인 짐을 조금씩 내려놓고, 회복의 기쁨을 누리는 경험으로 초대받을 것이다. 상담자와 목회자, 그리고 회복을 원하는 모든 신앙인들에게 이 책을 추천한다.

_ 황선미
코헬렛 카운슬링 대표, 한국상담학회·한국상담심리학회 1급 전문상담가, 국제 PCIT(부모-자녀 상호작용치료) 치료사

인간의 감정을 다루는 일은 흥미롭고 의미 있는 작업이다. 감각적이고 탁월하게 번역한 이 책에서 언급하는 다섯 단계, 즉 '유턴하기'의 방법은 설명하기 복잡하고, 다루기 어려운 감정의 영역을 누구나 쉽게 인지할 수 있도록 설명하며, 감정의 바운더리를 건강하게 형성하는 데 실질적인 도움을 주고 있다. 또한 구체적인 적용 방안을 제시하는 부분은 목회 상담의 현장에서도 손색없이 사용할 수 있는 내용이 될 것이다. 나의 감정을 잘 다루고 싶고, 건강한 감정 바운더리를 원하는 이 시대 모든 사람들에게 이 책을 적극 추천하는 바다.

_ 장은호
한국침례신학대학교 목회상담학 교수

기독교적 내면세계의 딜레마에 관심을 갖고 연구하는 연구자로서 이 책은 하나님이 주신 선물과도 같았다. 상담자만이 아니라 누구든 다룰 수 있도록 쉽고 빨리 읽히도록 쓰여있다. "성령의 인도하심을 받는 참자아"라는 말은 핵심을 짚는 개념이자 명언이다. 이는 하나님이 우리를 독립적인 존재로 만드셨지만, 성령을 의지하며 사는 것이 무엇인지를 명확히 알려준다. 또한 내면의 소외된 부분을 "내면의 잃어버린 양"이라고 표현한 점이 복잡한 내면세계를 명쾌하면서도 성경적으로 바라볼 수 있도록 잘 제시하고 있다. 출판되면 당장 소장하고 싶은 책이다.

_ 김성경
  욕구코칭연구소 소장, 기윤실 청년상담센터 위드 공동소장, 『크리스천 욕구코칭』의 저자

개인의 성장을 위해서는 대인관계에 바운더리를 세워야 하듯이, 내면세계에도 건강한 바운더리를 세워야 한다. 우리 영혼의 다양한 부분들이 서로 연결되고 통합될 때 비로소 우리는 치유를 경험하고, 관계를 맺으며, 삶에서 최상의 기능을 발휘할 수 있다. 앨리슨 쿡(Alison Cook)과 킴벌리 밀러(Kimberly Miller)는 이 여정을 어떻게 실천할 수 있는지에 관해 매우 유익하고 흥미로우면서도 실용적인 책을 세상에 내놓았다.

_ 존 타운센드(John Townsend)
  『No라고 말할 줄 아는 그리스도인(Boundaries)』 뉴욕타임스 베스트셀러 저자, 타운센드 연구소 설립자

『그리스도인의 감정 수업』은 내게 이전부터 알고는 있었지만, 온전히 살아내지 못했던 진리들을 다시 떠올리게 하는 동시에 새로운 통찰까지 선물로 제공해 주었다. 예수님의 내적 치유 사역에 익숙한 사람들은 물론 이를 처음 접하는 사람들에게도 이 책은 실제적인 도움이 될 것이다. 나는 이 책을 자주 마음에 되새기면서 많은 이들과 함께 나누고 싶다.

_ 엘리사 모건(Elisa Morgan)
　The Beauty of Broken, The Prayer Coin의 저자, Discover the Word 공동 진행자, MOPS 인터내셔널 명예 회장

나의 내면과 삶을 사랑으로 이끄는 "성령의 인도하심을 받는 참자아"가 정말 내 안에 존재할 수 있을까? 예수님께서 외적인 원수조차 사랑하라 하신 것처럼, 내면의 적들도 사랑할 수 있을까? 이 책에서 쿡과 밀러는 단순히 그 방법만을 제시하는 것이 아니라, 과거 내면의 적들이 어떻게 내 편으로 바뀌어 놀라운 내적 변화와 평안을 가져오는지도 효과적으로 보여준다. 그들이 내 작업모델을 기독교 독자들에게 이토록 탁월하게 전달한 데 깊이 감탄하는 바다. 이 책이 우리 문화의 치유에 크게 기여하리라 믿는다.

_ 리처드 슈워츠(Richard C. Schwartz)
　내면가족체계(IFS) 심리치료 모델 개발자

통합되고 풍성한 삶을 누리기 위해서는 먼저 그것을 상상할 수 있어야 한다. 그러나 우리는 개인적으로든, 문화적으로든 온전한 마음과 통합된 영혼의 삶을 상상할 여력조차 잃어버린 세상 속에서 살고 있다. 바로 이러한 세상 한가운데로 밀러와 쿡은 민첩함과 너그러움, 그리고 따뜻한 친절함을 가져다주었다. 『그리스도인의 감정 수업』에서 그들은 우리가 갈망해 온 내면의 이미지와 실천들을 샘솟듯이 펼쳐 보일 뿐 아니라, 실제 삶에서 진정한 변화를 시작하도록 기회를 제공한다. 우리 안에 있는 수많은 내면의 부분들이 오랫동안 기다려온 치유와 온전함, 그리고 창조성을 향한 부름에 응답하며 나아가는 여정을 시작하기에 이보다 더 좋은 책은 없을 것이다.

_ 커트 톰슨(Curt Thompson)
   정신과 의사, 강연자, *Anatomy of the Soul*, *The Soul of Shame*의 저자

내면가족체계(IFS) 모델은 우리의 성격 안에 있는 여러 복잡한 부분들을 구분함으로써 감정적으로 성장하는 것을 돕는 신뢰성 있는 심리치료 기법이다. 『그리스도인의 감정 수업』은 더 이상 강렬한 감정에 휘둘리지 않아도 된다는 희망의 메시지를 우리에게 전한다. 이 책은 성경적 통찰과 깊은 연민이 담긴 안내서로, 인생이라는 거센 파도 속에서도 진정한 자아를 발견하도록 도와줄 것이다.

_ 산드라 맥크라켄(Sandra McCracken)
   싱어송라이터, 뮤지션

내면과 외부에서 밀려오는 압도하는 감정 속에서 살아가는 것은 인생에서 가장 지치게 하는 것이며, 끝없이 반복되는 현실이다. 종종 바깥의 혼돈은 우리 내면의 소란과 겹쳐서 마음을 어지럽힌다. 쿡과 밀러는 통제되지 않고 오해받는 영혼의 세계로 우리를 용기 있게 이끌어, 그 흩어진 내면의 부분들이 예수 그리스도의 "수고하고 무거운 짐 진 자들아 다 내게로 오라"는 초대에 응답할 수 있도록 인도한다. 이 책은 이론과 성경, 개인적 경험과 전문적 통찰, 사회과학의 지혜와 성령의 능력을 하나로 우아하게 엮어낸 귀한 선물이다.

_ 카니에레 이튼(Kanyere Eaton, MSW)
펠로우십 커버넌트 교회(뉴욕 브롱크스) 담임목사

이 책은 내면의 낯선 이와 친해져야 한다는 시의적절한 주제에 대해 강렬하면서도 누구나 쉽게 이해할 수 있는 통찰을 제시하는 책이다. 이러한 통찰은 우리의 정신적·영적·정서적 건강에 핵심적인 역할을 한다. 사회 전체의 건강과 공동선을 위해서라도 우리는 자기 내면의 풍경을 돌아보고, 마음의 냉담함에 맞서 싸울 실마리를 찾아야 한다. 상처 입은 내면을 이해하게 될 때, 우리는 자연스럽게 낯설거나 원수처럼 여겼던 타인에게 공감을 느끼며 사랑을 키워갈 수 있다. 쿡과 밀러는 이렇게 중요한 자기 내면을 이해하고 다루는 데 필요한 귀한 도구를 우리에게 선물했다.

_ 브루스 허먼(Bruce Herman)
화가, *Ordinary Saints* 프로젝트 기획자, *Through Your Eyes*의 저자

정말로 놀라운 성과다! 내면에 갈등이 있을 때, 우리는 본능적으로 조화와 온전함을 갈망한다. 이 책은 바운더리 개념을 새롭게 조명함으로써 우리의 감정을 다루고 마음을 단련하고 관계를 풍요롭게 하는 데 큰 도움을 준다. 모두에게 꼭 필요한 책이다!

_ 준 헌트(June Hunt)
Hope for the Heart 설립자 및 대표, *The Answr to Anger, Counseling Through Your Bible Handbook*의 저자

우리 존재의 가장 힘겨운 부분들, 곧 "육체의 가시"라 불리는 것들이 오히려 내 편이 될 수 있다는 통찰을 처음 보여준 사람이 바로 사도 바울이었다. 그는 하나님의 능력과 은혜가 그 가시를 통해 더욱 선명하게 드러난다고 믿었다. 이 책에서 쿡과 밀러는 분노, 두려움, 슬픔, 죄책감처럼 파괴적으로 느껴지는 감정들이 어떻게 하나님의 손안에서 선하게 쓰임 받을 수 있는지를 훌륭하게 보여준다. 그 과정을 따라가다 보면 우리는 진정한 자아라는 최고의 모습으로 나아갈 수 있다. 이 유익한 책이 많은 이들에게 도움이 되기를 바란다. 내게는 정말 많은 도움이 되었다.

_ 스콧 솔즈(Scott Sauls)
내슈빌 그리스도 장로교회 담임목사, *Jesus Outside the Lines, Befriend, From Weakness to Strength*의 저자

하나님과 함께하는 통합된 삶의 자유 안에서 살아가는 것은 오늘날 새롭게 회복되어야 할 시급한 우선순위다. 그것은 우리 영혼의 정원을 돌보는 일로서, 때로는 그 안의 잡초까지도 변화시켜야 하는 일이다. 쿡과 밀러 덕분에 이제 우리 손에는 부드럽지만 깊은 변화를 이끄는 여정이 놓이게 되었다. 성령의 인도하심을 받는 참자아 리더십과 건강한 내면의 바운더리 안에서 이 여정은 우리를 은혜롭게 이끌어갈 것이다.

_ 스티븐 마키아(Stephen Macchia)
Leadership Transformations 설립자이자 대표, *Becoming a Healthy Church*, *Crafting a Rule of Life*, *Broken and Whole*의 저자

우리 문화는 자유, 성공, 권력이라는 이름 아래 바운더리와 한계라는 실재를 종종 외면한다. 그러나 바운더리 없는 삶은 결국 자신과 타인에게 상처를 남길 뿐 아니라, 급기야 자신이 추구하던 자유와 성공, 권력까지 스스로 무너뜨리고 만다. 밀러와 쿡은 바운더리가 왜 어려운지, 그리고 그것을 어떻게 삶에 통합하여 성장으로 이끌 수 있는지를 이해하기 쉽고 명확하게 제시한다. 나는 읽는 내내 "이 질문에 감사한다. 이 통찰에 감사한다. 영혼의 균열과 관계의 복잡한 갈등에 이름을 붙여줘서 고맙다"라고 되뇌었다. 변화와 성장을 진심으로 바란다면 이 책을 반드시 읽기 바란다.

_ 아델 알버그 칼훈(Adele Ahlberg Calhoun)
스피리추얼 포메이션 목사, 하이락 교회(아링턴), 에니어그램 트레이너, *Spiritual Disciplines Handbook*, *Invitations from God*의 저자

밀러와 쿡은 심리학적 렌즈를 통해 영혼의 복잡성과 내면의 갈등을 조명한다. 나아가 고통스럽고 상충되는 생각과 감정을 통합해 내면의 조화를 이루고자 하는 이들에게 기독교적 통찰과 지침을 제시한다. 이는 결코 쉬운 일이 아니다. 하지만 두 저자는 이 과제를 인상 깊고 탁월하게 수행했다. 내면의 평화와 기쁨을 찾고자 하는 많은 이들에게 이 책을 강력히 추천한다.

_ 하빌 헨드릭스 & 헬렌 라켈리 헌트(Harville Hendrix and Helen LaKelly Hunt)
이마고 부부관계치료 창립자, *Getting the love You Want*, *Making Marriage Simple* 뉴욕타임스 베스트셀러 저자

『그리스도인의 감정 수업』에서 두 저자는 우리의 삶과 관계를 위협하는 감정과 생각을 건강하게 다룰 수 있도록 더 깊은 자기 인식과 새로운 자기 조절력을 제시해주었다.

_ 레슬리 버닉(Leslie Vernick)
관계 코치, 강연자, *The Emotionally Destructive Relationship*, *The Emotionally Destructive Marriage*의 저자

이 책을 믿고 끝까지 응원해 준
조(Joe)와 켄(Ken)에게 감사의 마음을 담아

목차

추천의 글 _5

들어가면서 _19

1부 우리 영혼을 새롭게 바라보기

1장 왜 우리 영혼에 바운더리가 필요할까? _31

2장 성령의 인도하심을 받는 참자아 _53

3장 내 안의 세 가지 부분 _71

2부 유턴하기(You-Turn): 내면을 돌보는 다섯 단계

4장 1단계 - 집중하기 _91

5장 2단계 - 친해지기 _107

6장 3단계 - 초대하기 _131

7장 4단계 - 짐 내려놓기 _157

8장 5단계 - 통합하기 _185

BOUNDARIES FOR YOUR SOUL

3부 불편한 감정들과 함께 일하기: 바운더리 세우기

9장 분노 _209

10장 두려움과 불안 _227

11장 슬픔 _247

12장 시기심과 욕망 _265

13장 죄책감과 수치심 _283

14장 타인의 불편한 감정들 _303

감사의 글 _325

부록

영혼의 지도 _331

다섯 단계 연습 가이드 _332

용어집 _334

주(註) _342

일러두기

1. 본문에 인용된 모든 성경 구절은 <개역개정> 한글 성경을 기준으로 하였다. 다만 유진 피터슨의 『메시지』를 인용한 경우에는 따로 표기했다.
2. '참자아(Self)'는 IFS 이론의 핵심 개념으로, 중심 잡힌 내면의 리더로서 진정한 자기를 의미한다. 본서의 'Spirit-led self'는 이 개념의 신학적 표현이며, 번역에서는 '성령의 인도하심을 받는 참자아'로 옮겼다.
3. IFS 이론에서 인격을 구성하는 다양한 측면은 'part(s)'로 지칭되며, 이를 '부분(들)'으로 번역하였다.
4. '바운더리(boundary)'는 나와 타인 사이, 또는 내면의 다양한 부분들 사이에 건강하고 명확한 경계를 세움으로써 영향력과 책임을 분별하고 조절하는 개념을 의미한다.
5. 본서의 핵심 개념인 '유턴하기(You-Turn)'는 외부를 향한 반응을 멈추고 내면을 향해 성찰하고 회복하는 다섯 단계의 과정을 뜻한다.

들어가면서

우리는 모든 것을 갖춘 한 남자를 알고 있다. 그는 잘생기고 매력적이며 다재다능했다. 젊은 나이에 이미 강력하고 유명한 지도자가 되었고, 큰 가정을 이루며 주위 사람에게서 존경받고 축복받는 삶을 살았다. 무엇보다도 그는 하나님을 향한 깊은 열정을 품고 있었다. 기도와 예배에 헌신하며 오랜 세월 성실함과 성공을 바탕으로 신뢰받는 인물로서 명성을 쌓아갔다.

그러나 시간이 흐르면서 이 완벽했던 남자도 결국 자신의 압도적인 충동에 굴복하고 말았다. 아름다운 여인을 본 순간 그녀를 마음에서 지울 수 없었고, 유부녀임을 알면서도 끝내 그녀와 관계를 맺고 말았다. 얼마 지나지 않아 그녀가 임신하자, 그는 그동안 쌓아왔던 자신의 평판이 무너질까 두려워 온갖 방법을 동원해 이 일을 감추려 했다. 그러나 그런 시도가 모두 실패로 돌아가자, 마침내 그는 도덕적 기준을 저버리고 그녀의 남편을 죽이는 선택까지 하고 말았다. 그는 정직한 삶을 원했고, 따라서 그렇게 하면 안 된다는 것을 잘 알고 있었다. 그러나 내적 갈등 끝에 잘못된 선택을 거듭하면서 결국 자신과 주변 사람들에게 깊은 상처를 남기게 되었다.

아마도 이 사람이 누구인지 짐작했을 것이다. 그는 역사상 가장 위대한 영웅 중 하나인 다윗 왕이다. 그는 가나안 족속에게서 예루살렘을 탈환했고, 하나님의 거룩한 거처인 언약궤를 본래의 자리로 다시 가져왔으며, 이스라엘의 북왕국과 남왕국을 통합한 인물이다. 또한 많은 시편을 기록했고, 주님 앞에서 온 마음을 다해 춤을 추기도 했다. 하나님은 그를 그분의 "마음에 맞는 사람"(삼상 13:14)이라고 부르기까지 하셨다. 그러나 그 자신도 인정했듯이, 다윗의 마음에는 분열이 있었다. 많은 미덕을 지닌 사람이었지만, 그의 내면에는 자만, 조작, 살인, 속임수와 같은 내면의 어두운 부분이 존재했고, 그로 인해 하나님의 뜻에서 멀어지기도 했다.

도대체 다윗에게 무슨 문제가 있었던 것일까?

밧세바는 그의 친구의 딸이자 다른 사람의 아내였다. 다윗이 밧세바를 불러들인 순간, 그는 분명 바운더리를 넘어선 것이었다.[1] 밧세바와 그녀의 남편 우리아는 신성한 언약으로 맺어진 부부였지만, 다윗은 그 언약을 짓밟았다. 그런데 다윗이 그 바운더리를 넘기 전부터 이미 그의 **내면**에 있는 욕망에 문제가 있었던 것은 아닐까? 실제로 그는 강력한 전사였지만, 자신의 욕망과 싸우는 데서는 점점 더 무력해지고 있었다. 그리고 그렇게 약화된 내면의 바운더리는 결국 불필요한 고통과 슬픔으로 이어졌다. 물론 우리는 다윗처럼 후궁을 얻기 위해 남편을 죽이는 극단적인 선택을 하지는 않을 것이다. 하지만 우리 역시 때로는 격한 생각과 감정에 휘둘리는 우리 내면의 부분들을 마주하게 된다.

1970년대 이후, '바운더리'라는 개념은 상담 분야에서 매우 유익하게 기여해 왔다. 우리는 다른 사람과의 관계에서 감정적으로 건강한 거리를 유지하거나, 필요할 때 '아니오'라고 말하는 것과 같은 외적 바운더리를 설정하는 데는 익숙하다. 그렇다면 타인과의 관계에서처럼, 내면에서 밀려오는 압도적인 생각과 감정에도 바운더리를 세울 수 있다고 생각해 본 적이 있는가?

헨리 클라우드와 존 타운센드(Henry Cloud and John Townsend)가 집필한 획기적인 시리즈의 책들은 '바운더리' 개념을 대중화함으로써 상담 분야에 종사하는 이들에게 크게 기여했다. 이 시리즈에서 두 저자는 타인과 건강한 외적 바운더리를 설정하는 과정에 앞서 **내면에서** 이루어지는 작업의 중요성을 강조한다. 특히 원저서에 실린 "바운더리에 대한 저항"이라는 장에서는 '분노 반응', '죄책감 메시지', '해결되지 않은 슬픔과 상실', '분노에 대한 두려움', '미지에 대한 두려움' 등과 같은 내적 바운더리를 세울 때 장애가 되는 요소들을 다룬다.[2]

내적 바운더리에 깊은 관심이 있던 나(Kimberly)는 타운센드의 한 컨퍼런스 강연을 들은 후 그에게 다가갔다. 그는 클라이언트를 만나러 급히 가는 길이었지만, 우리는 짧게 대화를 나눌 수 있었다.

내가 질문하자, 그는 웃으면서 "걸으며 이야기할까요?"라고 제안했다. 우리는 구불구불한 복도를 함께 걸었다. 나는 그에게 "'바운더리'라는 개념에 가장 크게 영향을 준 것은 무엇인가요?"라고 물었다. 그는 걸음을 멈추고는 "성경이죠!『No라고 말할 수 있는 그리스도인(Boundaries)』이라는 책에는 바운더리와 관련된 성경 구절이 300개 이상 나와요"라고 대답했다.

실제로 성경은 대인관계뿐만 아니라 인간 영혼의 바운더리에 대해서도 많은 교훈을 준다. 한 예로, 사도 바울은 자신의 내적 갈등을 이렇게 고백했다. "내가 행하는 것을 내가 알지 못하노니 곧 내가 원하는 것은 행하지 아니하고 도리어 미워하는 것을 행함이라"(롬7:15). 이는 바울의 마음에서 어느 한 부분이 다른 한 부분이 설정한 바운더리를 넘어섰음을 보여준다. 이 책은 바로 그런 내적 충돌에서 비롯된 일상적인 갈등을 다루며, 그 갈등을 해결하고 대인관계를 개선할 수 있는 구체적인 방법을 제시한다.

내적 바운더리는 영혼 안에 있는 거룩한 장소와 다양한 내면의 부분들 사이의 연결을 강화한다. 2부에서 설명하듯이, 저자인 우리는 영혼에 건강한 바운더리를 세워가는 과정을 '성령의 인도하심을 받는 참자아 리더십(Spirit-led self-leadership)'이라고 부른다. 좋은 내적 바운더리는 내가 본연의 나로, 즉 가장 순수하고도 거룩한 상태의 영혼으로 살아갈 수 있도록 돕는다. 그리고 이 상태는 괴로운 생각과 감정들을 신실하게 이끌 수 있도록 해준다. 내적 바운더리를 세운다는 것은 우리 안에 관심과 돌봄이 필요한 내면의 부분들과 교감하면서 하나님의 임재를 연습하는 것이다. 이는 성령 하나님을 우리의 가장 깊은 곳으로 초대하는 것을 포함한다.

영혼의 다양한 부분을 배우기

우리는 어느 순간 삶의 기쁨을 빼앗는 진짜 원인은 외부의 문제나 힘들게 하는 사람들이 아님을 깨닫게 된다. 누구나 상처를 입었기에 최고의 자아를 형성하며 지속적인 평화를 누리는 것을 어렵게 만드는 내면의 패턴을 지니고 있다. 우리는 분노, 죄책감, 용서하지 못함과 같은 내면의 문제들에 주의를 기울일 필요가 있다. 그렇지 않으면 이러한 감정들이 우리를 압도하고 다른 사람들에게 불필요한 상처를 줄 수 있기 때문이다. 내면이 아프면 타인에게 선을 베푸는 일도 어려워진다.

그런데 아이러니하게도 괴로운 감정을 다루는 우리의 본능적인 방식이 오히려 문제를 악화시키는 경우가 많다. 선한 의도를 가진 사람일수록 자신이 싫어하는 감정을 억누르거나 부정하려 한다. 원치 않는 충동에 대해 가장 자주 보이는 반응은 '이걸 극복해야 한다' 또는 '이런 생각을 멈춰야 한다'라는 것이다. 하지만 상담자로서 저자인 우리의 경험에 비추어 볼 때, 이러한 접근은 대부분 효과가 없다.

이 책은 같은 목표를 향하되 다른 길을 제시한다. 더 빠르게 가기 위해 오히려 천천히 걷는 방식, 곧 "오라 우리가 서로 변론하자"(사1:18)라는 접근이다. 이는 우리 영혼의 아픈 부분들을 이해하고, 나아가 그들과 친해지는 길로 우리를 이끈다.

> 성숙한 사랑은 자신의 영혼 속 분노와 두려움, 불안, 슬픔 등의 감정들까지도 따뜻하게 맞이하는 것이다.

이런 제안이 다소 낯설게 들릴 수도 있다. **자신 안의 분노 및 두려움과 친해지라**는 말이 어색하게 느껴질 수 있다. **어쩌면 절대로 마주하고 싶지 않은 일일지도 모른다.** 하지만 이렇게 생각해 보자. 예수님은 원수까지도 사랑하라고 가르치셨다. "너희를 박해하는 자를 위하여 기도하라"(마5:44)고 하셨고, 잔치를 베풀 때 외면받는 사람들을 초대하라고 하셨다. "잔치를 베풀거든 차라리 가난한 자들과 몸 불편한 자들과 저는 자들과 맹인들을 청하라"(눅14:12-14). 성숙한 사랑은 자신의 영혼 속 분노와 두려움, 불안, 슬픔 등의 감정들까지도 따뜻하게 맞이하는 것이다.

이 감정들을 들여다보면, 이들이 우리 영혼의 다양한 부분을 나타내며 돌봄이 필요한 존재라는 사실을 알게 된다. 어떤 감정은 나와 너무 가까이 있고, 또 어떤 감정은 너무 멀리 떨어져 있는 것처럼 느껴진다. 또한 간섭받기를 싫어하는 과도한 면모나, 부정하거나 외면한 채 깊숙이 숨겨두었던 잃어버린 성격의 조각들도 마주하게 된다. 이 모든 내면의 부분은 너무 가깝든 너무 멀든 간에 그 나름의 이유가 있다. 그래서 우리는 이들과 건강한 바운더리를 형성해야 한다. 그래야 편안한 거리에서 관계를 맺을 수 있기 때문이다. 이 작업은 우리 자신의 정서적 안정은 물론, 타인과의 관계에도 깊은 영향을 미친다.

『그리스도인의 감정 수업』은 내면의 생각과 감정에 바운더리라는 개념을 깊이 있게 적용한 첫 번째 책이다. 이 주제를 탐구하는 과정에서 가장 유용하게 참고한 이론은 내면가족체계(IFS: Internal Family Systems) 모델이다.[3] 이 치료 모델은 미국에서 빠르게 확산되고 있는 효과가 입증된 치료로서, 많은 사람들이 내면의 조화와 온전함을 이루는 데 큰 도움을 주고 있다.[4] 이 책은 바운더리 개념과 IFS 모델을 통합하는 접근법을 제시하고 있을 뿐 아니라, 이를 기독교적 시각에서 해석한다. 저자인 우리가 IFS에 대한 기독교적 접근을 개발하게 된 이유는 분명하다. 결국 우리 영혼을 압도하는 부분을 돌보는 가장 좋은 방법은 그들과 함께하시는 성령 하나님을 초대하는 것이기 때문이다.

저자인 우리는 상담사로서의 경험과 개인적인 삶을 통해 이 접근법이 얼마나 효과적인지 직접 경험했으며, 따라서 이 방식이 독자의 삶도 변화시킬 수 있다고 확신한다. 우리가 확신하는 바는 다음과 같다. "원치 않는 생각과 감정을 우리 영혼의 부분들로 받아들이면, 그들이 서로 어떻게 연결되는지, 그리고 성령의 인도하심을 받는 참자아와 어떻게 이어지는지를 이해할 수 있다. 나아가 타인과 건강한 바운더리를 세움으로써 평화로운 삶을 누릴 수 있듯, 우리 영혼의 다양한 부분들과도 유익한 바운더리를 설정할 수 있다. 그러므로 이러한 영혼의 다양한 부분들을 내면 가족처럼 생각해 보자. 지혜롭고 자비로운 부모가 그러하듯이, 성령의 인도하심을 받는 참자아가 용기와 사랑으로 그들을 이끄는 모습을 그려보자."

> 우리 영혼을 압도하는 부분을 돌보는 가장 좋은 방법은 그들과 함께하시는 성령 하나님을 초대하는 것이다.

앞으로의 방향

먼저 1장에서는 우리가 어떻게 영혼의 부분들과 연결되지 못하는지, 혹은 다른 부분들에 의해 압도될 수 있는지를 보여준다. 이 장은 "내면 바운더리 자가진단"을 통해 자신의 강점과 성장 가능성을 점검하는 것으로 마무리된다. 이후에는 자신의 생각과 감정을 이끌 수 있는 '성령의 인도하심을 받는 참자아'에 대해 다루며, 내면세계에서 피할 수 없는 여러 도전을 구체적으로 탐구한다. 이 과정을 통해 우리는 영혼 속에 존재하는 세 가지 범주를 알게 되며, "이해는 돌봄의 기초"[5]라는 말처럼, 이들을 더 효과적으로 이끌고 돌보는 방법을 준비하게 된다. 이상의 내용이 1부에 해당한다.

이어지는 2부에서는 하나님에 대해 아는 모든 것과 현재 경험하고 있는 모든 것을 하나로 통합할 수 있도록 도와주는 다섯 단계를 소개한다. 그것은 곧 우리 내면의 부분들에 **집중하고**, 그들과 **친해지며**, 하나님이 함께 하시도록 **초대하고**, 그들이 지고 있는 **짐을 내려놓고**, 마지막으로 그 모든 것을 **통합하는** 것이다. 이 과정을 통해 우리는 압도적인 생각과 감정을 다루는 방법을 배우고, 내면의 평화를 경험하게 될 것이다.

3부에서는 우리가 겪는 특정 감정에 대해 앞서 소개한 다섯 단계를 잘 적용할 수 있도록 추가적인 지침을 제공한다. 특히 우리 내면에서 서로 갈등하는 부분들이 어떻게 가장 든든한 내 편이 될 수 있는지를 배우게 된다. 이 과정에서 우리는 다음과 같은 질문들을 함께 다루게 될 것이다.

- 어떻게 비판적인 태도를 줄이면서 나의 분노를 효과적으로 조절할 수 있을까?
- 나의 불안과 두려움에 대해 무엇을 할 수 있을까?
- 나는 이렇게 슬픔에 짓눌려 살아가야만 할까?
- 나의 시기와 욕망은 어떻게 다루어야 할까?
- 나의 죄책감과 수치심에서 어떻게 벗어날 수 있을까?

이러한 여정을 통해 우리는 자신의 생각과 감정을 긍정적인 방향으로 활용하는 법을 배우게 될 것이다. 또한 감정에 휩싸일 때 어떻게 대응할 수 있을지도 배우게 될 것이다. 분노는 옹호로, 수치는 이해와 따뜻함으로 바뀌고, 내면의 비판자는 진정한 동반자이자 든든한 내 편이 될 것이다. 이것은 온전함을 향한 여정이다. 이 여정은 우리를 변화시키고, 타인을 사랑과 기쁨으로 섬길 수 있도록 이끌 것이다. 이 책을 통해 독자들이 내면에 건강한 바운더리를 세우고, 진정한 자유를 누리게 될 수 있기를 기대한다.

1부

우리 영혼을
새롭게 바라보기

"삶의 아주 이른 시기에, 온전히 받아들이지 못한 마음의 한 부분이 뒤에 남겨졌다. 그 부분은 지금도 두려움으로 가득 차 있다. 그동안 우리는 살아남기 위해 수많은 생존 기술을 익히며 자라왔지만, 결국 바라는 것은 우리 자신이 온전히 하나가 되는 것이다."

_헨리 나우웬(Henri Nouwen), 『안에서 들리는 사랑의 음성(The Inner Voice of Love)』

BOUNDARIES FOR YOUR SOUL

• 1장

왜 우리 영혼에
바운더리가 필요할까?

"내가 행하는 것을 내가 알지 못하노니 곧 내가 원하는 것은 행하지 아니하고 도리어 미워하는 것을 행함이라"

_사도 바울(롬 7:15)

메건은 번아웃을 겪고 있었다. 지친 마음을 회복하고 싶어 바다가 내려다보이는 아름다운 기도원에 머물렀다. 평화로운 풍경은 그녀가 꿈꾸던 그대로였다. 그런데 막상 조용히 앉아 있으려니 오히려 불안이 더 커졌다. 머릿속에서 서로 부딪히는 생각들이 좀처럼 가라앉지 않자, 결국 그녀는 포기하고 평소처럼 드라마를 보기 시작했다. 쉬고 싶었지만 끊임없이 떠오르는 생각들 때문에 도무지 쉴 수가 없었다.

"도대체 왜 이러는 걸까요?" 루벤은 상담실 의자에 축 늘어진 채로 신음하듯 말했다. "매일 밤 혼자 소파에서 잠드는 것도 정말 지긋지긋해요." 루벤은 이성에게 인기가 없었던 건 아니지만, 연애를 시작하면 꼭 문제를 일으킬 것만 같아 자신이 없었다. 그는 딜레마에 빠져 있었다. 진심으로 누군가와 깊은 관계를 맺고 싶었지만, 가까워질수록 밀려드는 불안과 혼란이 그를 두렵게 했다. 엇갈리는 욕구 사이에서 방황하던 그는 어쩌면 평생 진짜 사랑을 경험하지 못할지도 모른다는 생각에 사로잡혀 있었다.

"솔직히 제 가장 친한 친구처럼 살고 싶어요." 제나는 커피잔을 들며 말했다. "어제는 그 가족이 해변에서 크리스마스 사진을 찍다가 갑자기 거대한 파도에 휩쓸리는 상상을 했어요. 그 친구는 완벽하게 사는 것 같은데, 저는 하루하루를 간신히 버티고 있을 뿐이에요. 하나님께 이 시기심 좀 거둬달라고 기도도 해봤는데 아무 소용이 없어요. 솔직히 말하자면, 하나님도 이제 저를 포기하신 것 같아요." 제나는 한편으론 사람들을 사랑하고 싶었지만, 또 한편으론 채워지지 않는 갈망과 싸우느라 힘겨웠다. 그녀는 그 시기심을 어떻게 다뤄야 할지, 그 뒤에 따라오는 죄책감을 어떻게 견뎌야 할지 몰랐다.

톰은 승진과 연봉 인상이 무산되었다는 소식을 아내에게 말할 생각조차 할 수 없었다. 그는 가족을 충분히 돌보지 못했다는 수치심을 애써 억눌렀다. 그 소식을 듣자마자 마음속에서 익숙한 목소리가 다시 들렸다. '난 정말 한심해. 결국 난 아무것도 아닌 존재야.' 이 수치심은 아내와 감정을 나누는 데도 걸림돌이 되었다. 실망스러운 소식을 들은 바로 그날 저녁, 톰은 일부러 웃으며 "오늘 하루도 좋았어!"라고 말했다. 그러나 곧 감정의 폭풍이 그를 덮치리라는 것을 어렵지 않게 짐작할 수 있다.

"내 안의 어떤 부분은 나쁜 사람이 되는 걸 싫어해요. 근데 또 다른 부분은 무능한 사람들이랑 일할 때 너무 짜증나요!" 린은 탁자를 주먹으로 치며 외쳤다. 그녀는 소아과 레지던트였는데, 병원 동료들이 늘 자기의 일을 느리게 만든다고 생각했다. 지도교수들의 평가는 이러했다. '임상 능력 우수. 타인과의 협업에 어려움 있음. 태도에 문제 있음.' 이러한 피드백을 받고 린은 자신을 자제해야 한다는 걸 알고 있었다. 하지만 아무리 참으려 해도 결국 내면의 분노가 참을 수 없이 터져 나오곤 했다. 이토록 유능한 전문가가 감정을 주체하지 못하리라고는 아무도 상상하지 못했다.

대체 무엇이 문제일까?

메건, 루벤, 제나, 톰, 린은 자신의 삶을 뒤흔드는 복잡한 감정과 생각을 어떻게 다뤄야 할지 알지 못했다. 그래서 점점 더 감정에 압도되었고, 결국은 스스로 후회할 행동을 하게 되었다. '이래야 해', '그럴 수 없어', '도대체 무슨 생각을 하고 있는 거야?' 같은 내면의 지뢰밭에 갇혀 있었다. 앞으로 나아가려 할수록 마음은 오히려 더 지쳐갈 뿐이었다.

혹시 이들의 내면적 혼란에 공감할 수 있겠는가? 우리는 열심히 살아가며 다른 사람들과의 관계에서 바운더리를 세우려 애쓰지만, 왜 여전히 분노, 두려움, 죄책감 등으로 힘겨워하는 걸까? 이런 원치 않는 감정들 때문에 때때로 가장 사랑하는 사람들을 상처 입히기도 한다. 예를 들면, 쉽게 사라지지 않는 질투, 두려움에서 비롯된 일중독, 혹은 평소와는 전혀 다른 방식으로 폭발하는 분노 등이 그렇다.

하지만 내면이 강해지면 삶의 도전에 더 유연하고 강인하게 대처할 수 있다. 하나님께서 창조하신 진짜 나로 살아갈 수 있고, 그분이 맡기신 사명에도 충실할 수 있게 된다. 자신의 한계를 현실적으로 바라볼 수 있고, 가치와 비전, 사명과 우선순위에 대해 분명한 감각을 가질 수 있다. 무엇보다도 건강한 관계를 유지하고 맡겨진 사역을 꾸준히 감당하기 위해서는 자신의 시간을 현명하게 사용하도록 결정할 수 있어야 한다는 사실을 깨닫게 될 수 있다.

바로 이 지점에서 이 책이 도움이 될 것이다. 우리는 여러분의 영혼 안에서 주도권을 쥐고자 하는 여러 내면의 부분들과 건강한 바운더리를 세우게 하는 여정을 함께 걷고자 한다. 이 과정을 통해 여러분은 내면에 바운더리를 잘 세울수록 다른 사람들과의 관계에서도 더 건강한 바운더리를 세울 수 있다는 사실을 발견하게 될 것이다.

영혼(soul)

"감정, 사고, 행동 등 인간 내면의 활동을 포함하며, 육체와는 분리된 독립된 실체로 간주되는 존재"[1]

영혼에는 수많은 생각과 감정이 담겨 있으므로, 이를 잘 돌보려면 먼저 영혼의 본질을 이해해야 한다. 종교철학자로 널리 존경받는 달라스 윌라드(Dallas Willard)는 영혼이란 한 사람의 비물질적인 모든 차원을 포함한다고 설명한다. 이 책에서 말하는 '영혼'은 우리 존재의 비물질적인 부분을 의미한다.

달라스 윌라드는 또 이렇게 말한다. "영혼은 본질적으로 재구성될 수 있으며… 이는 인간의 영적 형성 또는 재형성에 있어 매우 핵심적인 과정이다."[2] 즉, 영혼을 돌본다는 것은 내면의 구조를 재구성해 가는 과정이다. 이 과정에서 생각과 감정이 새롭게 정의되고, 결국에는 행동까지 변화하게 된다. 그리고 내면에 건강한 바운더리를 세우고 유지하는 책임을 스스로 감당하는 것이기도 하다.

너무 가깝거나 너무 멀거나?

> **바운더리(boundary)**
> "경계나 한계를 나타내는 어떤 것, 제한하거나 구획 짓는 선"[3]

바운더리란 무엇일까? 바운더리는 내가 누구이며, 무엇을 선택하고 행동할지, 그리고 내 행동이든 타인의 행동이든 어디까지 받아들일지를 결정하는 경계선 또는 한계를 의미한다. 우리의 영, 정신, 마음, 의지, 몸은 모두 저마다의 바운더리를 지니고 있다. 이러한 한계를 이해하게 되면, 나라는 존재의 고유함을 존중할 수 있을 뿐만 아니라, 타인의 고유함도 함께 존중할 수 있게 된다.

외적 바운더리를 예로 들자면, 다른 사람과 대화를 나눌 때 우리는 너무 가까이 다가가 상대의 발을 밟거나, 너무 멀리 떨어져 소리를 질러야 하는 상황은 피한다. 대신 서로의 목소리를 편안하게 들을 수 있도록 팔을 뻗으면 닿을 정도의 거리를 유지한다. 또 다른 예로, 가까운 친구가 멀리 이사했다면 관계가 멀어진 것처럼 느껴질 수 있고, 그래서 그 연결감을 유지하기 위해 새로운 방법을 모색할 수 있다. 반대로 그 친구가 감정적으로 지나치게 밀착해 온다면, 일정한 거리를 둘 필요가 생긴다. 오랫동안 만나지 못한 소원한 가족은 너무 멀게 느껴질 수 있고, 자주 찾아와 오래 머무는 가족은 지나치게 가깝게 느껴질 수 있다. 결국 사람 사이의 적절한 거리감은 상황에 따라 조절될 수 있다. 이는 **편안한 거리**를 갖기 위한 방식이다.

마찬가지로 고통스러운 감정과 관계를 맺을 때도, 상반되지만 건강하지 않은 두 가지 방식이 있다. 하나는 그 감정을 너무 가까이 붙잡는 것이고, 다른 하나는 너무 멀리 밀어내는 것이다. 감정이 너무 가까우면 그 감정에 압도되기 때문에, 반대로 너무 멀면 그 감정과 단절되기 때문에 결국 둘 다 해로운 방식으로 영향을 받게 된다.

고통스러운 감정을 굳이 가까이 두려는 이유가 무엇일까? **멀리 두는 것이 더 낫지 않을까?** 이렇게 생각해 보자. 우리가 느끼는 고통스러운 감정은 우리 영혼의 어떤 부분이 느끼는 것이며, 그 부분들이 치유되기 위해서는 반드시 귀 기울여 들어주고, 존중받고 이해되는 경험이 필요하다. 게다가 이런 힘든 감정을 느끼는 내면의 부분들은 우리가 그것들에 관심을 기울일 때, 우리에게 많은 것을 가르쳐줄 수 있다. 사람과의 관계에서도 그렇듯이, 우리 내면의 부분들과도 편안한 거리를 세우는 것이 핵심이다.

그렇다면 고통스러운 감정이 너무 가까이 있는지, 혹은 너무 멀리 있는지를 어떻게 알 수 있을까?

고통스러운 감정에 **지나치게 가까이** 있을 때는 다음과 같이 생각할 수 있다.

'사람들은 항상 나를 외면해.' (희생자 사고)
'나는 계속해서 남을 위해 베풀며 고통받을 거야.' (순교자 사고)

'나는 아마 평생 이렇게 살겠지. … 절대 행복해질 수 없을 거야.'
(절망 사고)

반대로 고통스러운 감정에서 너무 멀리 있을 때는 이런 생각이 떠오를 수 있다.

'내가 화난 건 걔 때문이야. 문제는 걔라고!' (비난 사고)
'이건 너무 아파서 말 못하겠어 … 그냥 다른 얘기하자.' (회피 사고)
'희망이나 꿈같은 게 뭐가 필요해? 그런 건 아프기만 하지. 지금 이 정도 삶이면 충분해.' (부정 사고)

만약 자신이 희생자 사고, 순교자 사고, 혹은 절망 사고에 빠져 있다면, 고통스러운 감정에 지나치게 가까이 있고, 오래된 습관과 신념에 사로잡혀 있는 것일 수 있다. 이러한 방식은 자신감을 잃게 하고 기쁨을 빼앗는다. 반대로 비난하거나 회피하거나 부정하는 쪽으로 기울어져 있다면, 고통스러운 감정을 너무 멀리 밀어내려는 시도일 수 있다. 이는 그런 감정을 느끼는 내면의 부분들이 우리에게 주고자 하는 의미 있는 메시지를 스스로 외면하는 것이다. 더군다나 부정된 감정은 사실상 사라지지 않는다. 오히려 더 해로운 방식으로 다시 모습을 드러낸다. 마치 두더지 잡기 게임처럼, 불편한 감정을 잠시 눌러 놓는다 해도 예상치 못한 순간에 다시 그 모습을 드러내게 된다. 감정을 효과적으로 이끌려면, 먼저 그 감정에 주목하고 그와 친해진 후 그 자리에 예수님을 초대해야 한다. 그런 다음 짐을 내려놓고, 그것을 우리 영혼의 다른 부분들과 통합하는 작업이 필요하다. 저자인 우리는 이 과정을 '유턴하기(You-Turn)'라고 부른다.

유턴하기(You-Turn)

처음 상담하는 내담자들은 대개 자신이 아닌 **누군가**에 대해 이야기하려 한다. 배우자, 직장 상사, 자녀, 친구 등 대부분 타인의 이야기로 상담을 시작한다. 이는 자연스러운 일이다. 갈등이 감정을 폭발시킬 때 본능적으로 반응하고, 그 원인을 **상대**에게 돌리는 것은 인간의 당연한 반응일 수 있다. 예수님도 타인을 비난하려는 이러한 인간의 경향에 대해 다음과 같이 말씀하셨다. "외식하는 자여 먼저 네 눈 속에서 들보를 빼어라 그 후에야 밝히 보고 형제의 눈 속에서 티를 빼리라"(마 7:5).

예수님은 우리가 자기 영혼의 상태를 깊이 들여다보기를 원하신다. 화가 치밀어 오를 때, 우리 안에서는 어떤 일이 일어나고 있을까? 혹시 상처 입은 내면의 또 다른 부분은 없는가? 만일 있다면, 그 부분을 더 가까이 끌어안고, 그에 필요한 돌봄을 줄 수 있어야 한다. 또는 지나치게 충동적인 부분이 있다면, 거기엔 부드러우면서도 단호한 바운더리가 필요한 것일 수 있다. 우리 내면이 보내는 신호를 주의 깊게 살피고, 고통의 소리에 귀를 기울여야 한다. 충돌하는 감정들이 우리를 무너뜨릴 듯 밀려올 때, 그것은 내면의 바운더리를 점검할 수 있는 좋은 기회다. 지금 우리의 시간과 관심, 방

> 내면의 갈등은
> 성장을 향한
> 마음의 몸부림이다.

향의 전환을 요구하는 생각과 감정은 무엇일까? 우리 영혼 안에서 압도적으로 느껴지는 이 감정의 부분들은 사실 성장과 치유를 위한 기회가 될 수 있다. 결국 내면의 갈등은 성장을 향한 마음의 몸부림인 것이다.[4]

'잠깐! 그 사람이 그런 잔인한 말을 한 거잖아!' 우리 안의 어떤 부분이 이렇게 외칠지도 모른다. 어쩌면 그 말이 사실일 수도 있다. 그러나 상대의 말이 정당했는지 아닌지와는 별개로, 그 상황에서 자신이 어떻게 반응했는지를 돌아보는 편이 우리에게 더 유익하다. '유턴하기'는 자신의 감정과 생각을 명확히 바라보게 함으로써 감정에 휩쓸리지 않고 의식적으로 반응할 수 있게 한다.

'유턴하기'는 다음의 다섯 단계를 따른다.

1단계: 나를 압도하는 내면의 한 부분에 **집중하기**
2단계: 불편하게 느껴지는 이 부분과 **친해지기**
3단계: 예수님을 이 부분 가까이로 **초대하기**
4단계: 지쳐 있는 이 부분이 짊어지고 있는 **짐 내려놓기**
5단계: 이 부분을 내 안에서 한 팀이 된 경쟁자로 **통합하기**[5]

이제 다음 페이지들에서 이 과정을 구체적으로 살펴볼 것이다. 평화와 온전함을 향한 여정에 참여하다 보면, 이전에는 문제로만 여겨졌던 내면의 경향들을 내 편이자 동반자로 보게 될 것이다. 불편한 생각과 감정을 꺼리기보다 그들에게 더 깊은 호기심과 관심을 보이게 될 것이다. 자기 자신을 향한 이런 따뜻한 태도는 "우리를 자유롭게 만드는 지혜로운 한계"를 세우는 데 도움을 줄 것이다.[6]

태초부터 계속되어 온 내면의 갈등

'유턴하기'의 중요성은 역사를 통해서도 배울 수 있다. 사람들은 태초부터 자신의 감정을 책임지기보다 다른 사람을 탓해왔다. 우리는 그들의 실수에서 감정과 책임을 회피할 때 어떤 일이 벌어지는지 배울 수 있다.

아담과 하와를 생각해 보자. 하나님이 먹지 말라고 하신 열매를 뱀이 먹어 보라고 유혹했을 때, 하와는 욕망에 휩싸이고 말았다. 결국 그녀는 마음속 욕망의 충동에 이끌려 하나님이 금하신 열매를 따 먹었다. 한편, 아담은 죄책감을 외면한 채 회피했다. 하나님이 그에게 금한 열매를 먹었는지 물으셨을 때, 그는 책임을 회피하며 이렇게 말했다. "그건 제 탓이 아닙니다!" 만약 하와가 욕망이 일어나는 순간에 잠시 멈추고 하나님께 순종했다면 어땠을까? 아담이 자신의 죄책감을 인정하고 하와를 탓하지 않았다면 어땠을까?

아브라함의 아내 사라도 마찬가지다. 하나님은 아브라함에게 사라가 큰 민족의 어머니가 될 것이라고 약속하셨지만, 사라는 스스로 나이가 너무 많아 아이를 가질 수 없다고 생각했다. 사라는 자신의 한계를 마주하는 것이 두려웠고, 결국 상황을 스스로 통제하려는 충동에 굴복하고 말았다. 그녀는 여종 하갈을 남편과 동침하게 하여 아들을 낳게 했다. 그러나 곧이어 시기심에 휩싸여서 하갈을 광야로 내쫓아버렸다(창16:1-4; 21:8-14). 그녀는 두려움에 압도되어 자기 선택이 불러온 혼란 속에서 하갈을 생명이 위태로운 광야로 내몰았다. 하지만 만약 사라가 아이에 대한 기대를 감당할 자신이 없어 두렵다고 아브라함에게 솔직하게 털어놓았다면 어땠을까? (사라는 결국 히브리서 11장에 나오는 '믿음의 전당'에 이름을 올린다. 그녀도 결국 믿음의 여정을 회복했음을 알 수 있다.)

베드로는 또 어떤가? 그는 예수님을 따르기로 여러 차례 다짐했다. 설령 그로 인해 사람들에게서 종종 비난을 받아도 그는 굽히지 않았다. 그러나 군중들 앞에서 자신이 예수님과 함께 있었다는 이유로 궁지에 몰리게 되자, 그는 두려움에 압도되어 세 번이나 예수님을 모른다고 부인했다(막14:66-72). 예수님을 가장 사랑했고, 그래서 모든 것을 버리고 따랐던 베드로조차 결국 그 순간 두려움에 굴복해 주님을 배신했다. 그러나 사라처럼 베드로도 결국에는 자신의 수치심을 마주하고 겸손한 마음을 가지게 되어 마침내 교회의 반석이라는 부르심을 이루게 된다(마16:18).

마지막으로 다윗 왕을 다시 떠올려보자. 서두에서도 언급했듯이, 그의 내면에서는 전쟁이 벌어지고 있었다. 어느 날 밤, 다윗은 욕망의 시선을 따라 밧세바라는 여인이 달빛 아래 목욕하는 장면을 보게 된다. 욕망에 굴복한 그는 그녀와 동침했고, 그녀가 유부녀임을 알면서도 욕망에 따라 그녀를 취했다. 그리고 자신이 저지른 일을 감추려고 하는 내면의 교활한 부분에 휘둘려, 그녀의 남편을 전쟁터에서 죽게 했다(삼하11장). 다윗은 욕망이 그의 가장 진실한 자아를 짓밟도록 내버려두었고, 결국 살인이라는 죄를 저지르게 되었다.

그때 선지자 나단이 그에게 비유를 들려주며 그의 눈을 뜨게 해 주었다. 한 부자가 가난한 자의 외양간에서 겨우 한 마리 있었던 어린 양마저 빼앗았다는 이야기였다. 분노한 다윗이 "그 사람은 마땅히 죽을 자라"고 외치자, 나단이 말했다. "당신이 그 사람이라"(삼하12:1-7). 다윗은 마침내 자기 내면의 갈등에 직면했고, 하나님과의 교제를 회복했다. 그는 점차 성숙해지면서 감정을 다스리고 내면에 바운더리를 세우는 법을 배워갔다. 그리고 그것을 시편의 노래로 다음과 같이 고백한다. "실로 내가 내 영혼으로 고요하고 평온하게 하기를 젖 뗀 아이가 그의 어머니 품에 있음 같게 하였나니 내 영혼이 젖 뗀 아이와 같도다"(시131:2).

연민의 힘

앞서 살펴본 성경 인물들과 이 장의 도입부에 등장한 평범한 사람들 사이에는 어떤 공통점이 있을까? 그들은 모두 한때 강렬한 감정에 압도되었다. 또한 그들의 영혼에는 서로 갈등하는 내면의 부분들이 존재했다.

비록 성경 이야기들이 다소 극적인 것처럼 보일 수 있지만, 사실 그 속에는 우리가 일상에서 겪는 내면의 갈등이 고스란히 담겨 있다. **자신이 좋은 사람이라고 생각하더라도**, 사도 바울과 같이 이렇게 고백할 수 있다. "내가 원하는 것은 행하지 아니하고 도리어 미워하는 것을 행함이라"(롬7:15). 사도 야고보도 사람을 두고 "두 마음을 품은 자"(약1:8)라고 했고, "한 입에서 찬송과 저주가 나오는도다"(약3:10)라고도 했다. 한순간 기도하다가도 그다음 순간 상처 주는 말을 내뱉는 것이 바로 우리의 모습이다.

"친절해지고 싶지만, 너무 화가 나요." 혹은 "잊어야 하는 줄은 아는데, 계속 그 사람 생각이 떠나질 않아요." 이와 같은 말들을 해 본 적이 있는가? 괴로운 감정이나 해결되지 않는 생각들 때문에 어려움을 겪는 건 누구에게나 일어나는 일이다. 누구나 종종 서로 충돌하는 감정들에 압도당하곤 한다. 사랑하며 바르게 살고 싶지만, 때로는 타인과 자신에게 상처를 입히게 된다.

그러면 이를 해결할 방법은 없는 걸까? 저자인 우리는 기독교 상담사로서 해결할 방법이 **있다**고 분명하게 말할 수 있다. 사람들은 자신 안에 있는 이런 어려운 부분들과 연민 어린 태도로 관계를 맺을 수 있다. 때로는 혼란스러운 내면의 세계를 경청하며, 기도 가운데 영혼의 각 부분들을 최고의 선을 향해 이끌어갈 수도 있다.

상상해 보자. 번아웃을 피해 떠난 메건이 만약 쉴 새 없이 몰아치는 자기 생각들을 들여다보는 법을 배웠다면, 보다 깊고 능동적인 방식으로 하나님과 연결될 수 있었을지도 모른다. 루벤이 상반된 욕망 사이에서 그것들을 화해시킬 수 있었다면, 진정한 사랑을 찾을 수 있지 않았을까? 제나가 자신 안에 있는 시기의 감정에 진심으로 귀 기울여주었다면, 그녀가 열망하던 자질을 더 분명하게 깨달을 수 있지 않았을까? 톰이 수치심을 다른 시각으로 바라볼 수 있었다면, 아내와 슬픔을 나누고 진정한 친밀함의 기쁨을 누릴 수 있지 않았을까? 린이 자신의 분노를 이해하게 되었다면, 눈에 띄진 않지만 깊숙이 자리한 거절에 대한 두려움을 돌보면서 자신을 건강하게 옹호할 수 있지 않았을까?

다음 장들에서 우리는 '유턴하기', 곧 영혼을 돌보는 과정을 통해 삶이 어떻게 변화될 수 있는지를 다룰 것이다. 무의식적 반응이나 회피에서 벗어나 의식적이고 성숙한 방식으로 살아가도록 돕는 구체적이고 신뢰할 만한 방법을 제시할 것이다.[7] 그 결과 자신에게 더욱 관대해지고, 타인과도 자신의 상태에 대해 더욱 건설적으로 소통할 수 있게 될 것이다. 내면에는 더 깊은 평안함이 자리하게 되고, 관계의 친밀감도 더욱 깊어질 것이다.

> 내면의 모든 부분은 선한 일을 위해 쓰임 받을 수 있다.

고통스러운 감정을 성령의 인도하심 아래에서 바라보고 이끌 수 있다면, 내면의 모든 부분이 선한 일을 위해 쓰임 받을 수 있음을 발견하게 될 것이다. 우리 내면의 불편한 부분들과 적당한 거리를 두면서, 각각의 부분을 돌봄의 자세로 대할 수 있게 될 것이다. 어떤 생각과 감정들에 대해 언제 '예스'라 하고, 언제 '노'라 할지 지혜롭게 분별할 수 있게 될 것이다.[8] 자신의 경험과 하나님에 대한 진리를 하나로 통합함으로써 영혼을 위한 바운더리가 주는 유익을 누리게 될 것이다.

다음 장으로 넘어가기 전에 먼저 내적 바운더리 상태를 점검해 볼 수 있는 간단한 퀴즈를 함께 풀어보자.

내적 바운더리 자가진단
내 감정은 너무 가까울까, 아니면 너무 멀까?

다음에 제시된 각 상황에서 자신의 반응에 가장 가까운 답변을 선택해 보자.

1. SNS에 성공한 배우자나 매력적인 자녀들, 멋진 저녁 파티를 올리는 이웃의 사진에 질려버렸을 때, 다음 중 어떤 반응을 보이는가?

    ① 질 수 없다는 듯 여행 사진이나 아이의 상장 사진을 올리고, 다음 주말엔 더 멋진 계획을 세운다.
    ② 이웃에게 사진이 정말 멋졌다고 감탄하며, 자신의 삶에 큰 축복이 되어줘 고맙다고 전한다.
    ③ 질투하는 내 모습이 부끄럽지만, 다른 사람들이 내 속마음을 알지 못해 다행이라고 느낀다.
    ④ 시기심을 인식하고, 마음을 정돈할 시간을 갖기 위해 SNS를 잠시 끊는다.

2. 입사 전에 주말 근무는 없을 거라고 관리자가 분명히 말했지만, 오늘로 다섯 번째 연속 주말 근무를 지시받는다. 어떻게 반응하는가?

    ① 거절은 하지만, 주말 내내 죄책감에 시달린다.
    ② 출근은 하지만, 친구들이 즐겁게 노는 모습을 떠올리며 속으로 분을 삭인다.
    ③ 왜 상사에게 자신의 감정을 솔직하게 말하는 것이 두려운지 친구와 함께 이야기하며 정리해 본다.
    ④ 출근해서 일하고, 퇴근 후엔 아이스크림 한 통을 퍼먹으며 서러움을 달랜다.

3. 친구들과 점심을 먹던 중 한 친구가 눈물을 글썽이며 어젯밤 남편(아내)에게 고함을 듣고 소파에서 밤을 지새웠다고 이야기한다. 어떻게 반응하는가?

① 정중히 자리를 뜬다. 사람들 앞에서 감정을 드러내는 상황은 늘 불편하다.
② "남편(아내) 너무하네"라고 말하며, 그녀(그)를 위해 기도하겠다고 한다.
③ 그녀(그)의 상황에 슬픔을 함께 나누고, 그 순간 자신 안에 어떤 감정이 더 있는지도 들여다본다.
④ 나도 겪었던 부부 갈등 이야기를 꺼내며 함께 나눈다.

4. 시어머님(또는 장모님)이 집에 들르셨다. 잠시 주방을 비운 사이, 또다시 벽에 걸린 그림들을 바꿔놓으신 것을 발견했다. 어떻게 반응하는가?

① 꾹 참았다가 나중에 배우자에게 불만을 털어놓는다.
② 치미는 화를 인식하고, 그 감정의 원인을 돌아본 뒤 다음엔 어떻게 바운더리를 지킬지 스스로 계획한다.
③ 다른 친구의 시어머님(또는 장모님)이 부럽다는 생각이 든다.
④ 시어머님(또는 장모님)이 집에 계시는 동안에는 바뀐 그림이 마음에 든다고 말하고, 돌아가신 후 원래대로 되돌려놓는다.

5. 오랫동안 노력해 온 승진에서 탈락했다. 어떻게 반응하는가?

① 어떻게 해야 할지는 모르겠지만, 그냥 빨리 잊자고 스스로에게 말한다.
② 괜히 내 처지가 더 비참하게 느껴지고, 왜 늘 나한테만 이런 일이 생기는지 억울한 마음이 든다.
③ 친구와 함께 이 실망감을 나누고 기도한다.
④ 새로 승진한 상사를 어떻게 골탕 먹일지 온갖 상상을 해본다.

6. 최근 외식비로 너무 많은 돈을 써서 신용카드 빚이 감당이 안 된다. 이 사실을 연인에게 말할지 말지 고민 중이다. 어떻게 반응하는가?

① 그동안 과소비로 회피해온 고통스러운 감정을 마주하기로 결심한다.
② 상대가 묻지 않으면 굳이 먼저 말하지 않는다.
③ 카드 명세서만 떠올려도 숨이 턱 막힌다.
④ 텅 빈 잔고를 보며 우울감이 밀려온다.

7. 일주일간의 휴가 중 이틀째인데 맘 편히 쉬는 게 쉽지 않다. 계획해 둔 휴식 활동 목록은 다 끝냈고, 오늘은 당최 일 생각이 머릿속을 떠나지 않는다. 어떻게 하는가?

① 팀에서 나 없이도 잘될 거라고 했지만, 결국 확인 전화를 걸어야 마음이 놓인다.
② 왜 일과 떨어져 있을 때마다 불안해지는지 스스로 되짚어본다.
③ 창문 커튼을 치고 침대에 누운 채, 오늘 아무것도 해내지 못한 자신을 자책한다.
④ 사무실에 전화하지는 않지만, 가만히 있을 수 없어 자동차 안을 샅샅이 청소한다.

8. 친구들과 점심 약속에 늦었는데, 연인이 노란 신호에 멈춰 선다. 어떻게 반응하는가?

① "안전운전 대단한데? 이러다 점심은 굶고 저녁에나 도착하겠군"라고 말한다.
② 노란색은 '서두르라'는 뜻이라고 교통 철학 강의를 시작한다.
③ 불안한 마음이 든다고 차분히 표현한다.
④ 크게 한숨을 쉬며, 상대가 뭐가 문제인지 알아주길 바란다.

9. 요즘 통제 불가인 자녀들과 마트에 가는 건 상상만 해도 숨이 막힌다. 하지만 결국 그날이 왔을 때, 어떻게 반응하는가?

① 다른 부모의 말 잘 듣는 아이들이 조용히 따라다니는 모습을 부러워하며 쳐다본다.
② 내가 화를 참지 못하더라도 자신에게 너그러워지기로 결심한다.
③ 자녀들이 말썽을 부리는 순간, "내가 도대체 애들을 어떻게 키운 거지?"라고 중얼거린다.
④ 이 난리를 피하려고 장보기를 포기하고, 저녁을 배달로 대체한다.

10. 내일 중요한 발표가 있는데, 밤 10시가 되어도 여전히 첫 장에서 막혀 있다. 어떻게 반응하는가?

① 일곱 번째 색 조합을 시도하며, 완벽해질 때까지 계속 수정한다.
② 왜 진작 시작하지 않았냐며 자신을 비난한다.
③ 내일 아프다고 연락하기로 결심하고, 이어서 4시간 동안 좋아하는 드라마를 몰아본다.
④ 완벽하지 않아도 괜찮다고 생각하며, 충분히 괜찮은 선에서 마무리하기로 한다.

내적 바운더리 자가진단
점수 계산 및 결과 해석

점수 계산 방법:
다음 항목에 해당하는 답변을 선택했다면, 항목당 1점을 부여한다.
1-④, 2-③, 3-③, 4-②, 5-③, 6-①, 7-②, 8-③, 9-②, 10-④
그 외의 모든 답변은 0점이다.

총점: _____ 점

총점 0-3점:
감정에서 너무 멀리 떨어져 있으며, 이 책이 분명 큰 도움이 될 것이다.

당신의 대답을 보면, 당신은 고통스러운 감정을 피하는 경향이 있다. 상황에 휘둘리는 느낌을 받을 수 있고, 감정과 생각을 솔직하게 표현하거나 자신을 대변하는 데 어려움을 겪을 수 있다. 이 책은 그런 감정들을 정면으로 마주하고, 그 감정들을 오히려 강력한 내 편으로 바꾸어갈 수 있도록 도와줄 것이다.

총점 4-7점:
어떤 감정은 너무 가까이 있고, 어떤 감정은 너무 멀리 있으며, 또 어떤 감정은 적당한 거리를 유지하고 있다. 지금 어떤 감정이 자신을 힘들게 하고 있는지 파악하고, 그 감정들이 나를 위해 일하도록 해보자.

불편한 감정들을 관리하려고 애쓰고 있지만, 때로는 그것들을 어떻게 다뤄야 할지 몰라 오히려 분노, 두려움, 불안, 슬픔, 질투, 죄책감, 수치심을 더 키우게 되기도 한다.

9장에서는 분노를 다룬다. 분노는 그것과 친해지는 법을 배울 때 강력한 내 편이 된다. 이 장에서는 분노의 유익과 위험, 그리고 그것의 특별한 필요를 어떻게 돌볼 수 있을지 함께 탐색해 본다. 내면의 비판자를 신뢰할 수 있는 조언자로 바꿀 수 있다고 상상할 수 있겠는가?

10장은 두려움과 불안을 다룬다. 용기를 내기 위해서는 두려움이 필요하다. 불안의 목소리를 경청하고, 그것을 자신을 위한 힘으로 전환할 수 있다. 이 강력한 감정들을 잘 이해하게 되면, 하나님의 조용한 음성으로 나아가는 길을 발견할 수 있을 것이다.

11장은 슬픔을 다룬다. 성장하고 깊은 영적 뿌리를 내리기 위해서는 고통이 필요하다. 그러나 그 고통에 압도당할 필요는 없다. 슬픔을 기꺼이 맞이하면, 그 감정도 나와 기꺼이 협력하려 할 것이다. 슬픔과 바운더리를 세울 경우, 그 감정이 마음 한편에 조용히 자리 잡을 수 있게 된다.

12장은 시기심을 다룬다. 시기심을 도움이 되는 내 편으로 바꾸는 것을 상상할 수 있겠는가? 시기심은 우리 내면의 어떤 부분이 외면당하거나 완전히 꽉 막혀 있다고 느낄 때 생기는 강력한 감정이다. 이 장에서는 시기심의 목소리에 귀를 기울이고, 그것을 건강한 동기 부여로 전환하는 법을 다룬다.

13장은 죄책감과 수치심을 다룬다. 내면의 비판자는 지금까지 믿어온 거짓된 신념을 내려놓을 준비가 되었는가? 수치심이라는 짐을 내려놓을 준비가 되었는가? 이제는 '나는 사랑받는 존재다'라는 더 크고 더 나은 이야기에 비추어, 진정한 용기를 가지고 자기 삶의 이야기를 다시 써나갈 시간이다.

총점 8-10점:

감정과 생각 사이에 건강한 바운더리를 가지고 있으며, 지금 그 거리가 적절하다. 이 책은 다른 사람을 돕는 데 사용할 수 있는 유익한 아이디어들을 제공할 것이다.

자신을 존중하고 잘 돌보는 것이 얼마나 중요한지 알고 있으며, 하나님과 동행하면서 자신의 내면을 신실하게 이끌어가는 데 능숙하다. 이 책의 내용은 지금 느끼는 압도적인 생각과 감정들을 계속해서 든든한 내 편으로 바꾸어갈 수 있도록 도와줄 것이다. 14장을 살펴보면, 다른 사람들 안에 있는 불편한 부분들에 인내심을 갖고 관계 맺는 법과, 사랑하는 사람들과 더 깊은 친밀감을 형성하는 방법에 대해 구체적인 아이디어를 얻을 수 있을 것이다.

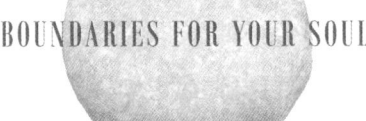

BOUNDARIES FOR YOUR SOUL

• **2장**

성령의
인도하심을 받는
참자아

"또 새 영을 너희 속에 두고 새 마음을 너희에게 주되"
_에스겔 36장 26절

"우리가 세상의 영을 받지 아니하고 오직 하나님으로부터 온 영을 받았으니"
_고린도전서 2장 12절

우리는 왜 늘 감당하기 힘든 생각과 감정에 시달릴까? 이는 우리의 생각과 감정이 우리의 성격 안에 존재하는 서로 다른 내면의 부분들에 속해 있기 때문이다. 이들은 각자 서로가 통제권을 잡으려고 한다. 각각의 부분들은 선한 의도를 지니고 있으며, 특정한 순간에 어떻게 생각하고, 느끼고, 행동할지를 자기 나름대로 결정하려고 한다. 이들은 언제나 자기 방식이 최선이라고 믿으며, 우리의 주의를 끌기 위해 경쟁한다. 메건의 이야기가 이를 잘 보여준다.

메건의 내면 이야기

내가 끼어들지 않았다면, 메건은 아마 상담 시간 내내 혼자서 말하는 것을 멈추지 않았을 것이다. 그녀는 존경받는 단체를 이끄는 성공한 책임자였지만, 결혼 생활에 어려움을 겪고 있었다. 침대 반대편에서 자는 남편과 대화조차 하지 않는다는 사실을 스스로도 인정하기 싫어했다.

메건은 어린 시절, 동네에서 가장 가난한 집에서 자란 아이였다. 그래서 일찍부터 결심했다. 커서 열심히 일해 돈을 많이 벌겠다고. 그녀는 안정된 가정을 꾸리는 것과 함께 회사에서 높은 자리에 오르는 것을 꿈꿨다. 어른이 된 지금, 겉보기에는 그 꿈을 이룬 것처럼 보였지만, 여전히 가족이 생존에 필요한 것을 얻지 못할지도 모른다는 두려움이 그녀를 짓누르고 있었다. 그리고 그녀가 아는 유일한 방법은 더 열심히 일하는 것이었다.

상담 초기에 메건은 남편과 좀 더 가까워지고 싶다고 말했다. 하지만 남편이 하루 동안 있었던 일을 이야기하기 시작하면, 머릿속에 해야 할 일들이 떠올라 금세 그 생각에 압도되곤 했다. 다정한 아내가 되고 싶은 마음이 진심임에도 불구하고, 사람보다 일을 우선시하는 내면의 일 중심 관리자 부분이 주도권을 잡는 경우가 많았다. 퇴근 후에는 쉬는 것이 아니라 머릿속으로 해야 할 일에 관한 목록을 끝도 없이 정리했다. 저녁 식사를 마친 후 설거지를 끝내자마자 이메일과 문서 파일을 점검하며 또 다른 업무에 몰두했다. 메건 안에 있는 이 애쓰는 부분은 마치 일과 결혼한 것처럼 그녀를 몰아붙였다. 그렇게 남편과 편안한 대화를 나누지 못한 지 어느덧 1년이나 지나 있었다.

메건의 일 중심 관리자는 내가 좋아하는 영화 중 하나인 〈인사이드 아웃〉의 '기쁨'이라는 캐릭터를 떠올리게 했다. 나는 메건에게 다음 상담 때까지 영화 〈인사이드 아웃〉을 보고 오라고 권했다. "영화와 메건 씨의 삶 사이에 어떤 공통점이 있을지 궁금해요."

메건은 내 책장의 근엄한 분위기를 깨뜨리며 놓여 있는 화려한 〈인사이드 아웃〉 피규어들을 힐끗 바라보며 조심스럽게 말했다. "그거 아이들이 보는 영화 아닌가요?"

영화는 부모의 직장 이동으로 미국 중서부에서 캘리포니아로 이사하게 된 소녀 라일리의 내면세계를 다룬다. 라일리의 내면에 존재하는 분노, 불안, 슬픔, 까칠, 기쁨 같은 감정들이 각자의 방식대로 라일리를 이끌기 위해 경쟁한다. 나는 라일리의 이야기가 메건이 자신의 내면에서 겪고 있는 갈등과, 그 안에서 일 중심 관리자 부분이 어떻게 통제권을 쥐려 하는지 이해하는 데 도움이 되리라 생각했다.

영화가 전개되면서 분노는 라일리로 하여금 부모에게 화를 내게 만들고, 불안은 새 학교에서 친구를 사귀려는 시도를 방해한다. 기쁨은 슬픔이 마음의 본부를 장악하지 못하도록 안간힘을 쏟다. 한편, 아빠의 분노는 라일리의 감정을 억누르려 하지만 계속 실패하고, 엄마는 상상 속에서 헬리콥터 조종사와의 로맨스를 꿈꾼다.

> 우리는 생각과 감정에 압도당할 필요가 없다. 성령 하나님의 인도하심을 따라 그들을 이끌 수 있는 능력이 우리 안에 있기 때문이다.

영화를 본 메건은 결국 자신 안에도 주목받고 인정받기를 기다리는 다양한 부분들이 존재한다는 사실을 깨달았다. 우리도 한번 생각해 보자. '한쪽 마음은 슬픈데, 또 다른 한쪽은 화가 나'라고 느껴본 적은 없는가? 어쩌면 메건처럼 진심으로 친구나 사랑하는 사람과 연결되고 싶어 하지만, 겉으로는 끊임없이 애쓰는 일 중심 관리자가 내면을 장악하고 있을 수 있다. 혹은 라일리처럼 외로움을 느끼는 부분이 있으면서도 다른 한쪽은 넘치는 열정으로 사람들을 압도하고 있을 수 있다.

선한 의도를 지녔지만 서로 충돌하는 우리 내면의 부분들에게는 건강한 바운더리가 필요하다. 감사하게도 우리는 그러한 바운더리를 세우고 내면의 갈등에 평화를 가져올 수 있는 능력을 지니고 있다. 우리는 생각과 감정에 압도당할 필요가 없다. 성령 하나님의 인도하심을 따라 그들을 이끌 수 있는 능력이 우리 안에 있기 때문이다.

성령 하나님과 함께하기

왜 저자인 우리는 영혼을 다스릴 능력이 우리 자신에게 있다고 확신하는 걸까? 예레미야 선지자는 이렇게 경고하지 않았던가? "만물보다 거짓되고 심히 부패한 것은 마음이라"(렘17:9). 그렇다면 그는 우리에게 자신을 신뢰해서는 안 된다고 말하는 것이 아닐까? 하지만 우리의 부패한 상태를 이렇게 선언한 예레미야는 동시에 나사렛 예수가 오셔서 우리를 위해 살고, 죽고, 부활하심으로써 이루게 되실 놀라운 소식도 함께 예언했다. 그는 그 혁명적인 사건이 지닌 목적을 이렇게 선언했다. "내가 나의 법을 그들의 속에 두며 그들의 마음에 기록하여 나는 그들의 하나님이 되고 그들은 내 백성이 될 것이라"(렘31:33).

잠시 정리하고 넘어가자. 하나님은 처음에 모세에게 십계명, 곧 외적으로 기록된 하나님의 율법을 주셨다. 이 계명들은 지금도 여전히 지혜로운 기준으로 유효하다. "나 외에는 다른 신들을 네게 두지 말라 … 우상을 만들지 말고 … 여호와의 이름을 망령되게 부르지 말라 … 안식일을 기억하여 거룩하게 지키라 … 부모를 공경하라 … 살인하지 말라 간음하지 말라 도둑질하지 말라 … 거짓 증거하지 말라 네 이웃의 집을 탐내지 말라"(출20:1-17). 그러나 문제는 이런 기준을 안다고 해서 그 기준대로 살 수 있는 능력이 우리에게 생기는 것은 아니라는 점이다.

사실 하나님이 모세에게 주신 계명을 온전히 지키면서 사는 사람은 아무도 없다. 우리는 모두 이 계명들을 어긴다. 이를테면, 이기적으로 행동하거나, 돈과 가족, 인기 등을 우상처럼 여기거나, 스스로 만든 곤경에서 벗어나기 위해 진실을 왜곡하거나, 타인에 대한 시기와 적대감을 품거나, 가족을 불명예스럽게 하거나, 친구에게 상처를 주는 식으로 말이다. 우리는 끊임없이 실수하고 넘어진다. 바로 이런 이유 때문에 예레미야는 인간의 마음이 지닌 비참한 상태를 탄식했던 것이다.

그래서 하나님은 그분의 계획 가운데 두 번째 단계를 시작하셨다. 바로 그분의 율법을 자녀들의 마음에 새기시는 것이었다. 이 단계는 예수님의 탄생과 함께 시작되었다. 예수님은 하나님의 율법을 온전히 지키시면서, 우리가 어떻게 살아야 하는지를 몸소 보여주셨다. 나아가 우리가 그 율법을 완벽히 지킬 수 없다는 사실을 아셨기에, 그 대가를 대신 치르시고자 자신의 생명을 내어주셨다. 죽음을 앞두고 예수님은 제자들에게 자신의 영이 그들과 함께할 것이라고 약속하셨다. "내가 아버지께 구하겠으니 그가 또 다른 보혜사를 너희에게 주사 영원토록 너희와 함께 있게 하리니 그는 진리의 영이라 그는 너희와 함께 거하심이요 또 너희 속에 계시겠음이라"(요14:16-17). 예수님은 삶의 모범을 보여주셨고, 예레미야가 예언한 약속을 이루셨다. 지금도 예수님의 영은 그분을 영접한 이들의 마음속에 거하신다.

　하나님은 인간의 깨어짐에 응답하시어 우리의 영혼을 내면으로부터 변화시키신다. 하나님의 영이 율법을 실천할 수 있는 능력을 우리에게 주신다는 사실을 깨닫게 하시기 위해, 부활하신 예수님은 오순절에 제자들에게 성령을 부어주셨다. 오순절은 시내산에 모인 이스라엘 백성에게 하나님이 십계명을 주신 날을 기념하는 유대인의 절기다. 십수 세기 전에 모세는 돌판에 새겨진 율법을 받았지만, 사도행전 2장에 따르면, 하나님은 제자들이 다락방에 모여 있을 때 **그들의 마음에** 율법을 기록하셨다.

　오늘날 우리에게는 기록된 율법이 있고, 예수님의 삶과 가르침이 있다. 또한 예수님을 마음에 영접한 사람이라면 누구든지 지혜와 치유의 궁극적 근원이신 성령을 그 안에 모시고 있다. 이 책의 목적은 우리 안에 거하시는 하나님의 영을 더 깊이 누리도록 돕고, 동시에 하나님의 돌보심이 필요한 내면의 부분들에 성령을 초대하도록 격려하는 데 있다.

그러나 내면에 성령이 계신다고 해서 모든 부분이 자동으로 평안과 기쁨을 누리게 되는 것은 아니다. 우리 영혼의 어떤 부분들은 여전히 고집을 부리며 하나님의 뜻에 저항하려 하기 때문이다. 우리는 매 순간 성령과 함께 걸을지, 아니면 자기 뜻대로 걸을지 선택할 수 있다. 감사하게도 우리는 어려움을 겪는 내면의 부분들을 우리 안에 계시는 성령과 연결할 수 있다. 성령께서 그 부분들과 함께하시도록 초대할 수 있고, 그분의 능력이 역사하시는 모습을 지켜볼 수 있다. 하나님과 협력할 때, 우리는 제멋대로인 영혼의 부분들과 친해지고, 그 부분들을 풍성한 삶으로 이끌 수 있다(요 10:10). 예수님은 이렇게 말씀하셨다. "나는 포도나무요 너희는 가지라 그가 내 안에, 내가 그 안에 거하면 사람이 열매를 많이 맺나니"(요 15:5). 예수님이 우리 안에 거하시듯이, 우리 내면의 모든 부분 역시 그리스도 안에 거할 수 있다.

하나님은 우리에게 주체성을 주셨다. 그분은 우리 삶 속에서 행하시는 그분의 역사에 동참하도록 우리를 초청하신다. 우리의 역할은 우리의 생각이나 감정을 그대로 따르기보다, 성령을 따라 내면의 부분들을 **이끄는** 것이다. 이렇게 할 때, 우리는 가장 불편한 내

> 우리는 매 순간 성령과 함께 걸을지, 아니면 자기 뜻대로 갈지 선택할 수 있다.

면의 부분들조차 우리의 든든한 동반자이자 내 편으로 변화시킬 수 있다.

인간의 주도성과 하나님의 축복

성경에 나오는 룻기의 이야기는 하나님의 축복이 인간의 주도성과 함께 이루어질 수 있음을 보여준다. 이야기의 시작에서 우리는 룻의 남편이 죽었다는 사실을 알게 된다. 시어머니 나오미는 과부가 된 룻을 위해 하나님께 새 남편을 달라고 기도한다. 기도만 하는 것이 아니라 직접 행동에 나서기까지 한다. 그래서 룻에게 보아스라는 존경받는 남자가 일하는 밭에서 이삭을 주우라고 제안한다. 결국 하나님은 룻과 보아스를 결혼하게 하셨고, 나오미는 하나님의 신실하심을 찬양한다. 성경은 이 이야기에서만이 아니라 그 외 다른 많은 이야기에서도 하나님이 그분의 계획을 이루시기 위해 종종 인간의 주도성을 사용하신다는 사실을 알려 준다.

성령의 인도하심을 받는 참자아로의 초대

성령께 마음을 열게 되면, 조각난 우리 영혼의 부분들을 인도하고 회복하는 과정을 돕는 살아있는 "보배"(고후 4:7)를 얻게 된다. 사도 바울은 에베소서에서 이렇게 말했다. "그 안에서 너희도 진리의 말씀 곧 너희의 구원의 복음을 듣고 그 안에서 또한 믿어 약속의 성령으로 인치심을 받았으니"(엡 1:13). 또한 그는 이렇게도 기도했다. "그의 성령으로 말미암아 너희 속사람을 능력으로 강건하게 하시오며 믿음으로 말미암아 그리스도께서 너희 마음에 계시게 하시옵고… 하나님의 모든 충만하신 것으로 너희에게 충만하게 하시기를 구하노라"(엡3:16-17, 19). 로마서에서도 바울은 고백하기를, "내 속사람으로는 하나님의 법을 즐거워하되"(롬7:22)라고 했다. 여기서 말하는 '속사람'은 우리 존재의 중심을 가리키는 표현이며, 저자인 우리는 이를 '성령의 인도하심을 받는 참자아(Spirit-led self)'라고 부른다.

창조주 하나님은 우리의 몸과 마음에 어느 정도 스스로를 치유할 수 있는 놀라운 능력을 심어주셨다. 따라서 외부의 도움 없이도 일정 부분 치유될 수는 있지만, 성령께서 우리 안에 거하신다면 그 온전함을 향한 여정이 훨씬 더 강력해진다. 의사가 몸의 다친 부위를 돌보듯이, 우리 역시 하나님의 성령의 도우심으로 영혼의 상처 입은 부분들을 돌볼 수 있다.

성령의 인도하심을 받는 참자아란 우리 영혼 안에 거하시는 하나님의 인도하심을 따라 살아가는 우리의 본모습이다. 저자인 우리가 성령의 인도하심을 받는 참자아라고 부르는 이 개념은 많은 심리학자들과 영적 지도자들에 의해 탐구되어 왔다. 예를 들어, 사랑받는 작가 헨리 나우웬(Henri Nouwen)은 영혼 깊은 곳에 있는 그 자리에 관해, 그곳은 마음이 맑아져 시야를 선명하게 하고, 흩어진 생각과 욕망을 한데 모아 진리 안에 머물 수 있게 하는 장소라고 묘사했다.

네덜란드 출신의 사제이자 교수였던 나우웬은 개인적으로 감정적인 고통을 겪고 있던 한가운데서 이 신성한 장소에 관한 글을 썼다. 그는 온전함을 추구하며 11년 동안 장애인 공동체 라르쉬

(L'Arche)에서 섬기며 살았고, 그 시기에 기록한 개인적인 글쓰기는 그의 깊이 있는 저서 『내면에서 들리는 사랑의 음성(The Inner Voice of Love)』의 토대가 되었다. 이 통찰력 있는 책은 나우웬이 하나님의 영에 이끌려 두려움, 슬픔, 죄책감, 수치심의 감정들과 친해지고, 그 아픈 감정들 가까이 예수님을 초대함으로써 돌봄을 경험했던 그의 여정을 보여준다. 그는 이렇게 썼다.

> 우리는 또 다른 자리 곧 안전할 수 있는 곳이 있다는 것을 믿어야 합니다. 이 새로운 자리가 감정이나 열정, 느낌 너머에 있다고 생각하는 것은 어쩌면 잘못된 일일 수 있습니다. '너머'라는 표현은 마치 이러한 인간적인 감정들이 이곳에 존재하지 않는다는 의미처럼 들릴 수 있기 때문입니다. 그 대신 이곳을 우리 존재의 중심, 곧 모든 인간적인 감정이 진리 안에서 하나로 모이는 마음의 자리라고 생각해 봅시다. 이곳에서 우리는 진실하게 느끼고, 생각하며, 행동할 수 있습니다.[1]

이와 비슷하게 심리학자 헨리 클라우드와 존 타운센드(Henry Cloud and John Townsend) 역시 우리가 비판에 대한 두려움 없이 감정을 경험할 수 있는 '내면의 공간'에 관해 언급한다. 이 공간은 우리 영혼의 다양한 부분들이 필요한 관심을 받음으로써, 그로 인해 상처를 주는 방식으로 행동하지 않도록 돕는 공간이다. 그들은 이렇게 말했다. "우리는 우리 내면의 감정이나 충동, 욕구를 행동으로 옮기지 않고도 느낄 수 있는 공간이 필요하다. 우리에겐 억압이 아니라

건강한 자기 통제가 필요하다."²

이곳에서 성령의 인도하심을 받는 참자아는 우리를 붙들어 진리 안에 머물게 하는 역할을 한다. 또한 이곳에서 우리는 불편한 감정을 더 가까이 이끌거나 한 걸음 물러서게 함으로써 새로운 관점을 가질 수 있다. 그리고 예수님을 초대해 그분의 임재가 가장 필요한 내면의 부분에 함께하시도록 할 수 있다. 성령의 인도하심을 받는 참자아는 우리 안에 있는 힘겨운 생각과 감정들을 잘 돌보고, 그래서 그 생각과 감정들이 인정받고 변화되도록 이끌 수 있다.

한편, 우리는 다음과 같은 특성들을 경험할 때 성령의 인도하심을 받는 참자아가 우리의 삶을 이끌고 있음을 알 수 있다. 이 모든 특성은 영어 알파벳 C로 시작하는 단어들이다.³

- 평온함(calmness)
- 명확함(clarity)
- 호기심(curiosity)
- 연민(compassion)
- 자신감(confidence)
- 용기(courage)
- 창의성(creativity)
- 연결감(connectedness)

또한 성령의 인도하심을 따를 때, 우리는 성령의 열매, 곧 "사랑과 희락과 화평과 오래 참음과 자비와 양선과 충성과 온유와 절제"(갈5:22-23)를 맺으며 살아가게 된다.

앞으로 이어질 이 여정을 시작하며 성령의 인도하심을 받는 참자아에 대한 이해를 마음에 새기길 바란다. 자신의 생각과 감정을 마주하는 일은 결코 쉬운 일이 아니다. 하지만 우리 내면의 불편하고 고통스럽고 어두운 부분들에 귀를 기울인다면, 그 부분들과 얼마든지 연결될 수 있다. 하나님은 그 연결을 사용하시어 우리를 내면에서 강하게 하시고, "속에서부터 변화가 일어"(롬12:2, 『메시지』) 나게 하실 것이다. 성령의 인도하심을 따를 때, 우리는 삶의 거센 풍랑 속에서도 소망으로 견딜 수 있다.

성령의 인도하심을 받는 참자아 리더십

저자인 우리는 영혼의 다양한 부분들을 이끄는 이 과정을 '성령의 인도하심을 받는 참자아 리더십'이라 부른다.[4] 이는 용기와 연민 어린 마음으로 자신의 영혼을 주도적으로 이끄는 것이며, 두 손으로 운전대를 잡고 도로를 주시하는 것과 같다.

상상해 보자. 당신은 학교 버스 운전사다. 그런데 운전은 하지 않고 뒷자리에 앉아 모든 일이 저절로 잘 풀리기를 바라고 있다. 이에 어린아이들이 돌아가며 운전대를 잡는다. 그러는 동안 버스는 이리저리 흔들린다. 아이들은 두려워하지만, 서로 자기가 운전대를 잡겠다고 다투는 것 외에는 할 수 있는 것이 없다. 그때 드디어 당신이 자리에서 일어나 침착하게 앞으로 걸어가 운전대를 잡는다. 그러자 비로소 아이들은 안도하며 자리에 앉는다. 마침내 책임질 수 있는 어른이 나선 것이다.

    통제되지 않는 버스처럼, 우리의 영혼에서도 다양한 부분들이 운전대를 잡기 위해 서로 다투기 시작할 때 문제가 발생한다. 사실 대부분의 감정적 문제는 영혼의 주도권을 차지한 뿌리 깊은 내면의 부분들이 얽혀 있는 집합체라 할 수 있다. 이럴 때 우리는 더 이상 차분하고 명확한 리더십 아래 살지 못하게 된다. 오히려 시야를 잃고 혼란스럽게 되며, 모든 것에 감당하기 어려울 만큼 압도당하게 된다. 변화는 '내가 지금 아이들에게 운전대를 맡기고 있었구나!'라는 깨달음에서 시작된다. 우리 안에는 다스리기 어려운 생각과 감정들을 책임지고 이끌어 갈 수 있는 힘이 있다. 그 힘은 다름 아닌 성령의 인도하심을 받는 참자아에서 비롯된다.

현재 위치

지금까지의 큰 그림은 다음과 같다.

- 우리의 영혼은 여러 '부분들'로 이루어져 있으며, 그중 일부는 우리에게 갈등과 어려움을 일으킨다.
- 우리의 영혼 안에는 또한 '성령의 인도하심을 받는 참자아', 곧 지혜와 연민으로 가득한 내면의 어른도 함께 존재한다.
- 이 자리(성령의 인도하심을 받는 참자아)로부터 우리는 모든 부분과 적절한 거리를 세울 수 있고, 나아가 그 부분들을 우리의 든든한 동반자 또는 내 편이 되도록 이끌 수 있다.

내면에 건강한 바운더리를 세우는 작업은 하나님께서 돌봄이 필요한 우리 내면의 부분들과 함께하시도록 기도로 초대하는 것을 포함한다. 이는 우리 영혼의 상처 입은 부분들과 연결되고, 그들과 친해지며, 성령의 인도하심을 받는 참자아로부터 그들을 이끌어가는 것을 의미한다.

신학적 의문을 품은 사람들을 위한 안내

마음속에 있는 신학 점검자가 이렇게 속삭일지도 모른다. '뭐라고? 내 영혼의 골칫덩어리 같은 부분들과 친해지라고? 만약 그 부분들이 영적 영역에서 어둠의 권세에 영향을 받고 있는 거라면 어떻게 할래?'

좋은 질문이다. 좋은 부모는 자녀가 누구와 친구가 되는지를 신중하게 살핀다. 위험한 사람은 자녀의 삶을 파괴할 수 있기 때문이다. 우리 역시 누구나 "우는 사자 같이 두루 다니며 삼킬 자를 찾는"(벧전5:8) 영적 원수, 곧 우리의 영혼을 노리는 사탄과 친해지고 싶어 하지는 않을 것이다. 실제로 때로는 그 원수가 우리에게 영향을 미칠 수도 있다. 하지만 때로는 단지 돌봄과 관심이 필요한 내면의 한 부분이 너무 가까이 다가와 우리를 압도하는 것일 수도 있다.[5]

혹시 이 책이 죄를 용인하거나 죄와 타협하라고 말하는 것은 아닌가 하고 우려할지도 모르겠다. 그러나 절대 그렇지 않다. 이 책은 다만 죄를 짓고 있는, 그래서 변화가 필요한 내면의 **부분**을 포용하라는 것이다. 이는 마치 어린아이가 옳고 그름을 배울 수 있도록 사랑으로 도와주는 것과 같다. 좋은 부모라면 자녀를 부끄럽게 하거나 몰아세우기보다 먼저 사랑으로 자녀와 연결된 다음 그의 행동을 바로잡으려 할 것이다. 이와 같이 죄 된 행동 패턴은 분명히 버려야 하지만, 변화가 필요한 영혼의 부분까지 거부할 필요는 없다.

어떤 내면의 부분은 받아들이되, 그 안에 있는 죄는 받아들이지 말자. 전자와는 친해지고, 후자와는 멀어지자. 하나님은 아담과 하와를 그분의 형상대로 창조하신 후, 그들을 보고 "심히 좋았더라"(창 1:31)고 말씀하셨다. 우리 또한 하나님의 형상대로 창조된 존재이기에, 있는 그대로의 자신을 받아들이도록 부름 받았다. 그러나 우리 내면의 어떤 부분이 파괴적인 성향으로 우리를 압도하려 할 때는, 성령의 인도하심을 받는 참자아가 우리를 이끌어야 하며, 내면에 건강한 바운더리를 세워야 한다.

죄를 다룰 때 **과녁을 빗나가는**('죄'라는 동사의 어원은 헬라어로 '과녁을 빗나가다'라는 의미임) 생각이나 감정, 행동을 지닌 내면의 부분들을 그냥 내버려두는 것은 지혜롭지 않다. 하지만 반대로 자신을 비난하는 것도 도움이 되지 않는 것은 마찬가지다. 자유로 가는 길은 하나님 앞에서 죄를 분명히 인정하는 것을 포함한다. 그러나 죄를 밝히는 일이 반드시 수치심이나 정죄를 동반해야 하는 것은 아니다. 오히려 그것은 사랑과 친절로 행해져야 하며, 회개와 풍성한 삶으로 이끄는 길이어야 한다.

매일 아침이나 저녁마다 하나님 앞에 무릎 꿇고, 아직 그분 안에 머물지 못한 우리 내면의 부분들을 솔직히 드러내며 표현한다면 어떨까? 자존심, 분노, 수치심을 품은 우리 내면의 부분들이 앞에 놓인 원형 테이블에 둘러앉아 있는 모습을 떠올려 보자. 그런 다음 그들을 하나님께 올려드리며, 그들을 대신해 고백의 기도를 드리자. 그리고 그들이 기대하며 기다리는 동안, 구주께서 각 부분을 바라보시고 사랑으로 품어 주시도록 맡겨 드리자.

여정에 대한 약속

우리의 영혼, 그리고 우리를 압도했던 내면의 부분들을 더 깊이 이해하면 할수록 배워야 할 것이 더 많다는 사실을 깨닫게 될지도 모른다. 그 부분들에 집중하다 보면, 오늘날 우리의 행동에 여전히 영향을 미치고 있는 과거의 중요한 경험들을 인식하게 될 수도 있다. 혹은 어떤 내면의 부분들이 지니고 있는 극단적인 신념들이 무엇인지 알아차릴 수도 있다. 비록 마음 깊은 곳에서는 그것이 사실이 아님을 알고 있다 하더라도 말이다.

하나님의 은혜로 말미암아 성령의 인도하심을 받는 참자아는 우리 영혼의 상처 입은 부분들을 돌보는 데 필요한 모든 것을 이미 갖추고 있다. 그 부분들이 너무 가까이 있든 혹은 너무 멀리 있든 우리는 강한 내적 바운더리를 세울 수 있다. "그의 신기한 능력으로 생명과 경건에 속한 모든 것을 우리에게 주셨으니"(벧후 1:3). 성령의 인도하심을 받는 참자아가 주도할 때, 우리 안의 불편한 부분들은 시야를 넓히고, 극단적인 신념을 내려놓으며, 유익한 역할을 맡게 된다. 화나 있거나 상처 입은 내면의 한 부분에게 잠시 물러나 달라고 요청할 때, 그 부분이 기꺼이 협력하는 모습을 상상해 보자.

감정에 건강한 바운더리를 세우는 것은 가능하다. 저자인 우리는 그 변화를 직접 목격해 왔고, 누구든 해낼 수 있다고 확신한다.

이 여정을 시작하며 확신하는 것이 하나 있다. 그것은 이 책이 우리가 알고 있는 하나님의 진리와 지금 경험하고 있는 감정을 하나로 통합하여 우리에게 지속적인 기쁨을 누릴 수 있는 길을 제시할 것이라는 점이다.

이제 우리 영혼에 있는 세 가지 유형의 내면의 부분들을 함께 살펴보자. 철학자 달라스 윌라드(Dallas Willard)의 지혜로운 말처럼, "이해는 돌봄의 기초"[6]가 될 수 있다.

BOUNDARIES FOR YOUR SOUL

3장
내 안의
세 가지 부분

"모든 주요 심리학 학파는 인간의 영혼이 여러 조각으로 구성되어 있다는 사실을 인정해 왔다."

_베셀 반 데어 콜크(Bessel Van Der Kolk)

"여호와여 주의 도를 내게 가르치소서 내가 주의 진리에 행하오리니 일심으로 주의 이름을 경외하게 하소서"

_시편 86편 11절

"영혼을 단 하나의 틀로 설명할 수는 없다." 크리스천 정신과 의사이자 『영혼의 해부(Anatomy of the Soul)』의 저자인 커트 톰슨(Curt Thompson)이 한 말이다. 그는 이어서 "중요한 것은 틀을 가지고 있느냐는 것이며, 그 틀이 우리로 하여금 예수님을 얼마나 더 닮아가게 하느냐는 것이다"라고 말했다. 저자인 우리는 바로 그런 틀을 하나 발견했다.[1] 이 모델은 1990년대에 심리학자 리처드 슈워츠(Richard C. Schwartz)가 사람들이 자신을 설명할 때 '부분들(parts)'이라는 표현을 자주 사용한다는 것에 주목하면서 개발한 것이다. 사람들은 이러한 부분들을 마치 가족 구성원들처럼 각기 고유한 생각, 감정, 성격적 특성을 지닌 존재로 묘사했다. 그리고 그 각 부분은 각자의 고유한 이야기, 곧 그 사람의 내면세계에서 맡고 있는 각자의 역할에 대한 이야기를 지니고 있었다. 이러한 관찰을 통해 슈워츠는 '내면가족체계(Internal Family Systems, IFS)'라는 이론을 정립했다. 검증된 연구 결과를 바탕으로 만든 모델인 IFS는 인간의 영혼 안에 존재하는 다양한 내면의 부분들을 구분하는 데 유용한 방법을 제공하며, 나아가 그 각각의 부분들을 가장 가치 있는 상태로 이끌기 위한 단계별 접근법을 제시한다.[2]

이 책은 IFS 모델의 개념과 대중적인 바운더리 원리를 기독교적 관점에서 통합한 접근법을 소개한다. 왜냐하면 궁극적으로 우리 영혼의 고통받는 부분들을 돌보는 가장 좋은 방법은 성령께서 그 부분들을 이끄시는 것이라고 믿기 때문이다. 이 전체적인 틀은 우리의 생각, 감정, 행동을 돌보는 새로운 방법을 소개한다. 이는 성경적이며 단순할 뿐 아니라, 무엇보다 실제로 효과적이다.

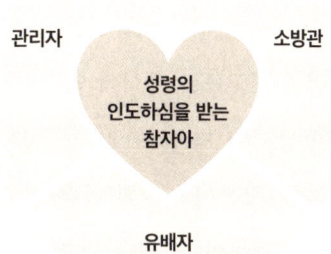

영혼의 지도

우리가 각기 눈 색깔과 키가 다른 신체적 특징을 가지고 태어나듯이, 우리 영혼 또한 고유하면서도 다양한 부분들로 구성되어 있다. 이 영혼의 부분들은 시간이 지나면서 발달한다. 가령 상처받거나 거절당하거나 트라우마를 겪고 나면, 이 부분들은 극단적인 생각과 감정을 떠맡게 되며, 고통스러운 기억들에 의해 짓눌림을 당하게 된다. 그 결과 우리는 원하지 않는 방식으로 행동하게 된다. 하지만 우리의 목표는 이런 영혼의 부분들을 없애는 것이 아니다. 애초에 그것은 가능하지도 않다. 그보다 진짜 목표는 이 영혼의 부분들이 치유되고 성장하여, 하나님이 주신 소중한 역할을 발견하고 감당할 수 있도록 돕는 것이다.[3]

슈워츠는 영혼 안에 있는 다양한 부분들을 세 가지 범주로 나누고, 여기에 '참자아(Self)'라는 개념을 추가로 제시했다. 저자인 우리는 그가 '참자아'라고 부른 것을 믿는 자의 관점에서 '성령의 인도하심을 받는 참자아(Spirit-led self)'로 이해한다. 그러면 먼저 세 가지 범주 중 **보호자**(protectors) 역할을 하는 부분들에 대해 살펴보자. 이들은 우리를 고통으로부터 지키기 위해 작동하는 영혼의 부분들이다. 아마 우리는 이 부지런한 일꾼들의 방식에 익숙할 것이다. 이들은 삶의 여러 영역에서 앞장서서 지속적으로 행동한다. 상황을 통제하는 데도 아주 능숙하다. 그들이 건강한 바운더리를 지니고 있을 때는 우리의 삶이 아주 순조롭다. 그러나 그 보호자들이 우리 영혼의 주도권을 잡아버리면, 우리는 더 이상 성령의 인도하심을 받는 내면의 자리에서 살지 못하고 내적 균형을 잃게 된다. 이는 마치 일식(eclipse)처럼 내면의 중심이 빛을 잃고 어두워진 상태와 같다.[4]

보호자는 크게 두 가지 범주인 **관리자**(managers)와 **소방관**(firefighters)으로 나눌 수 있다. 이들은 서로 다른 방식으로 끊임없이 일하면서, 우리 영혼에 있는 더 연약한 부분들이 느끼는 압도하는 감정들로부터 우리를 보호하려 한다. 먼저 관리자에 관해 살펴보자.

관리자

관리자들은 우리의 정서적 안전을 지키고, 더 연약한 내면의 부분들이 해를 입지 않도록 애쓰는 보호자들이다. 이들은 우리의 삶을 원활하고 예측 가능하게 유지하기 위해 끊임없이 애쓴다. 아침이면 침대에서 일어나게 하고, 저녁이면 마치지 못한 일들을 걱정하게 한다. 일의 성과를 내고, 생산하며, 보호하고, 타인을 기쁘게 하도록 몰아세우고, 항상 최고를 유지하라고 강요한다. 관리자들은 감정에 휘둘리는 건 비효율적이라고 생각한다. 하지만 건강한 바운더리가 없다면, 관리자들은 오히려 우리의 정서적 성장과 마음 깊이 느끼는 기쁨, 그리고 타인과의 진정한 연결을 방해할 수 있다.

관리자들은 우리를 보호하기 위해 다양한 방식으로 끊임없이 애쓴다. 다음은 관리자들이 하는 대표적인 역할들이다.

- 통제할 수 없는 상황에 대해 불필요하게 걱정하기
- 타인을 기쁘게 하려고 하기
- 타인을 돌보는 것을 희생하면서까지 과도하게 일하기
- 인간관계와 결정에 대해 지나치게 분석하기
- 자신과 타인을 과도하게 비판하기
- 자신과 타인의 행동을 지나치게 통제하기
- 인간적 한계를 인정하지 않고 완벽을 추구하기

소방관

관리자들이 정서적으로 고통 없는 삶을 만들기 위해 아무리 애를 써도, 우리의 삶은 그러한 노력을 자주 좌절시킨다. 그렇게 우리가 상처받고 있을 때, 또 다른 보호자 유형인 소방관들이 등장해 그 고통을 최소화하려고 애쓴다. 관리자들이 고통을 사전에 막으려고 노력한다면, 소방관들은 고통이 발생한 **후에** 그 고통을 진화하기 위해 나선다. 이 충동적인 내면의 부분들은 우리로 하여금 쾌감을 주는 자극에 몰두하게 하여, 마치 삶을 잘 살아가고 있는 것처럼 느끼게 만든다. 소방관들이 건강하게 기능할 경우, 우리는 삶의 고난을 잘 감당할 수 있도록 자신을 돌보게 된다. 쉬어야 할 때를 알려주고, 긴장을 풀 수 있도록 도와준다. 그러나 그들이 건강한 바운더리 안에 머물지 못할 경우, 우리는 자기 통제력을 잃게 될 수 있다. 소방관들은 수많은 방식으로 불편한 감정을 잠재우려 한다. 다음은 우리가 고통을 없애기 위해 흔히 사용하는 몇 가지 방법이다.

- 무의식적으로 인터넷이나 SNS를 살피며 현실 도피하기
- 과도한 운동, 과식, 과도한 청소, 과소비, 과수면
- 영상 콘텐츠를 과도하게 시청하거나 도박에 빠지기
- 성 중독, 몽상, 로맨스 소설 속으로 도피하기
- 음주 또는 약물 사용하기

혹시 이런 방식이 익숙하게 느껴지는가?
그런데 관리자와 소방관 외에도 우리 영혼에는 더 연약한 부분들이 또 하나 존재한다. 그들을 '유배자(Exiles)'라고 부르자.

유배자

우리는 모두 고칠 수 없는 상처나 되돌릴 수 없는 슬픔을 경험한 적이 있다. 그리고 그런 감정적인 고통을 잊기 위해 애쓰는 과정에서 종종 우리 자신의 일부를 부정하게 된다. 그 결과 우리 내면의 어떤 부분들은 숨기고 싶은 감정과 불안을 짊어진 채 살아가게 된다. 이런 부분들은 버려지거나 숨어 있다고 해서 '유배자'라고 불린다. 슈워츠는 이에 대해 다음과 같이 설명한다. "우리는 과거의 끔찍했던 사건들로부터 비롯된 후유증을 추방하려고 애쓴다.

하지만 그런 과정에서 우리는 기억이나 감각, 감정뿐만 아니라, 바로 그 고통을 겪은 우리 내면의 부분들까지도 추방하게 된다"[5]

이 유배자들이 바로 관리자와 소방관이 지키고자 하는 우리 내면의 연약한 부분들이다. 이 부분들은 목소리를 잃은 채 오랫동안 방치된다. 그래서 소위 심리학에서 말하는 '학습된 무기력 상태(leraned helplessness)'에 빠지기도 한다.[6] 유배자 부분들은 강한 욕구를 품고 있으며, 종종 건강하지 않은 방식으로 그것을 드러낸다. 그래서 이들을 잘 돌보지 않을 경우, 공포증이나 피해 의식 같은 여러 문제를 일으킬 수 있다.

다음과 같은 감정들은 유배자 부분이 관심과 돌봄을 필요로 한다는 신호다.

- 수치심
- 두려움
- 불안감
- 상처
- 무가치함
- 소외감
- 인정받지 못하고 무시당하는 느낌
- 외로움
- 슬픔

보호자(관리자와 소방관)는 유배자들을 지키려 애쓰지만, 종종 제한

된 전략에만 의존하거나 연약함을 열등함으로 오해하기도 한다. 하지만 앤디 크라우치(Andy Crouch)는 그의 저서 『강함과 약함(Strong and Weak)』에서 "진정한 번영은 권위와 연약함, 능력과 한계를 모두 포용할 때 이루어진다"⁷라고 통찰력 있게 설명한다. 사도 바울 역시 "더 약하게 보이는 몸의 지체가 도리어 요긴하"다(고전12:22)고 말한다.

앞의 2장에서 등장한 메건을 기억하는가? 메건 안에는 성령의 인도하심을 받는 참자아를 가려버린 강력한 일 중심 관리자(task manager)가 자리하고 있었다. 이 관리자는 메건의 두려움과 아픈 기억으로부터 그녀를 보호하기 위해 쉬지 않고 일했다. 그래서 그녀로 하여금 더 열심히 일하라고 계속해서 몰아붙였다. "더 나은 사람이 되어야 해! 더 많은 성과를 내야 해!"라고 말하면서 말이다.

이렇게 일 중심 관리자가 메건의 삶을 지나치게 지배하면서 성령의 인도하심을 받는 참자아를 가려버렸다. 결국 끊임없이 애쓴 결과, 그녀는 과로로 지쳐 쓰러졌다. 가족과 시간을 보내지 못한 것에 죄책감을 느꼈고, 남편과도 정서적으로 멀어져 마음이 아팠다. 하지만 어떻게 바꿔야 할지 몰랐다. 그러면 이제 그녀가 일 중심 관리자와 적당한 거리를 두고, 성령의 인도하심을 받는 참자아로부터 그 부분을 이끌기 시작했을 때, 어떤 변화가 있었는지 살펴보자.

메건의 보호자와 유배자가
성령의 인도하심을 받는 참자아를 알게 되다

이어지는 상담에서 메건과 나는 영화 〈인사이드 아웃〉에 대해 더 이야기했다. 나는 그녀에게 끊임없이 애쓰는 그녀의 일 중심 관리자가 영화에 등장하는 '기쁨'이라는 캐릭터와 어떻게 닮았는지 생각해 보라고 권했다. 메건은 자신을 위해 그렇게 열심히 일해 온 그 관리자에게 점점 호기심을 느끼기 시작했다.

"그렇게 애써준 일 중심 관리자에게 고마움을 표현해 보면 어떨까요?" 내가 물었다.

메건은 이렇게 답했다. "억누르거나 거부하지 않고, 이렇게 인정해 준다는 생각만으로도 마음이 한결 편해지는 것 같아요."

일 중심 관리자는 메건에게 동기를 부여하려고 애쓰고 있었지만, 점점 전체를 바라보는 시각을 잃고 말았다. 메건이 더 많은 일을 해내도록 돕기 위해 그녀가 하지 못한 일들에만 계속 집착하게 만든 것이었다. 그러나 이 관리자가 성령의 인도하심을 받는 참자아를 신뢰하기 시작하자, 점차 긴장을 풀기 시작했고, 마침내 두려움에 눌려 있던 그녀 안의 **유배자**가 관심과 돌봄을 받을 수 있는 공간이 생기게 되었다.

그렇다면 메건 안의 유배자는 왜 두려움을 느꼈을까? 그 근원은 분명했다. 어린 시절, 메건의 아버지는 부상을 입어 일할 수가 없었다. 따라서 어머니 혼자서 얼마 안 되는 수입으로 살림을 꾸리느라 고군분투해야 했다. 메건은 난방비와 식비, 병원비를 걱정하던 어머니의 두려운 눈빛을 내면화하면서 자라왔다. 그녀는 이런 가정의 스트레스에서 벗어나기 위해 거리 끝에 있던 큰 집에서 사는 사람들처럼 살고 싶다는 꿈을 꾸게 되었다. 그곳에서는 모두가 늘 행복하리라 상상하면서 말이다.

메건은 성인이 되어 가족의 생계를 훌륭하게 책임지고 있었다. 그러나 그녀의 영혼에는 여전히 보살핌이 필요한, 두려움에 눌려 있던 어린 유배자가 남아 있었다. 이 내면의 부분은 끊임없이 되뇌고 있었다. '실패하면 어쩌지? 모든 걸 잃으면 어떻게 하지?'

메건 안에 자리한 이 두려움의 유배자가 너무 가까이 다가오면, 일 중심 관리자는 늘 이렇게 말했다. "그냥 더 열심히 일해." 더 열심히 자신을 몰아붙이면 실패에 대한 두려움을 느끼지 않게 될 거라 여긴 것이다. 그러나 유배자가 치유되지 않았기 때문에, 그녀의 일 중심 관리자는 과로를 멈출 수가 없었다. 하지만 메건은 곧 과로만이 답이 아니라는 것을 깨달았다. 그녀 안에는 자신이 원하는 삶을 살아가도록 영혼의 많은 부분들을 이끌 수 있는 훨씬 더 능력 있는 성령의 인도하심을 받는 참자아가 있었다.

"과로하는 대신 일 중심 관리자를 쉼의 자리로 초대해 보면 어떨까요?" 내가 물었다. 메건은 그 가능성을 잠시 생각하더니 "그게 제 인생을 바꿔줄 수 있을 것 같아요"라고 조용히 말했다. 그런 다음 자기 안에 거하시는 성령의 음성에 이끌려 그 내면의 부분을 인도하기 시작했다. 그 음성은 이렇게 말하는 것처럼 들렸다.

나는 네가 가족을 얼마나 사랑하는지, 또 일이 잘못될까 봐 얼마나 걱정하는지도 잘 알고 있단다. 네 마음이 얼마나 복잡한지도 잘 알아. 너는 지금 우선순위를 어떻게 세워야 할지 몰라 불안해하고 있어. 공 하나라도 떨어지면, 지금 저글링하고 있는 모든 게 무너질까 봐 두려워하고 있고. 하지만 나는 언제나 너와 함께

한단다. 내가 너를 인도하고 돌볼 수 있다는 것을 믿으면 좋겠구나. 나는 변함없는 사랑으로 너를 사랑한단다. 결코 너를 떠나지도, 버리지도 않을 거야. 너는 혼자가 아니란다.

메건의 일 중심 관리자가 그녀 안에 계신 성령 하나님을 신뢰하게 되자, 그 부분의 태도가 매우 부드러워졌다. 일 중심 관리자는 더 이상 메건을 몰아세우지 않았다. 다만 조용히 곁에서 다음과 같이 사려 깊은 조언을 메건에게 건넸다.

이제 남편에게 우리 부부의 관계를 어떻게 더 돈독히 할지 이야기 해 볼까?
하나님의 평안을 조금씩 느끼기 시작했어.
이제 속도를 늦추고 하나님의 음성에 귀 기울이는 연습을 해보자.

메건이 일 중심 관리자와 적절한 거리를 두자, 그동안 그녀 안에서 유배되어 있던 두려움이 성령의 인도하심을 받는 참자아에게로 더 가까이 나아오게 되었다. 거기서 이 내면의 부분은 비로소 사랑 어린 관심과 돌봄을 받게 되었다. 이후로 메건은 두려움이 밀려오거나 자신을 의심하게 될 때마다 예수님이 가까이 계시도록 초대했다. 그리고 예수님의 음성에 귀 기울이는 연습을 했다. 그러면 그분은 이렇게 말씀하신다.

나는 네 두려움을 잘 알고 있단다.

내가 너와 함께한단다. 너는 있는 그대로 충분한 존재란다.

내가 네게 필요한 것을 채워줄 거란다.

이제 메건은 자신을 지나치게 몰아붙이려 할 때마다 '유턴하기'를 실천하고 있다. 그녀는 일 중심 관리자와 부드러운 바운더리를 세우고, 성령의 인도하심을 받는 참자아로부터 그 관리자를 이끌

상상해 보기!

우리는 영혼의 부분들을 눈으로 볼 수 없지만, 하나님은 우리로 하여금 그것을 상상할 수 있게 하셨다. 이 책은 우리가 온전한 존재로 회복되는 데 상상력이 얼마나 중심적인 역할을 하는지 보여줄 것이다. 특히 성령의 임재하심으로 거룩하게 된 창의적인 마음은 삶의 경험을 다루는 데 강력한 도구가 된다. C. S. 루이스는 자신의 거룩한 상상력이 영적 성장에 필수적이었다고 말했다. 저자인 우리는 내담자들이 거룩한 상상력에 몰입할수록, 자신의 복잡한 생각과 감정을 더 잘 인식하고 돌볼 수 있게 되며, 그 결과 더 깊은 내적 치유를 경험하게 된다는 사실을 발견했다.

우리 영혼의 많은 부분들을 돌볼 때, 하나님이 주신 능력을 활용해 떠오르는 이미지나 비유적 언어를 적극 사용해 보자. 각 부분에 이름을 붙여보는 것도 좋다. 이름을 붙이면 내면의 부분들을 의식의 표면으로 불러내어 질서를 부여하는 데 도움이 된다. 이렇게 창의적으로 치유 과정을 대하면, 성숙한 자기 이해를 길러 갈 수 있는 힘이 생긴다. 상상력은 내면을 더욱 명확하게 바라보게 하며, 성령의 인도하심을 받는 참자아 리더십을 강화시켜 준다.

수 있게 되었다. 또한 두려움이라는 내면의 부분도 진정시킬 수 있게 되었다. 이렇게 내면의 부분들을 통합해 가며 메건은 점점 더 온전해지고 있다. 이런 변화는 메건만이 아니라 우리의 삶에서도 일어날 수 있다.

가족이 된 것을 환영하다!

우리의 삶이 메건처럼 혼란스럽게 느껴질 때가 있다. 내면의 **보호자들**은 모든 것을 통제하려 하고, **유배자들**은 끊임없이 관심을 요구한다.

이 다양한 영혼의 부분들을 가족 구성원처럼 생각해 보자. 대가족 모임에서 오가는 대화는 사방팔방 튀는 탁구공처럼 정신없을 때가 많다. 식사 전에 감사 기도를 드리기 위해 대가족을 자리에 앉히는 일은 마치 고양이 떼를 줄 세우려는 것만큼이나 어려울 수 있다. 가족 모임은 모두가 자기 역할을 맡고 책임감 있게 감당할 때 훨씬 더 순조롭게 진행된다. 이모 베티는 바비큐를 준비하고, 사촌 수지는 음악을 틀며, 할아버지 루는 식탁을 차린다. 그런데 만약 할아버지 루가 이모 베티가 식사 기도를 하는 중에 음식을 던지고 소동을 일으킨다면 어떻겠는가? 혹은 사촌 수지가 혼자 구석에 앉아 있다면 어떻겠는가? 가족 모임은 모두가 개인적인 욕심을 내려놓고, 전체의 유익을 위해 협력할 때 비로소 조화를 이루게 된다.

우리 영혼의 세 부분인 관리자, 소방관, 유배자도 언제든지 문제를 일으킬 수 있다. 하지만 좋은 소식은 내면에 건강한 바운더리가 세워진다면, 이 내면의 부분들이 협력적인 가족 구성원으로 변할 수 있다는 것이다. 성령의 인도하심을 받는 참자아가 중심에서 이끌어줄 때, 이들은 서로를 이해하며 함께 조화를 이루는 법을 배울 수 있다.

바운더리가 무너진 순간들

그렇다면 언제 우리의 영혼에 더 나은 바운더리가 필요하다는 것을 알아차릴 수 있을까? 보호자나 유배자가 너무 가까이 있거나, 반대로 너무 멀어져 있다는 신호는 무엇일까? 이런 순간에는 자기 생각과 감정에 주목해 보는 것이 도움이 된다.

보호자와 더 건강한 바운더리를 세워야 할 때는 다음과 같다.

- 자신이나 타인을 비판적으로 바라볼 때
- 타인을 기쁘게 하려다가 지쳤을 때
- 분노로 상처 주는 말을 할 때
- 걱정과 두려움 때문에 결정을 내리기 어려울 때
- 도망치고 싶은 충동을 느낄 때
- 완벽함을 추구하며 자신을 몰아붙일 때
- 지금 당장 자신이나 삶을 바꿔야 한다는 압박을 느낄 때
- 멍하게 있거나 현실에서 도피하고 싶을 때

유배자와 더 건강한 바운더리를 세워야 할 때는 다음과 같다.

- 아픈 기억이 반복해서 떠오를 때
- 사람들과 단절되고 혼자 있으려고 할 때
- 어떤 상황의 희생양처럼 느껴질 때
- 주변에 사람이 있어도 외로움이 가시지 않을 때
- 침대에 오래 누워 아무것도 하지 못할 때
- 무가치함과 수치심에 깊이 빠져 있을 때

참고로, 모든 경우는 아니지만 일부 만성적인 신체 통증은 우리 안에서 보호자가 과도하게 작동하거나, 유배자가 치유되지 않은 채로 남아 있는 것과 관련이 있을 수 있다.[8]

2장에서 살펴보았듯이, 우리가 성령의 인도하심을 받는 참자아의 자리로부터 삶을 이끌고 있다는 것은 우리 안에 호기심과 창의성, 용기가 느껴질 때 알 수 있다. "성령의 열매는 사랑과 희락과 화평과 오래 참음과 자비와 양선과 충성과 온유와 절제"(갈5:22-23)다. 2부에서는 성령의 인도하심을 받는 참자아로부터 영혼을 이끄는 방법을 소개할 것이다.

그렇게 하더라도 우리는 종종 삶 가운데서 분노, 슬픔, 시기와 같은 감정이 올라오는 어려운 상황들을 마주하게 될 것이다. 예수님도 세상에서는 우리가 환란을 당한다고 말씀하셨다. 불편한 생각과 감정이 일어날 때는 그것을 무시하지 않는 것이 가장 좋다. 부모가 아이를 돌보듯이, 그들과 다정하게 동행하자. 상황이 아무리 힘들어도 감정에 압도당할 필요는 없다. 예수님이 우리에게 평안을 약속하시며 이렇게 말씀하셨기 때문이다. "세상에서는 너희가 환난을 당하나 담대하라 내가 세상을 이기었노라"(요16:33).

내면의 모든 부분이 환영받아야 한다

우리 내면의 모든 부분은 각자의 방식으로 우리를 돕고자 한다. 예를 들어, 분노는 우리를 보호하려고 애쓰는 존재다. 그러니 그런 감정을 느끼는 내면의 부분을 소중히 다루자. 이렇게 말해보는 것도 좋을 것이다. '분노야, 네가 거기 있어 줘서 고맙다고 말하고 싶어. 나를 강하게 지켜줘서 고마워. 네 덕분에 나를 지켜낼 수 있었어. 넌 내 안에서 소중한 존재야.' 또는 '슬픔아, 네가 내 안에 있다는 것이 느껴져. 그 슬픔이 얼마나 아픈지도 알아. 내가 잘 알고 있어. 내가 너와 함께 있어. 그리고 나를 더 부드러운 사람으로 만들어줘서 고마워.'

지금 돌봄이 필요한 내 안의 생각이나 감정은 무엇인가? 나의 영혼 속에 숨어 있는 의심이나 두려움은 어떤 모습인가? 분노와 두려움 같은 감정들은 성령의 인도하심을 받는 참자아의 사랑 어린 돌봄을 필요로 한다. 그래야만 이 감정들이 품고 있는 왜곡된 신념과 반응 방식이 변화될 수 있다. 만약 우리가 이런 불편한 감정을 지닌 영혼의 부분들과 친해지고, 예수님을 그 곁에 초대한다면 어떤 일이 일어날까? 우리 안에 있는 원치 않는 생각과 감정들을 내면 가족의 소중한 구성원으로 환영할 때, 성령의 인도하심을 받는 참자아가 그 부분들을 사랑으로 이끌 수 있게 된다.

'유턴하기'를 위한 다섯 단계

어떻게 하면 우리 영혼에 건강한 바운더리를 세울 수 있을까? 다음 장들에서는 1장에서 언급한 '유턴하기'를 위한 다섯 단계를 깊이 살펴볼 것이다.

1단계: 나를 압도하는 내면의 한 부분에 **집중하기**
2단계: 불편하게 느껴지는 이 부분과 **친해지기**
3단계: 예수님을 이 부분 가까이로 **초대하기**
4단계: 지쳐 있는 이 부분이 짊어지고 있는 **짐 내려놓기**
5단계: 이 부분을 내 안에서 한 팀이 된 경쟁자로 **통합하기**

이 단계들은 우리의 영혼 안에서 애쓰고 도망치고 상처 입은 부분들과 함께하는 새로운 방식을 보여준다. 순서대로 따라가도 좋고, 필요한 한 단계에 집중해도 좋다. 이 여정을 위해서는 진솔하고도 용기 있는 태도가 요구되며, 그 노력은 삶을 변화시키는 결과로 이어질 것이다. 특히 하나님의 임재를 그 어느 때보다도 깊이 경험하게 될 것이다.

많은 사람들이 강렬한 감정들과 끈질기게 반복되는 생각들에 압도당하며 살아간다. 그런데 아이러니하게도 분노나 두려움 같은 감정들은 억누르거나 무시하려고 하면 할수록 오히려 떼쓰는 아이처럼 더 격해지곤 한다. 반면, 그들과 친구가 되어 주고 잠시 물러나 달라고 요청하면 점차 조용해진다. 우리의 목표는 분노, 두려움,

> 우리의 목표는 분노, 두려움, 슬픔, 시기, 수치심 등의 내면의 부분들을 제거하려는 것이 아니다. 오히려 그들을 호기심과 연민으로 이끌어가고자 하는 것이다.

슬픔, 시기, 수치심 등의 내면의 부분들을 제거하려는 것이 아니다. 오히려 그들을 호기심과 연민으로 **이끌어가고자** 하는 것이다. 그러면 그들도 성령의 인도하심을 받는 참자아를 신뢰하게 되고, 하나님의 사랑을 받아들일 수 있게 된다. 위에서 제시한 '유턴하기(You-Turn)'의 다섯 단계는 우리의 내면 가족을 돌보는 방법을 제시하며, 그 결과 우리로 하여금 온전함을 회복하고, 평안과 기쁨, 풍성한 삶으로 나아가게 돕는다.

시편은 다윗 왕이 영적으로 성숙해졌을 때 자신의 내면에서 벌어지는 전쟁을 평화롭게 이끄는 리더가 되었음을 보여준다. 그는 자기 안에서 서로 충돌하는 내면의 부분들을 화해시키는 법을 배웠고, 그래서 하나님께 이렇게 기도했다. "여호와여 내 마음을 하나로 모아 주의 이름을 경외하게 하소서." 그리고는 "주 나의 하나님이여 내가 전심으로 주를 찬송하고 영원토록 주의 이름에 영광을 돌리오리다"(시86:12)라고 다짐했다. 이 말씀은 저자인 우리가 온전한 마음을 갖기 위해 삶에 적용해 온 기도이며, 이 책을 읽는 독자들을 위한 기도이기도 하다.

2부

유턴하기(You-Turn):
내면을 돌보는 다섯 단계

"지혜를 얻는 자는 자기 영혼을 사랑하고"
_잠언 19장 8절

BOUNDARIES FOR YOUR SOUL

• 4장

1단계:
집중하기

"당신은 하나님께서 말씀하시려는 것을 무시하고, 그분이 치유하고자 하시는 당신 내면의 부분들로부터 도망치고 있을지도 모른다."

_커트 톰슨(Curt Thompson), 『영혼의 해부학(Anatomy of the Soul)』

"너희 중에 어떤 사람이 양 백 마리가 있는데 그 중 하나를 잃으면 아흔아홉 마리를 들에 두고 그 잃은 것을 찾아내기까지 찾아다니지 아니하겠느냐"

_누가복음 15장 4절

우리가 상처받고 있을 때, 이를 치유가 필요한 우리 내면의 한 부분이 모습을 드러내는 것이라고 생각해 보자. '유턴하기(You-Turn)'의 첫 번째 단계는 바로 그 괴로운 내면의 부분에 **집중하는** 것이다. 여기서 그 내면의 부분에 집중하라는 말은 그것을 없애기 위함이 아니라, 오히려 호기심을 갖고 바라보기 위함이다. 그래야 비로소 그 내면의 부분에게 필요한 돌봄을 제공할 수 있기 때문이다.

길을 벗어난 생각이나 감정에 집중하는 것은 본능에 반하는 것으로 여겨질 수 있다. 하지만 외과의사가 상처 난 부위를 정확히 찾지 않고 어떻게 수술할 수 있겠는가? 지나치게 애쓰며 고통받고 있는 내면의 한 부분을 인식하는 것은 우리에게 새로운 관점을 갖게 해준다. 그 감정이 단지 내면의 한 부분일 뿐 나의 전부가 아님을 깨닫는 순간, 성령의 인도하심을 받는 참자아가 주도권을 잡기 시작한다.

— 상상해 보기! —

린의 이야기: 분노로부터 배우기

"그 사람을 좀 바뀌게 할 수는 없나요?" 린이 파란색 디자이너 안경 너머로 나(Alison)를 바라보며 물었다. "정말이지 너무 화가 나요. 롭은 지나치게 미성숙해요. 제 말을 제대로 들어준 적도 없고, 의미 있는 얘기를 나눈 적도 없어요. 제발 좀 그가 어른스러워졌으면 좋겠어요."

나는 조용히 호흡을 가다듬고 조심스럽게 물었다. "그 분노를 조금 더 가까이서 들여다보는 건 어떨까요?"

린은 내 시선을 피하지 않고 대답했다. "롭이 문제 아닌가요?"

"그가 린 씨에게 상처를 준 건 맞아요." 내가 대답했다. "하지만 결혼 생활을 회복하기 위한 첫걸음은 린 씨 안에서 일어나고 있는 일에 집중하는 것이라고 생각해요."

다행히도 린은 내 제안을 받아들였고, 용기 있게 자신 안에 있는 분노한 내면의 부분으로 시선을 돌렸다. 그 분노는 정당한 이유가 있는 것이었고, 린이 롭과 만나기 훨씬 전부터 그녀 안에 자리 잡고 있었다. 린이 자신의 분노를 더 잘 이해할 수 있도록 나는 몇 가지 중요한 질문을 던졌다.

- "분노를 느낄 때 몸의 어느 부위에서 느끼나요?"

강한 감정이 밀려올 때는 잠시 멈추고, 그 감정이 몸의 어느 부위에서 느껴지는지 살펴보자. 자신의 이런 내면의 부분을 신체적으로 어떻게 경험하고 있는지를 인식하는 것은 당신의 마음을 안정시키고, 그 감정을 이해하는 데 도움이 된다. 예를 들어, 그 감정을 가슴에서 느끼는가? 어깨인가? 아니면 머리인가? 이 과정을 통해 당신은 몸 안의 긴장을 알아차릴 수 있고, 그 긴장은 한 번 인식되고 나면 곧 이완되어, 성령의 인도하심을 받는 참자아가 더 넓은 공간을 가지고 활동할 수 있게 도와준다.

이 질문에 린은 눈을 감고 대답했다. "가슴, 폐 바로 아래쪽에서 느껴져요. 뭔가 꽉 조이는 느낌이라 숨쉬기도 힘들어요." 나는 린에게 그 답답한 느낌 속으로 숨을 들이쉬며 그 감각에 호기심과 연민을 가지고 집중해 보자고 요청했다.

- **"그 감정에 집중할 때 떠오르는 이미지가 있나요?"**

종종 몸 안에서 내면의 부분을 인식하고 긴장이 풀리기 시작하면, 그것을 하나의 이미지처럼 떠올릴 수 있게 된다. 예를 들어, 자신의 분노를 붉은색이나 불꽃으로 느낄 수도 있고, 소용돌이치는 감정들로 이루어진 은하와 같이 더 복잡하고 구체적인 이미지를 떠올릴 수도 있다. 우리의 관심이 필요한 내면의 부분을 시각화해 보는 과정은 뇌의 창의성을 자극함으로써 문제를 단순히 분석하는 것만으로는 얻기 힘든 통찰을 제공해 준다.

이 질문에 린은 격렬하게 타오르는 화산이 떠오른다고 대답했다.

- **"그 감정에 집중할 때 어떤 생각이나 신념이 떠오르나요?"**

이미지든 생각이든 아니면 둘 다 떠오르든, 목표는 그 내면의 부분에 비판 없이 호기심을 가지고 집중하는 것이다. 그래야 그것을 더 잘 이해할 수 있다.

린은 그녀 안에 있는 분노의 부분이 지닌 신념을 즉각적으로 감지할 수 있었다. "그 부분은 제가 항상 손해만 본다고 생각해요!" 그녀는 가슴 속에 느껴졌던 화산 이미지를 떠올린 후 이렇게 외쳤다.

- "이 내면의 부분은 얼마나 오랫동안 화가 나 있었나요?
  그 감정이 지닌 초기 기억들은 어떤 것들인가요?"

우리는 과거의 사건과 그에 대한 반응을 암묵기억(implicit memory) 속에 저장하고 있다. 그래서 때로는 왜 그렇게 반응하는지 의식하지 못할 수도 있다. 하지만 우리 안의 그 고통스러운 부분이 자신이 기억하는 것을 나누기 시작하면, 그 고통의 근원을 더 잘 이해할 수 있게 된다.

이 질문에 린은 중학교 시절 괴롭힘을 당했던 고통스러운 기억이 떠오른다고 말했다. 그녀는 부모의 사랑을 받았지만, 정서적으로는 다소 멀게 느껴졌다. 부모님은 린과 그녀의 오빠를 양육하기 위해 열심히 일했지만, 십 대 시절 격동의 사회생활을 헤쳐 나가는 린을 정서적으로 도와주지는 못했다. 또래 친구들과의 관계에서 소외감을 느낀 린은 수치심으로부터 자신을 지키기 위해 분노의 부분이 나서게 되었고, 그 분노는 이후 외로웠던 10년 동안 늘 함께하며 그녀를 지켜주었다. 최근 몇 년 동안 린의 분노는 결혼 생활에서 자주 나타났고, 소아과 레지던트로 일하는 직장에서도 종종 그 모습을 드러냈다.

하지만 린이 분노의 부분에 집중하자, 그 감정은 서서히 부드러워지기 시작했다. 그 내면의 부분은 린 안에 성령의 인도하심을 받는 참자아가 있다는 것을 알아차렸고, 이전에는 알지 못했던 내면의 자원이 자신에게 열려 있음을 깨닫게 되었다. 성령과 연결되면서 린은 분노를 향해 호기심을 보이며 이렇게 말할 수 있었다. "분노야, 네가 거기 있는 거 알아. 널 더 잘 알고 싶어." 그러자 분노의 부분이 이 말에 반응하며 린을 신뢰하게 되었고, 자신이 지닌 선한 의도를 더 많이 드러내기 시작했다.

이후 상담을 계속하면서 린은 자기 영혼 안에 있는 돌봄이 필요한 소중한 부분들을 하나씩 알아갔다. 특히 그녀는 분노의 부분에 집중했고, 성령의 인도하심을 받는 참자아로부터 그 부분과 깊이 연결되었다. 그녀는 분노가 몸의 어느 부위에서 느껴지는지 인식했고, 그 감정에 집중하며 자연스럽게 이미지를 떠올렸다. 그 과정에서 분노가 믿고 있던 신념과 그것이 품고 있던 고통스러운 기억이 조금씩 드러났고, 시간이 지나면서 이 분노의 부분이 서서히 변화하기 시작했다.

마음의 별자리

영혼의 상처 입은 부분들은 별자리처럼 존재한다.[1] 하나를 발견하면 분명 그 주변에 더 많은 부분들이 있다. 예를 들어, 좌절감에 집중하다 보니 죄책감이 떠오를 수 있다거나, 아니면 누군가에 대한 비판적인 생각에 주목하다 보니 내면의 비판자가 깨어나 "너 정말 못됐어"라고 몰아붙일 수도 있다. 그러다 보면 수치심, 우울감, 도피하고 싶은 마음이 함께 따라올 수도 있다. 이렇게 여러 감정이 한꺼번에 밀려올 경우, 해결 방법은 하나다. 성령의 인도하심을 받는 참자아로부터 이 모든 감정에 호기심과 연민의 마음을 보이는 것이다.

린이 자신 안에 있는 분노의 부분을 알아가기 시작했을 때, 그녀는 그 안에 단순히 분노만 있는 것이 아님을 깨달았다. 그녀는 다양한 생각이 떠오르는 것을 알아차렸고, 그 생각들 하나하나가 내면의 또 다른 부분들을 대표하고 있음을 알게 되었다. 린의 내면에서는 다음과 같은 대화가 오가는 듯했다.

롭에 대한 분노 비판자: "롭은 정말 이기적이야!"
내면의 비판자: "롭에게 이렇게 화내면 안 돼. 나는 정말 형편없는 아내야."
수치심: "나는 사랑받을 수 없어."
우울감: "아무도 나를 사랑하지 않을 거야."
도피자: "그냥 아무 생각 없이 드라마나 봐야겠어."

린의 분노 주변에는 성령의 인도하심을 받는 자아를 필요로 하는 다른 내면의 부분들도 있었다. 나는 린이 자신의 분노에 대해 호기심을 가질 수 있도록 돕기 위해, 그녀에게 먼저 다른 내면의 부분들에게 잠시 물러나 있어 주기를 요청하자고 했다. 그녀가 비판 없이 이 분노의 부분에 집중하고, 그것이 왜 그렇게 강렬한지 이해할 수 있도록 돕기 위해서였다.

그런데 다른 내면의 부분들에게 물러나 달라고 요청한다는 것은 무엇을 의미할까? 베스트셀러『새 한 마리씩(Bird by Bird: Some Instructions on Writing and Life)』에서 저자 앤 램엇(Anne Lamott)은 내면의 잡음을 다루는 방법에 대해 설명한다. 그녀는 집중하고 싶을 때 다음과 같이 해보라고 제안한다. "눈을 감고 조용히 있는다. 잡음이 시작될 때까지 1분 정도 기다린다. 그런 다음 그 소리들 중 하나를 골라 쥐로 상상해 본다. 그것의 꼬리를 잡고 들어 올려 유리병에 넣는다. 그리고 또 다른 목소리를 골라 같은 방법으로 병에 넣는다. … 병에 볼륨 조절 버튼이 있다고 상상해 본다. … 그것을 돌려 소리를 완전히 줄인다."[2]

내면의 다른 부분들이 소외감을 느끼지 않으면서도, 우리가 집중하는 것을 방해하지 않도록 해야 한다. 중요한 것은 처음 집중하려는 내면의 부분으로부터 필요한 모든 것을 배우고, 그런 다음 뒤에서 조용히 기다려준 나머지 내면의 부분들에게 다시 돌아와 살피는 것이다. 수학을 좋아하는 사람이라면 이 과정을 "변수를 고립시키는 것"에 비유할 수 있을 것이다.

린이 자신의 분노에 집중했던 것처럼, 보호자 부분에 집중하는 것은 일반적으로 어렵지 않다. 왜냐하면 보호자들은 식별하기 쉽고 대개 우리 가까이에 있기 때문이다. 하지만 유배자들, 곧 우리 영혼의 잃어버린 부분들에게는 어떻게 집중할 수 있을까?

킴벌리의 이야기: 슬픔에 귀 기울이기

내(Kimberly)가 생후 1년도 되지 않았을 때 부모님은 이혼하셨고, 아빠는 유럽으로 떠나셨다. 그 어린 나이에도 내 안의 한 부분은 그 상실의 충격을 고스란히 받아들였다. 여름마다 언니와 함께 아빠를 만나러 가는 시간을 제외하면, 아빠는 우리 삶에서 거의 부재한 존재였다. 그는 매년 방문할 때마다 유쾌하고 따뜻하게 우리를 맞아주는 집주인 같았다. 내가 기억하기로 아빠가 자신의 약함이나 힘든 감정을 우리와 나눈 적은 거의 없었다. 성장하면서 나는 아빠의 빈자리를 또렷이 느꼈고, 어느새 내 마음 한구석에는 매력적이지만 먼 존재였던 아빠로 인해 커다란 공허함이 자리 잡게 되었다.

여덟 살이 되었을 때, 엄마는 심리치료사와 재혼하셨다. 나는 사랑받는 가정에서 자랐지만, 아빠의 부재로 말미암은 미묘하고도 만성적인 마음의 통증은 좀처럼 가라앉지 않았다. 슬픔에 잠긴 내면의 유배자가 계속해서 내 주의를 끌려고 애썼다. 나는 무의식적으로 아빠를 떠올리게 하는 정서적으로 먼 느낌의 남성들에게 끌리곤 했다. 그러는 동안 내 안의 충직한 보호자, 곧 내가 열심히 일하는 개혁가라고 부르는 내면의 그 부분은 내가 뭔가 잘못했기 때문이라고 말했다. 그 보호자 부분은 내가 더 사랑받을 자격이 있는 사람이 되면 이 고통이 해결될 것이라고 믿었다.

신학대학원에 다니던 20대 초반, 나는 겉으로 아무 문제 없이 모든 걸 잘 해내는 학생처럼 보였다. 아무도 나의 내면에서 바운더리가 무너지며 흔들리고 있다는 것을 알아채지 못했다. 그러던 어느 날, 밴쿠버에 있는 내 아파트에 오랜 친구 조앤이 찾아와 함께 시간을 보내던 중 나는 그녀에게 조심스럽게, 내 안에 있는 이 오래된 갈망을 어떻게 하면 사라지게 할 수 있겠냐고 물었다.

나이에 비해 지혜로웠던 조앤은 우리가 고통으로부터 한 걸음 떨어지면 스스로를 위로할 수 있다는 것을 알고 있었다. 조앤이 보여준 성령의 인도하심을 받는 참자아 리더십을 시편 기자는 이렇게 노래했다. "실로 내가 내 영혼으로 고요하고 평온하게 하기를 젖 뗀 아이가 그의 어머니 품에 있음 같게 하였나니 내 영혼이 젖 뗀 아이와 같도다"(시131:2). 조앤은 소파에 놓여 있던 쿠션을 내게 건네며, 이것을 어린 시절 내 안에 있던 슬픈 부분이라 생각하고 안아 보라고 했다. 나는 그 경험을 통해 내 고통이 나의 전부가 아니라, 내 영혼의 **한 부분**일 뿐이라는 사실을 깨달았다. 그러자 안도감과 호기심이 동시에 밀려왔고, 왜 이런 행동이 그토록 큰 위로가 되었는지 더 알고 싶어졌다.

돌이켜보면, 조앤은 내게 유배자에게 **집중하는** 법을 가르쳐 주었던 셈이다. 내 안의 유배자는 여전히 버림받은 과거의 경험 안에 갇혀 있었고, 그 상처가 지금도 계속되는 것처럼 느끼고 있었다. 나는 이 상처 입은 부분과 약간의 거리를 두고 바라볼 수 있게 되었다. 그러자 그 슬픈 부분을 위해 기도하며, 오랜 시간 무거운 짐을 감당해 온 그 부분을 돌볼 수 있게 되었다. 그때부터 나는 이 부분에 집중하는 것을 돕기 위해 침실 벽에 엄마, 아빠, 언니, 그리고 어린 시절의 내가 함께 찍힌 마지막 사진을 걸어두었다. 사진 속의 나는 아빠 어깨에 올라앉아 있었고, 우리는 노란색 카펫이 깔린 노란색 집 계단에 앉아 있었다. 나는 매일 밤 그 사진을 바라보며 잠들었고, 마침내 25년 동안 쌓인 슬픔의 눈물이 내 볼을 타고 흘러내렸다.

성령의 인도하심을 받는 참자아는 내 안의 유배자 부분에 호기심을 가지고 집중하며, 그 유배자가 필요로 하던 연결감을 제공해

주었다. 아이러니하게도 그 슬픔에 집중하자 내 영혼에서 그 슬픔이 차지하던 공간은 오히려 **줄어들었다**. 그리고 고통이 가라앉자, 유배자도 역시 평안해져서 성령의 부드러운 인도하심을 받으며 새로운 관점을 기꺼이 받아들였다. 그 덕분에 나는 내 삶에 주어진 축복들이었던 수많은 좋은 남성 친구들과 멘토들, 그리고 롤모델이 되어준 헌신적인 새아버지에게 더 깊이 감사할 수 있게 되었다. 나는 하나님의 도우심으로 내 슬픔에 부드러운 바운더리를 세웠고, 그 슬픔은 이제 내 마음의 방 한곳에서 편안히 머물 수 있게 되었다. 나는 아빌라의 테레사(Teresa of Ávila)의 말에 깊은 공감대를 느꼈는데, 그녀는 이렇게 말했다. "나는 영혼을 수많은 방들을 가진 하나의 커다란 다이아몬드나 투명한 수정으로 된 성처럼 생각하기 시작했습니다."[3]

나는 정말 누구인가?

나도 경험했듯이, 우리는 고통받는 내면의 부분으로부터 거리두기를 할 수 있다. 즉, '분화할(differentiate)' 수 있다. 생물학에서 분화는 세포가 분열하면서 점점 더 특수화되는 과정을 뜻한다. 반면에 심리학에서는 같은 용어를 타인과의 건강한 심리적 거리 설정이란 뜻으로 사용한다. 마찬가지로 내면의 분화란 내 안의 다양한 부분들과 건강한 거리를 만드는 것이다. 우리는 때때로

> 우리는 고통받는 내면의 부분으로부터 거리두기를 할 수 있다. 즉, '분화할(differentiate)' 수 있다.

스스로에게 "나는 정말 누구인가?"라고 묻는다. 내면에서 분화하는 것은 고통스러운 부분이 '나 자신'의 **전부**가 아님을 깨닫게 해준다. 이 단순한 인식만으로도 상처를 주는 생각과 감정들로부터 벗어나 큰 위안을 얻을 수 있다.

내면의 부분에 휘둘려 말하지 않고, 그 부분을 대신해서 말하기

내면의 한 부분과 분화되면, 그 부분을 **대신해서** 말할 수 있게 된다. 다시 말해, 타인에게 상처를 주지 않으면서도 자신의 감정을 안전하게 표현하는 것이 가능해진다. 예를 들어, 나는 이렇게 말할 수 있었을 것이다. "아빠, 매년 저를 초대해 주셔서 정말 감사해요. 그런데 제 안의 한 부분은 아빠를 더 자주 뵙지 못해 슬퍼하고 있어요." 린 역시 롭에게 이렇게 말할 수 있었을 것이다. "당신을 사랑해요. 그런데 지금 내 안의 한 부분은 화가 나 있어요." 린이 자신의 분노에 호기심을 보이며 그 분노가 지닌 보호하려는 의도를 이해하기 시작했을 때, 그녀는 이 선한 의도를 가진 내면의 부분을 대신해서 말할 수 있게 되었다. 덕분에 린은 롭에게 훨씬 더 친절하고 효과적인 방식으로 자신의 마음을 전달할 수 있었다.

내면의 부분에 **휘둘려** 말하지 않고, 그 부분을 **대신해서** 말하는 것은 우리가 익혀야 할 가장 유익한 소통 기술 중 하나다. 이러한 소통 방식이 주는 유익은 다음과 같다.

- 이 내면의 부분이 이야기의 전부를 말해주지는 않는다는 점을 상기시켜 준다.
- 감정을 표현하기 전에 이 내면의 부분이 성령과 연결될 수 있도록 돕는다.
- 타인에게 더 부드럽고 친절하게 말할 수 있게 한다.
- 상대가 내 말을 듣고 이해해 줄 가능성을 높여준다.
- 하나님과의 신뢰, 그리고 다른 사람들과의 신뢰를 증진시킨다.

저명한 대인관계 신경생물학자 댄 시겔(Dan Siegel)은 부드럽게 말하는 것이 얼마나 중요한지를 강조한다. 그의 연구에 따르면, 분노에 찬 말은 뇌의 하부 변연계에 있는 신경 경로를 강화하고, 비관적 사고의 경로를 만들며, 불안과 두려움과 관련된 신경화학물질을 온몸에 퍼뜨려 결국 기분을 더 악화시키게 된다.[4] 반면, 좌절한 내면의 부분에 휘둘려 말하기보다 그 부분을 대신해서 사랑으로 말할 때는 오히려 마음이 더 편안해진다.

알렉시 드 토크빌(Alexis de Tocqueville)의 표현을 빌리자면, 타인에게 친절을 베푸는 것은 "올바르게 이해된 자기 이익(self-interest rightly understood)"이다.[5] 린이 자신의 분노에 휘둘려 말하지 않고 그 부분을 대신해서 말했을 때, 그녀는 부부 사이의 소통을 개선할 수 있었고, 자신과 남편 모두에게 유익한 방식으로 행동할 수 있었다. 그런 더 넓은 관점을 갖게 되자, 다른 사람들이 '분노 문제'라고 여겼던 그녀 내면에 있는 강하게 요구하던 부분은 점차 안정되었을 뿐 아니라, 이제는 그녀가 자신을 건강하게 대변하도록 도와주는 신뢰할 만한 조언자가 되었다.

성령의 인도하심을 받는 참자아 리더십이 성장할수록, 우리는 타인과 더욱 효과적으로 소통하게 되며, 자신이 바라는 모습에도 한 걸음 더 가까워진다. 좌절을 품고 있는 내면의 한 부분이 존중받고 있다고 느끼게 될 때, 그 부분은 점차 극단적인 태도를 내려놓고 자신을 친절하게 표현하려는 노력에 협력하게 된다. 내면의 부분들과 편안한 거리를 유지할 수 있을 때, 우리는 그들을 **대신해서 말할** 수 있게 된다.

내면의 잃어버린 양을 찾아서

예수님은 이 땅에서 사역하실 때, 잃어버린 자들에게 집중하셨다. 누가복음 15장에는 잃어버린 양, 잃어버린 동전, 잃어버린 아들을 비유로 제시하신 예수님의 말씀이 담겨있다. 이 비유들에서 잃어버린 것들은 그들을 찾는 이에게 더없이 소중한 존재들이었다. 그런데 우리 영혼 안의 소외된 부분들 역시 그 비유들 속의 잃어버린 존재들과 다르지 않다. 이들은 우리 영혼의 깊은 내면에 숨어 홀로 머물러 있지만, 일단 발견되면 큰 기쁨과 함께 환영받아야 할 존재들이다. 어떤 내면의 부분들은 갑작스럽게 등장해 우리를 압도하기도 하지만, 또 다른 내면의 부분들은 회피라는 단단한 벽 뒤에 숨어 쉽게 다가가기가 어려울 수도 있다. 하지만 성령께서 우리 안에 거하실 때, 우리는 이 잃어버린 내면의 부분들을 따뜻하게 맞아들일 수 있다.

혹시 지금 마음속 깊은 곳에서 무겁게 눌러오는 고통스러운 생각이나 감정이 있는가? 어쩌면 그 내면의 부분들은 오랫동안 거부당한 채, 표현하지 못한 꿈과 가능성을 세상에 드러내길 갈망하고 있을지도 모른다.

과도하게 일하는 보호자들과 상처받은 유배자들을 돌보는 일은 결코 쉬운 일이 아니다. 그들은 때로 고집도 세고, 깊은 인내를 요구하기도 한다. 그러나 그 수고는 결국 귀한 열매로 이어질 것이다. 밀어내고 싶었던 그 내면의 부분들이 사실은 우리를 기쁨으로 이끄는 실마리를 쥐고 있을 수 있다. 그들의 빗나간 전략과 날카로운 자기비판 뒤에는 우리에게 깊은 격려와 따뜻한 조언을 건네고 싶은 진심이 숨겨져 있다.

우리는 다른 사람을 위해 하나님의 인도하심이 있기를 기도한다. 그렇다면 우리 영혼 안에 있는 상처 입고 길을 잃은 부분들에게도 같은 연민을 베풀 수 있지 않겠는가? 예수님은 길 잃은 양을 사랑하시듯, 우리 안의 길 잃은 부분들도 사랑하신다. 우리는 예수님과 함께 우리 영혼의 잃어버린 부분들을 찾아내어 마침내 집으로 인도할 수 있을 것이다.

불편한 부분에 집중하기

나는 지금 어떤 감정을 느끼고 있는가?
예를 들면,

- 나는 화가 난다.
- 나는 상처받았다.
- 나는 부끄럽다.
- 나는 두렵다.

- 이 감정을 몸의 어느 부위에서 느끼는가? (몸은 기억하지만, 마음은 기억하지 못할 수도 있다.)
- 그 감정에 집중할 때 떠오르는 생각이나 이미지가 있는가?
- 그 감정은 내게서 얼마나 떨어져 있는가? (너무 가깝게 느껴진다면, 더 잘 알아가기 위해 잠시 뒤로 물러나 달라고 요청하자.)
- 이 감정을 처음 느꼈던 어린 시절의 기억은 무엇인가?

이 질문들에 대한 자신의 답을 비판 없이 바라보자. 지금 우리는 내면 가족의 한 부분에 집중하는 첫걸음을 내디딘 셈이다. 성령의 인도하심을 받는 참자아와 거리가 너무 가깝거나 너무 멀게 느껴지는 불편한 부분을 알아차렸다면, 이제 그와 어떻게 관계를 맺을 수 있을지 살펴보자. 다음 장에서는 돌봄이 필요한 영혼의 부분들과 친해지는 중요한 단계를 안내할 것이다.

• 5장

2단계:
친해지기

"항상 트집 잡는 사람이 바로 내 머릿속에 있다면 어떨까? 문제가 있는 사람이 바로 나 자신이라면? 적을 만났는데, 그 적이 바로 자신이라면 어찌겠는가?"

_헨리 클라우드 & 존 타운센드(Henry Cloud and John Townsend), 『No라고 말할 줄 아는 그리스도인(Boundaries)』

"주께서 내 원수의 목전에서 내게 상을 차려주시고"

_시편 23편 5절

4장에서는 관심이 필요한 내면의 부분에 **집중하는** 방법을 살펴보았다. 그런데 이렇게 주의를 기울이다 보면, 종종 그 부분이 마음에 들지 않는다는 사실을 깨닫게 된다. 이번 장에서는 내가 원하지 않는 내면의 부분에게 느끼는 저항감을 어떻게 다룰 수 있는지 살펴볼 것이다. 내면의 보호자와의 관계를 강화하고, 이어서 그들이 보호하고 있는 유배자와도 연결되는 방법을 배우게 될 것이다. 이를 통해 우리는 자기수용과 온전함으로 나아갈 수 있게 된다.

"검을 거두어라." 이는 겟세마네 동산에서, 정치 지도자들이 보낸 군사들 앞에서 자신을 지키려던 제자에게 예수님이 하신 말씀이다. 하늘과 땅의 왕이 되시는 예수님은 천사들을 보내어 적들을 멸하시고, 자신의 체포와 처형을 막으실 수도 있었다(마 26:53). 그러나 예수님은 사랑으로 그 길을 선택하지 않으시고, 대신 손과 발이 못 박힌 채로 마지막 숨을 거두실 때까지 십자가에 매달리셨다. 그럼에도 예수님은 이렇게 말씀하셨다. "아버지 저들을 사하여 주옵소서 자기들이 하는 것을 알지 못함이니이다"(눅 23:34). 그 십자가는 은혜의 능력을 증명하였다.

십자가는 또한 성경에서 가장 뜻밖의 명령 중 하나를 우리에게 분명하게 보여주었다. 예수님은 이렇게 말씀하셨다. "나는 너희에게 원수를 사랑하라고 말하겠다. 원수가 어떻게 하든지, 너희는 최선의 모습을 보여라. 누가 너희를 힘들게 하거든, 그 사람을 위해 기도하여라. 그러면 너희는 너희의 참된 자아, 하나님이 만드신 자아를 찾게 될 것이다."(마 5:44-45, 『메시지』) 그렇다면 예수님이 말씀하신 은혜는 외부의 원수들에 대해서만이 아니라, 우리 내면의 적들로 여겨지는 부분들에 대해서까지 확장되기를 바라신 것이 아닐까? 우리는 종종 원하지 않는 생각과 감정을 밀어내고 싶어 한다. 하지만 건강한 바운더리를 세우고 그 내면의 부분들과 연결될 수만 있다면, 오히려 그 부분들이 가장 든든한 내 편이 되어줄 수도 있다. 그러니 그 내면의 부분들 역시 하나님의 자비와 사랑의 대상임을 잊지 말자. 하나님은 우리 내면의 모든 부분을 통해 선한 일을 이루기를 원하신다.

다윗 왕의 내면에 있는 적들을 생각해 보자. 그의 내면에는 밧세바를 유혹한 탐욕스러운 연인, 우리아를 죽인 교활한 반역자, 부하들에게 두려움을 심어준 분노에 찬 지휘관이 있었다(삼하11장). 하나님은 다윗에게 위대한 목적을 위해 쓰임 받을 만한 재능과 열정을 주셨지만, 그의 통제되지 않는 영혼의 부분들이 그의 유산을 무너뜨릴 뻔했다. 다윗은 "주께서 내 원수의 목전에서 내게 상을 차려 주시고"(시23:5)라고 고백했다. 하나님은 다윗이 이 식탁에 내면의 적들, 즉 갈망하고 반항하며 분노하는 그의 내면의 부분들을 초대하기를 바라셨던 것은 아닐까?

결국 다윗은 자기 내면에 있는 갈망하는 유배자들 및 분노한 보호자들과 친해지게 되었고, 그 에너지를 더 높은 목적을 향해 새롭게 사용할 수 있게 되었다. 그는 이 내면의 적들을 가장 든든한 동반자로 변화시켰다. 당신은 내면에서 없애버리고 싶어 하는 부분들, 즉 내면의 비판자, 슬픔, 통제되지 않는 시기심 등과 기꺼이 친해지려고 노력할 수 있겠는가? 우리는 이것이 우리의 직관에 반한다는 것을 잘 안다. 하지만 어쩌면 이것이야말로 예수님이 우리에게 건네시는 초대일 수 있다. 마가렛의 이야기를 한 번 들어보자.

마가렛의 이야기: 자해의 비밀을 이해하기

무더운 여름날, 마가렛은 검은색 긴팔 티셔츠를 입고 나(Alison)

의 사무실로 당당히 들어왔다. 그 셔츠에는 거대한 가운데 손가락 그림이 그려져 있었다. 나는 단번에 그녀가 좋아졌다. 나는 경험을 통해 겉이 강할수록 속은 더 여리기 마련이라는 사실을 잘 알고 있었다. 스물두 살이었지만 마흔에 가까운 삶을 살고 있던 마가렛은 생계를 위해 두 가지 일을 병행하고 있었다. 그녀는 존이라는 남자 친구 이야기를 꺼냈다. 존은 마약과 여성 문제로 자주 사라지곤 했는데, 돌아올 때면 늘 선물을 들고 와서 사과했다.

첫 상담에서 나는 그녀의 관계가 얼마나 건강하지 못한지를 지적하는 것이 아무런 소용이 없다는 것을 깨달았다. 마가렛은 나보다 자신의 문제를 더 잘 분석하고 있었다. 그녀는 존이 자신에게 해로운 존재라는 것을 잘 알고 있었지만, 그를 떠날 수가 없었다. 자신이 상처받을 줄을 알면서도 멈출 수가 없었다.

마가렛이 다섯 살이었을 때, 그녀의 아버지는 폭력 조직에 들어갔다. 아무도 마가렛에게 아버지가 어디로 갔는지, 왜 몇 년씩 사라졌다가 불쑥 나타나는지 설명해 주지 않았다. 그러니 존의 행동에 그녀가 끌린 것도 무리가 아니었다. 마가렛의 마음 깊은 곳에는 아버지와의 상처를 남자 친구 존을 통해 회복하고자 하는 어린 내면의 부분이 있었던 것이다.

일주일 후, 마가렛은 팔에 난 흉터가 드러나는 민소매 차림으로 상담하러 다시 왔다. 나는 그것이 그녀가 보내는 무언의 초대라는 걸 알 수 있었다.

"다시 와줘서 기뻐요." 내가 말했다. "지난주 만나서 반가웠어요."

마가렛은 조심스럽게 자신의 팔을 바라보았다.

"자해를 했나요?" 내가 조심스럽게 물었다.

"네." 그녀는 마음의 방어를 내려놓은 듯 말했다. "존이 사라졌어요. 문자도 전화도 아무 연락도 없이요." 마가렛은 팔에 난 유난히 긴 상처를 응시하며 말했다. "마음이 무너져 내릴 것만 같았어요. 그 고통을 멈추고 싶었어요."

"당신 안의 그 부분에 다시 한번 집중해 볼 수 있을까요?" 내가 물었다. "그리고 제가 말하는 게 맞는지 확인해 줘요? 혹시 그 부분이 마음의 고통 대신 신체적인 고통을 느끼게 해서 당신을 보호하고 있는 건가요?"

마가렛은 끄덕이며 말했다. "저도 나쁘다는 건 알아요. 하지만 멈출 수가 없어요."

나는 마가렛이 그녀 안에 있는 보호자 부분의 선한 의도를 이해하고 있는지 궁금했다. 그래서 그녀가 그 부분과 친해지도록 돕기 위해 이렇게 물었다. "고통을 무디게 해주는 그 자해하는 부분에 대해 어떤 감정을 느끼나요?"

마가렛은 잠시 자신의 자해하는 부분에 집중하더니 이렇게 말했다. "차라리 그 부분이 없어졌으면 좋겠어요!"

"그 부분을 싫어하는 내면의 또 다른 부분을 알아차릴 수 있을까요? 그리고 그 내면의 부분에게 잠시 물러나 줄 수 있겠는지 부탁해 보시겠어요?"

"네." 마가렛이 말했다. "자해에 대해 이야기하니까 그 부분이 반가워하는 느낌이에요. 그리고 제가 그걸 싫어한다고 인정하고 나니 마음이 좀 편안해졌어요."

"좋아요. 마가렛." 내가 말했다. "그러면 지금 당신의 고통을 덜어주려 애쓰면서 자해하는 그 부분을 향해서는 어떤 감정이 느껴지나요?" 나는 마가렛이 성령의 인도하심을 받는 참자아로부터 그 자해하는 부분과 연결되고 있는지 확인하고 싶었다.

"이제는 그렇게 비판적으로 보이지 않아요." 그녀가 말했다. "오히려 좀 궁금해요. 그 부분이 좋은 의도를 가지고 있다는 걸 이해하니까 기쁘네요. 대부분의 사람들은 이런 감정을 그냥 없애버리려 하잖아요."

그 후 몇 차례의 상담을 거치면서 마가렛은 자신의 내면에 있는 보호자와 계속해서 친밀해졌다. 그러자 그 보호자 부분이 점점 부드러워지기 시작했으며, 성령의 인도하심을 받는 참자아 리더십을 신뢰하게 되었다. 동시에 자신이 지키기 위해 애써 숨겨왔던 고통을 드러내기 시작했다.

"그 부분이 어떤 기억을 떠올리게 해요." 몇 번의 상담 후, 마가렛이 말했다. "그때 저는 일곱 살쯤이었고, 남동생을 재우려고 준비하고 있었어요. 그 주말에 아빠와 함께 지내기로 했었는데, 아빠가 집에 안 오신 거예요. 결국 아빠는 술에 취한 채 나타나서는 아직 동생을 재우지 않았다고 소리치며 저를 혼내셨어요. 그러고는 우리 둘을 차에 태워 이웃집 잔디밭을 가로질러 달리시더니 할머니 집에 내리라고 하셨어요. 그 후로 무려 석 달 동안 아빠를 볼 수 없었어요."

"그때 마가렛 씨는 어떻게 하셨나요? 도와줄 사람이 있었나요?"

"없었어요." 그녀가 말했다. "아무도 몰랐죠. 저는 스스로 강해

저야 한다고 생각했어요. 동생이 저를 필요로 했으니까요."

"그럼 아무도 그 어린 소녀에게 '그건 네 잘못이 아니야'라고 말해주지 않았네요? 아무도 그 상황이 잘못되었다는 걸 가르쳐주지 않았나요?"

마가렛은 어깨를 으쓱하며 대답했다. "저는 강했어요."

"아마도 자해하는 부분은 마가렛 씨가 외롭고 고통스러울 때 보호하려고 하는 것 같아요." 내가 말했다. "그동안 그 부분이 당신을 위해 얼마나 애써왔는지, 고마움을 좀 전해볼 수 있을까요?"

"네, 그 부분이 저를 얼마나 아끼는지 잘 알아요. 아무도 그 부분을 이해해 주지 않았지만요. 사람들은 제가 미쳤다고 생각하지만, 사실 저는 그 자해하는 부분 덕분에 지금까지 살 수 있었어요."

마가렛이 성령의 인도하심을 받는 참자아로부터 연민을 가지고 자해하는 부분과 연결된 순간부터 그 부분은 부드러워지며 마음을 열기 시작했다. 그리고 자신이 지키려 했던 유배자 부분도 보여주었다. 그 내면의 부분은 오랫동안 자신만의 방식으로 유배자의 수치심을 덜어주려 애써 왔던 것이다.

마가렛의 자해하는 부분은 그녀가 죽기를 원한 것이 아니라 살아가길 바랐다. 우리는 그것이 고통을 무감각하게 만들어주는 극단적인 보호자라는 것을 알게 되었다. 마가렛이 성령의 인도하심을 받는 참자아로부터 그 부분과 친해지고, 그것의 선한 의도를 인정하게 되면서 비로소 그 부분과 건강한 거리를 유지하며 새로운 방법을 익힐 수 있게 되었다. 그리고 그녀 안의 유배자에게 필요한 돌봄을 제공하자, 자해하는 부분은 더 이상 파괴적인 행위를 하지 않았다. 대신, 그 부분은 진실을 말하고 바운더리를 세우는 존재가 되었다. 외적 바운더리가 침범당했을 때도 오히려 용기 있게 목소리를 내는 마가렛 내면의 한 부분으로 자리 잡았다.

마가렛처럼 자해하진 않더라도, 우리 역시 종종 음식, 약물, 혹은 다른 방식으로 고통을 무감각하게 만들면서 문제를 직접적으로 다루지 않고 피하려고 할 때가 있다. 그 방법이 무엇이든, 그때 우리 내면의 보호자들도 마가렛 내면의 자해하는 부분처럼 사실은 우리를 도우려 하는 것은 아닐까?

내면의 적과 친해지라는 이 개념은 지금까지 우리가 배워온 감정 처리 방식과는 정반대일 수 있다. 하지만 내면의 어떤 부분을 비판하고 거부하는 것으로는 상황이 나아지지 않는다. 오히려 보다 효과적인 길은 내가 가장 불편해하는 그 부분과 친해지는 데 있고, 그래야만 비로소 변화가 일어날 수 있다. 이는 자신을 환대하는 태도와도 맥을 같이한다. 헨리 나우웬은 환대에 대해 다음과 같이 말했다. "환대란… 본질적으로 낯선 이가 들어와 원수가 아닌 친구가 될 수 있는 자유로운 공간을 만들어주는 것을 의미한다. 환대는 사람을 바꾸려는 것이 아니라, 변화가 일어날 수 있도록 공간을 제공하는 것이다."[1] 이처럼 우리 영혼의 어렵고 힘든 부분들을 따뜻하게 맞이할 때, 우리 내면에는 변화가 일어날 수 있는 공간이 마련된다.

자기비난에서 자기수용으로 나아가기

문제가 되는 내면의 한 부분에 집중해 그것과 분화할 때, 스스로에게 이렇게 물어보자. "나는 이 부분에 대해 어떤 감정을 느끼고 있는가?" 이 질문은 우리가 특정한 내면의 한 부분에 대해 어떻게 느끼는지를 인식하도록 도와준다. 이를 통해 우리는 지금 자신이 연민으로 가득한 성령의 인도하심을 받는 참자아로부터 이끌리고 있는지, 아니면 자기비난의 자리에서 반응하고 있는지를 분별할 수 있게 된다. 진정한 치유는 우리 안의 거룩한 자리, 곧 성령의 인도하심을 받는 참자아로부터 이 내면의 부분들과 연결될 때 시작된다. 내면의 부분을 향해 우리의 마음을 열면, 그 부분과 안정 애착(secure attachment)이 형성되고, 시간이 지날수록 그 관계는 더욱 견고해진다.

예를 들어, 마가렛이 자기 내면의 자해하는 부분에 집중했을 때, 그녀는 그 부분을 비판하는 또 다른 내면의 부분이 있다는 것을 알게 되었다. 우리도 비슷한 경험을 할 수 있다. 가령, 우리가 우리 내면의 시기하는 부분에 집중하다 보면, 속에서 이렇게 말하는 비판적인 부분을 발견할지도 모른다. '시기심을 느끼다니! 나는 정말이지 형편없어.' 이처럼 불편한 감정에 대해 불만을 느끼는 것이 당연할 수 있지만, 사실 그 비판자에게는 부드러운 바운더리가 필요하다. 시기심을 향해 정죄하는 태도는 도움이 되지 않기 때문이다. 그러므로 내면의 비판자에게 이렇게 알려주자. "네가 나를 걱정하는 마음은 이해해. 하지만 나는 지금 시기하는 부분을 더 잘 이해하고 그것과 신뢰를 쌓고 싶어." 이를 통해 비판자가 차츰 진정되면, 다시 원래 집중했던 내면의 부분으로 시선을 돌리고, 그 애써 수고하는 내면 가족에게 마음을 여는 것이 어떤 느낌인지 주의 깊게 살피자.

우리의 영혼에서 문제를 일으키는 부분과 친해지는 이 결정적인 단계를 통해, 우리는 자기혐오에서 자기수용으로 나아가게 된다. 비난하는 대신 우정의 따뜻함을 건네게 된다. 우리 안에 있는 이 부분을 미워하지 말자. 이 부분은 그동안 우리를 보호하기 위해 애써왔다. 그런 불편한 감정을 느끼는 우리 내면의 부분에게 연민을 보여주자. 지금까지 그 자리에 있어 준 것, 그리고 우리가 강해

변화는 어떻게 일어나는가?: 오해 vs. 진실

오해: 생각을 바꾸는 것이 변화를 위한 유일한 방법이다.

진실: 생각을 바꾸는 것은 성장의 중요한 한 부분일 뿐이며, 이 책에서 제시하는 5단계를 따를 때, 인지적·정서적·영적 차원에서 전인적 변화가 가능해진다.

불편한 내면의 부분에 연민을 가지고 집중할 때, 우리는 그 부분을 전체적으로 돌보고 있는 것이다. 즉, 그 부분이 지닌 도움이 되지 않는 생각은 물론 고통스러운 감정까지 함께 다루고 있는 것이다. 이 과정은 기도하는 마음으로 성령께서 그 특정한 부분에 가까이 오시도록 초대하는 것을 포함한다. 이렇게 성령의 임재 아래 내면의 한 부분에 집중하고 그 부분과 친해질 때, 우리는 생각하고 느끼며 하나님과 관계 맺는 방식에서 성숙해져 간다.

지도록 도와준 것에 대해 감사를 전하자.

이제 보호자 부분을 거쳐 유배자 부분과 어떻게 친해질 수 있는지를 함께 살펴보자.

보호자와 친해지기

보호자를 비유해 보자면, 관리자 부분은 아기가 위험에 처하지 않도록 늘 주변을 살피는 경계심 강한 부모라 할 수 있고, 소방관 부분은 울고 있는 아기를 급히 달래는 부모라 할 수 있다. 보호자는 자신의 역할을 매우 진지하게 받아들이며, 우리 영혼의 연약한 부분을 돕기 위해 자신들이 할 수 있는 최선을 다한다. 그렇기에 그들이 마음을 놓게 하려면 먼저 그들로부터 신뢰를 얻어야 한다.

물론 이러한 보호자들이 이제는 더 이상 우리에게 도움이 되지 않는 특정한 행동이나 감정, 신념을 만들었을 수도 있다. 예를 들어, 우리 안에 타인을 기쁘게 하려는 부분, 경쟁하는 부분, 또는 갈등을 회피하는 부분 등이 자리 잡고 있을 수 있다. 3장에서 언급했듯이, 일반적인 보호자들은 비판자, 통제자, 분석가, 걱정꾼, 그리고 중독 행동을 보이는 내면의 부분들이다. 중독은 과식, 과도한 오락 추구, 무의식적인 인터넷 서핑, 약물이나 알코올 남용 등으로 나타날 수 있다. 만약 이런 충직한 보호자들 중 하나라도 우리와 관련되는 것이 있다면, 혹은 그 외 떠오르는 다른 보호자가 있다면, 그들의 수고와 선한 의도를 진심으로 존중해주도록 하자. 그들이 지켜온 유배자를 우리에게 맡기도록 하기 위해서는 먼저 그들을 향한 우리의 감사와 존중이 필요하다.

보호자들은 종종 우리 내면 가족 구성원인 다른 부분들로부터, 그리고 외부의 가족이나 친구들로부터 거센 비판을 받는다. 가까운 사람들이 우리의 보호자를 알아차렸을 때, 그들이 다음과 같이 선한 의도로 건네는 조언이나 충고는 거의 도움이 되지 않는다.

"그냥 좀 쉬어. 너무 무리하지 마."
"기도는 해봤어?"
"왜 그냥 멈추질 못하는 거야?"

이런 말들은 오히려 보호자를 더 압박하고 위축되게 만든다. 결국 우리는 이렇게 생각하게 된다.

'나 지금 충분히 쉬고 있어!'
'내가 뭘 하든 간섭하지 마.'
'멈추지 못하는 나는 정말 끔찍한 사람인가 봐.'

도전을 받으면 보호자는 더욱 완강해진다. 자신이 얼마나 필요한 존재인지를 반드시 증명하려 든다. 예를 들어, 많은 사람들이 마가렛에게 자해를 멈추라고 충고했지만, 그런 말들은 아무 소용이 없었다. 마가렛은 이미 자신의 행동에 수치심을 느끼고 있었다. 게다가 그녀의 이 부분을 통제하려는 주변 사람들의 선의는 오히려 힘겨루기로 변질되었고, 그 결과 마가렛의 자해하는 부분은 더 강하게 자기 방식대로 그녀를 통제하려 들었다. 마치 반항적인 십 대처럼, 이 내면의 부분은 이해받고 수용되기를 원했다. 그러나 일단 친해지고 나자, 그 부분은 긴장을 풀었다. 그런 다음 마가렛은 성령의 인도하심을 받는 참사아로부터 이 완강했던 보호자가 그녀의 내면 가족 안에서 새로운 역할을 찾도록 도울 수 있었다.

보호자와 친해진다는 것은 그동안 애써온 내면의 보호자 곁으로 다가가 그들이 필요로 하는 쉼과 안정을 찾을 수 있도록 돕는 것이다. 그러니 수고하는 내면의 부분들이 변화되기를 바라기 전에, 먼저 그들에게 격려의 말을 건네 보자. 예를 들어, 이렇게 말해 볼 수 있다.

"정말 열심히 살아왔구나."
"네가 걱정하는 마음 이해할 수 있어."
"다른 사람들을 세심하게 돌봐주고 있구나. 나를 위해 애써줘서 고마워."
"네가 화를 내는 것은 당연해."

친구 한 명이 내게 이런 이야기를 들려준 적이 있다. 그녀의 아들이 학교에 가기 싫다고 떼를 썼다고 한다. 그래서 그녀가 아들을 꾸짖자, 그 아이는 이불 속으로 숨어버렸다. 그런데 그녀가 "그래, 학교 가기 정말 싫지?"라고 말하자 상황이 달라졌다. 아들은 "맞아, 진짜 싫어! … 그래도 가자!"라고 외치며 침대에서 나왔다고 한다. 친구가 아들의 두려움과 좌절에 다가가 함께해주고, 그의 감정을 읽고 공감하며 그 자리에 같이 있어 주었기 때문에, 아들은 자신이 사랑받고 있다는 느낌을 받으며 하루를 감당할 수 있는 힘을 얻게 된 것이다. 이런 접근 방식은 우리의 내면 가족 구성원인 저항하는 보호자에게도 똑같이 통한다.

유배자와 친해지기

내면의 보호자들과 친해지면, 그 보호자들은 자연스럽게 그들이 지켜온 유배자들에게 접근할 수 있도록 길을 열어 준다. 이 유배자들은 자기 의심, 외로움, 두려움과 같은 감정을 지니고 있거나, 부정되거나 제대로 발달하지 못한 특성들, 곧 욕망, 창의성, 야망 등을 간직하고 있을 수 있다.

유배자들은 자신이 상처 입고 외면당했다는 피해자 서사를 마음 깊이 간직한 경우가 많다. 예를 들어, 이런 생각들이다.

'그 사람이 나를 알아봐 준다면, 나는 온전해질 거야.'
'나는 한 번도 내 꿈을 펼칠 기회를 가져본 적이 없어.'
'모든 게 내 잘못이야.'

이런 유배자들에게도 연민이 필요하다. 우리가 성령의 인도하심을 받는 참자아로부터 이 내면의 부분들을 격려해 줄 경우, 어떤 일이 일어날지 생각해 보자. 예를 들어, 이렇게 말할 수 있다.

"지금 생각보다 훨씬 잘하고 있어."

"넌 내게 소중한 존재야. 나는 네 목소리를 듣고 있어. 너를 보고 있어."

"지금 여기 너와 함께 있어. 넌 사랑받는 존재야."

처음에는 유배자들과 연결되는 것이 감당하기 힘들 것처럼 느껴질 수 있다. 이들은 오랫동안 무거운 짐과 갈망을 짊어지고 있었기 때문이다. 마치 굶주리고 방치된 아이들처럼, 그들에게는 주의 깊고 지속적인 돌봄이 필요하다. 예를 들어, 마가렛은 아주 큰 트라우마("Big-T" trauma)로 인해 자신의 고통을 내면 깊이 유배시켰다. 그녀는 상담실이라는 안전한 공간 안에서 비로소 이 아픈 감정들과 친해지는 과정을 시작할 수 있었고, 그런 과정에서 강한 내적·외적 바운더리를 세우는 법을 배울 수 있었다. 반면, 어떤 경우에는 작은 트라우마("small-t" trauma)로 인해 자신 안의 어떤 부분을 유배시키기도 한다. 그런데 그런 경우에는 보다 쉽게 그 유배자와 친해져서 그 필요를 돌볼 수 있다. 나(Alison) 역시 작은 트라우마로 인해 마음속 꿈꾸는 부분을 내 안에 가두어두었었다. 그러던 어느 날, 그 부분이 불쑥 모습을 드러냈고, 나는 마침내 그와 친해지는 법을 배우게 되었다.

앨리슨의 이야기: 꿈을 쫓아서

나는 와이오밍의 작은 마을에서 사랑이 넘치는 부모님과 장난기 많은 여동생과 함께 자랐다. 학교도 좋아했고, 야외 활동도 즐겼으며, 친한 친구들도 있었다. 그리고 남들 모르게 품은 것이 많았던 꿈 많은 소녀였다. 나는 원대한 꿈을 꾸고 풍부한 상상력을 지녔지만, 동시에 그 꿈들을 좇다가 바보가 되지 않게 하려고 내 안에서 밤낮없이 일하던 내면의 강력한 보호자들도 지니고 있었다.

그중 한 가지 꿈이 내 마음을 사로잡았다. 바로 중학교 농구팀에 들어가는 것이었다. 나는 키도 작고, 눈에 띄게 운동 신경이 좋은 편도 아니었지만, 농구팀에 들어가고 싶은 마음이 세상 그 무엇보다도 간절했다. 입단 테스트를 준비할 수 있도록 부모님은 동네 고등학교 농구팀의 스타이자 우리 가족의 친구였던 분에게 부탁해 며칠씩 나를 개인 코치하도록 해주셨다. 우리는 집 앞 마당에 마련된 임시 코트에서 훈련했다. 동네 농구의 전설이라 불리던 그가 내게 이렇게 말했다. "넌 잘해. 반드시 그 팀에 들어갈 거야." 그 순간 내 노력이 결실을 맺는 듯했다.

경기 당일 날, 나는 가슴이 벅찼다. 심장은 마구 뛰었고, 새로 산 브랜드 농구화도 신었다. 그 신발은 팀에 들어갈 거라고 확신하는 소녀들만 신는 신발이었다. 나는 두려웠지만 준비된 마음으로 코트 위로 달려 나갔다. 코치들은 나를 팀에서 가장 뛰어난 포인트 가드 중 한 명과 짝지었고, 나는 끝까지 버텨냈다. 관중석에서는 내가 그 포인트 가드를 제치고 드리블해 득점하는 모습에 탄성이 터져 나왔다. 일대일 대결에서 승리한 것이다. '드디어 내 꿈이 이루어지고 있어'라고 나는 생각했다. '이제 나도 다른 여자아이들처럼 밝은 조명 아래 설 수 있겠구나.'

그리고 실제로 그날 밤만큼은 꿈을 이룬 것 같았다. 하지만 다음 날 오후, 누가 팀에 합격했는지 확인하려고 탈의실로 달려갔지만, 그곳에 내 이름은 없었다. 친구들이 서로 포옹하고 하이파이브를 나누는 동안, 나는 갑자기 굴욕의 상징이 되어버린 새로 산 농구화만 내려다보았다. 수치스러움을 감추기 위해 나는 웃으며 고개를 끄덕였고, 친구들에게 인사를 건넨 뒤 탈의실을 빠져나와 집으로 도망쳤다. 그 순간 마음속에 이런 생각이 자리 잡았다. '꿈을 꾸면 결국 아프기만 해. 뭐 하러 애써?' 그리고 나는 최소 10년 동안 더 이상 꿈을 좇지 않았다.

그 대신 나는 관중석에서 미소 짓고, 고개를 끄덕이며, 책 속에 나를 숨기는 법을 배웠다. 이 '웃고 끄덕이는 부분'은 내 감정을 감추는 보호자 역할을 훌륭히 해냈다. 이루지 못한 꿈에서 오는 고통을 막기 위해 나와 주변 사람들에게 "나는 괜찮아"라고 말해주었던 것이다.

그때는 담대하게 살고 싶은 내 꿈이 나를 압도하지는 않았다. 그 꿈은 내 영혼의 깊숙한 한 구석, 멀리 떨어진 방에 숨어 있었다. 하지만 내가 모르는 사이에 조용히 반란을 준비하고 있었다. 그 반란은 몇 년이 지난 5월의 어느 주말, 내가 논문 제안서를 제출한 다음 날 아침에 발생했다. 나는 힘겨운 한 해를 보내며, 그저 웃고 고개를 끄덕이며 버텨왔다. 대학원 학비를 마련하기 위해 학생 상담가로 오랜 시간 일했고, 절친은 이미 결혼해 버렸다. 게다가 나는 지난여름 친구 결혼식에서 신랑 들러리와 우연히 춤을 추게 된 이후로 데이트다운 데이트를 한 번도 하지 못하고 있었다. ('꿈은 결국 상처로 끝난다'라는 신념이 자리 잡으면서, 연애조차 멈추게 되었던 것이다.) 그날 저녁, 나는 더 이상 몰두해야 하는 일 없이 홀로 있게 되었다. 위기 상황에 있는 학생도 없었고, 글 마감도 끝난 상태였다. 고요한 아파트 안에서 방 안을 가득 채운 햇살을 느끼며 앉아 있었는데, 내 안에서 느낄 수 있는 것은 오직 공허함뿐이었다. 그 순간 책 속에 감정을 숨기고 지내던 외로움이 한계에 다다랐고, 내 안에 유배되었던 꿈들이 몰려나와 공황발작이라는 형태로 나를 덮쳤다.

그 압도하는 감정의 맹공격은 나의 웃고 끄덕이는 보호자에게 큰 충격이었다. 그 보호자는 이 원치 않는 유배자의 등장에 저항하면서 이렇게 말했다. '너는 괜찮아. 너는 사람들을 돕고 있어. 너는 열심히 일하고 있고, 모든 것이 원하는 대로 되고 있어.' 하지만 수년간 묻혀 있던 이 꿈꾸는 부분은 더 이상 침묵하기를 거부했다. '나, 사실 괜찮지 않아.'

나는 여동생에게 전화했고, 그녀는 내게 이 원치 않는 꿈꾸는 부분에 대해 호기심을 가져보라고 격려했다. 그렇게 하자 불안이 서서히 가라앉기 시작했다. 나는 그 목소리에 몇 달 동안 귀 기울였는데, 그 부분은 이렇게 말하고 있었다. '난 두려움 속에 숨어 지내는 것에 이제 지쳤어. 책에서 벗어나고 싶어. 뭔가 창의적인 일을 하고 싶어. 연기를 배우고 싶어!' 나는 그 일관성에 놀랐다. 연기는 내가 어릴 적에 꾸었던 또 다른 꿈이었다. 하지만 농구팀에서의 실패 이후로 나는 그 꿈을 완전히 접었었다. 그러나 이제 나는 이 꿈꾸는 부분과 친해지기 시작했고, 웃고 끄덕이는 보호자에게도 협력해달라고 요청했다. 나는 학업을 잠시 내려놓고, 로스앤젤레스에서 일을 구했으며, 연기 수업에 등록했다. 어릴 적 농구 경기 이후 처음으로 그렇게 큰 꿈을 내 삶의 우선순위에 두게 되었다.

연기는 내게 도전이었다. 처음에는 별로 잘하지도 못했다. 어느 날 밤 연기 선생님이 애정 어린 진심으로 이렇게 말씀하셨다. "이렇게 에너지와 지식이 넘치는데도, 정작 자신에 대한 인식이 거의 없는 사람은 처음 봤어요." 이 말에 내가 웃으며 고개를 끄덕일 수도 없었던 것은 내 안의 또 다른 부분, 곧 내면의 비판자가 고개를 쳐들며 이렇게 말했기 때문이다. '네가 뭐라도 되는 줄 아냐? 스스로를 우습게 만들고 앉아 있네.'

하지만 이번에는 달랐다. 내 안의 무언가가 그 고통스러운 감정을 그대로 마주한 채 계속 머물러 있었다. 지금은 그것이 성령의 인도하심을 받는 참자아였음을 알고 있다. 그래서 결국 나는 그 부분과 친해질 수 있었다. "수치심을 주는 내면의 비판자야, 내 앞에 있는 너를 보고 있단다. 너는 내가 우습게 되는 걸 막기 위해서 그렇게 애쓰는 거지. 이 대담한 꿈이 낯설고 부담스러울 수 있다는 것도 이해해. 우리 그냥 조금만 더 버텨보며 어떻게 되는지 지켜보자."

연기에 익숙해지기까지 꼬박 1년이 걸렸다. 하지만 내 안에서 유배되었던 꿈꾸는 부분을 알게 된 것은 그만한 가치가 있었다. 나의 꿈꾸는 부분은 열심히 노력할 준비가 되어 있었다. 그 부분은 탁월함을 갈망했고, 내가 용기 있게 살아가길 원했다. 그것이 팀에 합류하는 것이든, 역할을 완벽히 소화하는 것이든, 아니면 실패하더라도 끝까지 도전하는 것이든 말이다. 알고 보니 이 꿈꾸는 부분은 내 마음의 다른 부분들이 생각했던 것보다 회복력이 훨씬 더 강했다.

내 안의 꿈꾸는 부분과 친해지기 위한 노력은 결국 보상을 받았다. 연기를 배우는 데 도움이 되었을 뿐만 아니라, 내 삶의 다른 영역에서도 결실을 맺게 되었다. 나는 박사 과정을 마무리하기 위해 돌아갔고, 그곳에서 영혼의 여러 부분과 친해지는 개념에 관해 알려준 이 책의 공동 저자인 킴벌리를 만났다. 나는 이 새로운 접근법을 공부에 통합하기 시작했고, 이제 내 소명을 온전히 추구할 수 있게 되었다. 연애에서도 꿈을 현실로 만들어 냈고, 곧이어 내 안의 꿈꾸는 부분을 사랑해 준 남자를 만나 결혼했다.

은혜를 베풀기

내(Alison)가 그랬던 것처럼, 우리는 모두 욕망, 분노, 수치심, 두려움, 슬픔과 같은 고통스럽고 불편한 감정을 피하려고 한다. 하지만 우리 안의 중요한 부분들을 그들이 지닌 짐 때문에 내면 깊이 가둬두기에는 인생이 너무 짧다. 만약 우리 영혼의 어떤 부분이 계속 주의를 끈다면, 그 부분에 집중하고 친해져 보자. 호기심을 가지고 그 부분이 무엇을 필요로 하는지 배워보자.

아기가 엄마와 안정 애착(secure attachment)을 맺는 것이 중요하듯, 우리의 유배자 부분들도 성령의 인도하심을 받는 참자아와 안정 애착을 필요로 한다.[2] 우리가 그들에게 따뜻함을 베풀 때, 이 중요한 애착이 자라날 수 있다. 그렇게 하면 유배자가 성숙해지고, 자신의 목소리를 찾고, 그림자에서 걸어 나와 빛으로 나아오는 놀라운 광경을 지켜보게 될 것이다.

우리 내면의 과격한 감정과 생각을 다루는 길은 그것들을 없애려는 것이 아니라, 은혜를 베풀고 성령의 인도하심을 받는 참자아로 인도하는 것이다. 자신에게 부드럽게 대할 때 평안을 얻게 된다. 우리가 극단적인 생각과 감정에 공감하며 귀 기울일수록, 그것들은 우리 내면 가족 안에서 더 조화롭게 자리 잡게 될 것이다.

> 성가시고 나쁘다고 여긴 영혼의 부분들과 친해져서 그들을 내 편으로 변화시킬 때, 우리는 더욱 온전해진다.

우리 영혼의 부분들과 친해졌다는 것을 알게 되는 때는 성령의 인도하심을 받는 참자아가 주도권을 잡게 되는 때다. 다시 말해, 우리가 자비롭고, 창의적이며, 용기 있게 영혼의 흐트러진 부분들을 이끌 수 있는 관점과 능력을 갖추었을 때다.

예수님은 이렇게 말씀하셨다. "나는 너희에게 원수를 사랑하라고 말하겠다. 원수가 어떻게 하든지, 너희는 최선의 모습을 보여라. 누가 너희를 힘들게 하거든, 그 사람을 위해 기도하여라. 그러면 너희는 너희의 참된 자아, 하나님이 만드신 자아를 찾게 될 것이다."(마5:44-45,『메시지』). 성가시고 나쁘다고 여긴 영혼의 부분들과 친해져서 그들을 내 편으로 변화시킬 때, 우리는 더욱 온전해진다. 내가 지금까지 짊어졌던 짐에서 자유로워지고, 내면에서 하나님과의 신뢰를 쌓게 된다. 또한 더 큰 확신 속에서 살아가며, 다른 사람들과 더 깊은 친밀감도 쌓을 수 있게 된다.

불편한 부분과 친해지기

지금 내 안에서 활발히 작동하는 보호자 부분을 하나씩 떠올려 보자. 그 보호자는 무엇을 느끼고 있는가? 예를 들면,

'나는 화가 나.'
'나는 자꾸 비판하게 돼.'
'나는 도망치고 싶어.'

이런 감정에 대해 어떻게 느끼는가? 예를 들면,

'나는 이렇게 느끼는 나 자신에게 화가 나.'
'나는 그렇게 반응한 것에 죄책감을 느껴.'
'이 감정이 사라지지 않을까 봐 두려워.'
'이 감정이 없으면 어떻게 해야 할지 모르겠어.'

이런 감정에 대해 호기심이나 연민이 아닌 다른 감정이 느껴진 다면, 또 다른 내면의 부분이 반응하고 있는 것이다. 그 내면의 부분에게 잠시 물러나 줄 수 있겠냐고, 그래서 내가 처음 느꼈던 감정에 집중할 수 있게 해달라고 요청해 보자.

성령의 인도하심을 받는 참자아로부터 그 원래의 부분에 연결되어 친구에게 하듯 따뜻한 연민을 전해보자. 다음과 같은 질문들

을 자신에게 던져 보자.

- 이 내면의 부분은 더 깊은 상처나 욕구를 보호하고 있는 것인가?
- 이 유배자 부분과 친해질 수 있는가?
- 이 부분이 내게 전하고 싶은 말은 무엇인가?

이러한 연습을 끝마쳤다면, 우리는 우리 안에 있는 한 보호자 및 한 유배자와 친해진 것이다. 이제 스스로에게 물어보자. 예수님은 지금 이 내면의 부분들 가까이에 계신가? 그들은 지금 예수님의 따뜻한 음성을 듣고 있는가?

BOUNDARIES FOR YOUR SOUL

• 6장

3단계:
초대하기

"내 영혼의 창을 활짝 열어 태양을 맞이한다."

_존 그린리프 휘티어(John Greenleaf Whittier)

"하나님을 가까이하라 그리하면 너희를 가까이하시리라"

_야고보서 4장 8절

마음속 분주한 내면 가족들이 예배에 참석한 장면을 떠올려 보자. 생존에 몰두하느라 바쁜 관리자는 마지못해 자리에 앉아 설교를 듣지만, 그에게는 말씀을 듣는 일보다 더 시급하고 중요한 일이 있다고 느껴진다. 나를 고통에서 떼어놓으려는 소방관은 계속해서 출구를 찾으며 다음 탈출 계획을 세운다. 그리고 숨어 있는 유배자는 하나님으로부터 가장 멀리 떨어져 있다고 느낄지도 모른다. 때때로 이런 감정들이 주도권을 쥐고 있는 것처럼 느껴지지 않는가?

하나님과 평화를 누리고자 간절히 원하지만, 정작 우리의 영혼 안에서는 여전히 치열한 전쟁이 벌어지고 있지 않은가?

분노하고, 문제를 일으키고, 두려워하는 그 부분들을 어떻게 돌보고 있는가? 우리는 지금까지 **집중하기**와 **친해지기**의 유익에 대해 이야기했다. 다음 단계는 힘겨워하는 우리 영혼의 부분들에 예수님을 **초대하는** 것이다. 이제 제나라는 내담자의 이야기를 통해 이 단계를 어떻게 적용할 수 있는지 살펴보자.

상상해 보기!

성경은 비유적인 언어로 가득하다. 하나님은 아브라함에게 그의 자손이 하늘의 별처럼 많아질 것이라고 말씀하셨다. 다윗의 마음은 물을 찾는 사슴과 같았고, 솔로몬의 깃발은 사랑을 상징했다.

예수님 역시 비유를 자주 사용하셨다. 예를 들어, 하나님 나라를 빵을 부풀게 하는 누룩과 같다고 하셨고, 정의를 호소하는 끈질긴 과부의 이야기에서 판결을 내리는 재판장의 모습으로 상상하게도 하셨다. 또한 집을 떠난 탕자를 다시 맞이하는 아버지에 관한 비유도 말씀하셨다. 제자들에게 다가올 일들을 설명하실 때는, 자신을 열매를 맺기 위해 땅에 떨어지는 한 알의 밀알에 비유하거나 사흘 만에 다시 세워질 성전이라고 말씀하기도 하셨다. 이처럼 상상력을 발휘할 때, 우리는 성경의 상징과 비유가 살아 숨 쉬는 풍성한 창조의 전통에 동참하게 된다.

제나와 그녀의 높은 책 더미

제나는 뉴욕 특유의 빠른 걸음으로 조용한 내(Kimberly) 상담실 안으로 들어섰다. 그녀는 외로움에서 벗어나기 위해 애쓰고 있었다. 교회에서 배운 하나님의 평안을 경험하길 원했지만, 그것은 수년 동안 그녀를 비껴갔다. 수많은 훌륭한 설교를 들었음에도, 왜 여전히 외로움에 시달리는지 알 수 없었다. 제나가 자신의 난제를 설명하자, 나는 그녀에게 잠시 멈춰 기도하면서 상상력을 통해 지금 느끼는 것에 집중해 보자고 제안했다. 잠시 후 제나는 자신이 읽지 않은 책 더미 옆에 서 있는 모습을 떠올렸다고 말했다. 그 책들은 그녀가 수년간 들었던 모든 설교를 상징했다. 그런데 그녀 내면의 분노한 부분이 그 말씀들이 마음 깊이 들어오는 것을 막기 위해 책들을 차곡차곡 쌓아 올리고 있었다. 제나는 소방관, 관리자, 유배자, 그리고 성령의 인도하심을 받는 참자아 개념을 받아들였고, 우리는 곧 이 분노한 부분이 그녀의 외로움을 잠재우고 고통을 무디게 하려고 애쓰는 선의의 소방관이라는 사실을 알 수 있었다.

제나는 자신의 목소리를 내기 힘들었던 엄격한 가정에서 자랐다. 그녀는 순종적인 딸이었고, 형제자매들 가운데서 유일하게 반항하지 않은 자녀였다. 부모님이 다른 자녀들과 언성을 높이며 다투는 모습을 지켜보면서도 제나는 침묵을 지켰다. 특히 강압적인 아버지에게 말을 걸려고 할 때마다 두려움에 압도되어 울곤 했다. 결국 제나는 자신의 목소리를 한 번도 내지 못했고, 그로 말미암아 그녀 안에 외로운 유배자가 자리하게 되었다.

몇 차례의 상담을 통해 우리는 제나의 내적 바운더리 문제를 더 깊이 탐색해 갔다. 제나 안에는 그녀를 조용하게 만들고 배운 대로 교회에 가게 했던 의무적인 관리자가 있었다. 또한 분노한 소방관도 있었는데, 그 부분은 '좋아! 교회는 갈게. 하지만 설교는 안 들을 거야'라고 말하곤 했다. 이 두 보호자가 제나 안에 있는 성령의 인도하심을 받는 참자아를 가리고 있었다. 제나는 교회에 충실히 참석했지만, 설교는 마음에 와닿지 않았다. 그동안 자신의 목소리를 내고 싶었던 외로운 유배자는 계속해서 제나의 마음을 짓눌렀다. 제나는 이 외로운 유배자가 필요한 돌봄을 받을 수 있도록, 의무적인 관리자와 분노한 소방관으로부터 거리를 둘 필요가 있었다.

건강한 내적 바운더리를 세우기 위해 제나의 분노한 소방관이 한 걸음 물러설 수 있는지를 살펴보았다. 제나는 이미 이 부분과 친해져 신뢰를 쌓은 상태였다. 그래서 우리는 이제 **초대하기** 단계로 나아갔다.

"제나, 분노하고 원망하는 그 부분을 상상할 때, 예수님은 어디에 계신 것 같나요? 가까이에 계시나요, 아니면 멀리 계시나요?" 내가 물었다.

"거의 보이지 않으시는 것 같아요." 제나는 속삭였다. "멀리 서 계세요. 더 가까이 와주셨으면 좋겠어요."

제나는 분노한 부분에 계속 집중했고, 우리는 예수님이 그 부분에 가까이 오시도록 초대했다. 잠시 침묵 속에서 기다린 후, 제나는 이렇게 묘사했다. "예수님이 제 분노 옆에 서 계시고, 그 어깨에 손을 얹고 계세요." 수많은 책 속에서 늘 글로만 배워왔던 그분의 임재를 실제로 느낀 순간, 제나는 평안이 그녀를 감싸는 것을 느꼈다. 시간이 지나면서 제나의 분노는 예수님을 새로운 방식으로 알아가며 부드러워지기 시작했다. 그러자 그녀 안의 외로운 유배자 역시 성령의 인도하심을 받는 참자아의 따뜻한 돌봄과 귀 기울임 안으로 들어갈 수 있게 되었다. 그리고 의무적인 관리자 역시 통제하려는 손아귀를 풀고 느슨해졌다.

제나의 경험은 예수님의 부활 이후 엠마오 길에서 그분과 동행했던 두 제자의 이야기를 떠올리게 한다. 예수님이 그들과 함께 길을 걸으며 자신에 대해 말씀하고 계셨지만, 그들은 예수님이 바로 곁에 계신 것을 전혀 알아차리지 못했다. 심지어 예수님이 그들에게 성경 말씀을 풀어 설명해 주신 후에도, 그분이 자신들이 그토록 기다리던 메시아임을 깨닫지 못했다(눅 24:27). 마찬가지로 제나도 오랫동안 교회에서 하나님에 대해 배워왔지만, 그녀 내면의 어떤 부분들은 그녀 안에 거하시는 하나님의 살아 계신 임재와 연결되지 못하고 있었다. 그러나 이제 예수님과 인격적인 만남을 경험한 후, 제나는 온 마음으로 교회에 가고 싶어졌고, 자신을 온전히 사랑하시는 하나님을 더 알아가고자 했다.

혹시 당신에게도 하나님과 멀리 떨어져 있어 그분의 사랑의 임재를 필요로 하는 내면의 부분들이 있지 않은가? 만일 그렇다면, 당신만 그런 것이 아니다. 예수님은 모든 부류의 사람들과 시간을 보내셨다. 의무적으로 율법을 지키려 애쓰는 사람들, 규칙을 어기며 방황하는 사람들, 사회의 가장자리에서 고통받는 사람들까지 모두와 함께하셨다. 흥미롭게도 복음서에 나오는 이 세 부류는 우리 내면 가족을 구성하는 세 부분인 관리자, 소방관, 그리고 유배자와 매우 흡사하다. 우리 영혼 안에서 이렇게 서로 경쟁하는 부분들이 예수님께 가까이 나아가지 못했을 때 어떤 일이 벌어질지는 쉽게 상상할 수 있다. 우리의 의무적인 관리자는 방황하는 부분과 고통받는 부분을 억압할 것이다. 방황하는 부분은 제멋대로 행동할 것이고, 고통받는 부분은 다급하게 긴급구조를 요청할 것이다.

> 예수님의 삶은 복음서에서 일정한 패턴을 보여주지만, 결코 공식처럼 고정되어 있지는 않다. 우리의 의무적인 부분, 방황하는 부분, 고통받는 부분에 예수님이 가까이 다가오시도록 초대할 때, 그분이 그 각각의 부분에 어떻게 역사하시는지를 보면 놀라게 될 수도 있다. 복음서에서 가장 자주 마주하게 되는 특징 중 하나는 바로 놀라움이다.

의무적인 부분, 방황하는 부분, 그리고 고통받는 부분

의무적인 부분

복음서 곳곳에서 예수님은 율법에 정통한 종교 지도자들과 자주 마주하셨다. 그들은 율법을 철저히 따르는 한편, 그 위에 자신들의 규칙을 더하기도 했다. 겉으로는 경건해 보였지만, 그들 안에는 불안과 연약함이 숨겨져 있었다(눅11:43-44). 예수님은 이사야의 말씀을 인용하시며 그들에게 가까이 다가가기를 원하셨다. "이 백성이

입술로는 나를 공경하되 마음은 내게서 멀도다"(막7:6).

이 위선적인 지도자들의 모습은 우리 내면에 있는 도덕주의적 관리자와 닮아 있다. 그들이 일반적으로 지니고 있는 신념에 관해 몇 가지만 살펴보자.

율법주의자: "중요한 건 오직 율법을 지키는 거야."
판단하는 자: "나는 다른 사람들보다 율법을 훨씬 잘 지켜."
교만한 행위자: "하나님은 내가 이렇게 많은 일을 해내기 때문에 나를 사랑하셔."
완벽주의자: "조금이라도 부족함이 있으면 하나님은 나를 사랑하지 않으실 거야."
자아도취자: "나는 당연히 특별대우를 받아야 해."
타인을 기쁘게 하려는 자: "나는 착해야 해. 힘들어도 남을 도와야만 해."
강요자: "진실을 강제로라도 기억하게 해주겠어!"

선한 의도를 가진 이 부분들은 우리와 다른 사람들을 바른길로 인도하려고 애쓴다. 그러나 때때로 이 부분들이 성령의 인도하심을 받는 참자아를 앞질러 나가면서 우리 삶의 주도권을 쥐려고 할 때도 있다.

너무 가까운가, 아니면 너무 먼가?

우리 안의 도덕주의적 관리자가 지나치게 가까워지면, 고통받는 내면의 다른 부분들을 억압하거나 유배시켜 버릴 수 있다. 열심히 일하는 이 부분들이 때로는 지나치게 공격적일 수도 있다. 하지만 사실 이들은 우리를 돕기 위해 애쓰고 있는 것이다. 그들은 사람들 앞에서, 심지어 하나님 앞에서까지 나의 평판을 지키려고 애쓴다. 나의 결점과 한계를 감추기 위해 싸우는 것이다. 이런 부분들은 종종 자신이 하나님을 대신해서 말하고 있다고 착각한다. 하지만 그것은 오히려 우리가 하나님과 더 깊이 관계 맺는 것을 가로막는다.

이에 반해, 이 관리자들이 지나치게 멀어지게 될 경우, 우리는 하나님의 자녀로서 보여야 할 선한 행실과 친절함을 잃어버릴 수 있다. 복음서에서 예수님은 거룩한 척하는 사람들에게 가장 엄하게 말씀하셨지만, 동시에 이렇게도 말씀하셨다. "너희 빛이 사람 앞에 비치게 하여 그들로 너희 착한 행실을 보고 하늘에 계신 너희 아버지께 영광을 돌리게 하라"(마5:16). 예를 들어, 제나의 의무적인 관리자는 그녀를 계속 교회에 머물게 했다. 그로 인해 제나는 성령에 대해 배울 수 있었고, 이것은 분명 제나에게 유익한 것이었다.

우리 영혼 안에 있는 이런 부분들이 예수님을 더 잘 알게 되기 위해서는, 종종 그들에게 한 걸음 뒤로 물러나 달라고 요청해서 성령의 인도하심을 받는 참자아가 주도권을 쥘 수 있게 해야 한다. 그다음에는 이 수고하는 부분들 가까이에 예수님을 초대하고, 이들이 무엇을 필요로 하는지 물어볼 수 있다. 창세기에서 하나님은 스스로 안식하셨을 뿐 아니라, 우리에게도 그렇게 하라고 말씀하신 것을 기억하는가? 우리 안의 도덕주의적 관리자들은 '쉼'의 개념을 제대로 이해하지 못하는 경우가 많다. 그러나 예수님을 이 관리자들 가까이에 초대하면, 그 부분들은 점차 자신들이 물러난다는 것이 자기 기준을 낮춘다는 뜻이 아님을 깨닫게 된다. 오히려 가장 효과적으로 역할을 감당하기 위해서는 쉼

이 필요하고, 자신이 할 수 있는 만큼만 하며, 겸손한 관점을 유지해야 한다는 것을 배우게 된다.

예수님은 우리 안의 의무적인 관리자와도 친해지기를 원하신다. 어느 날 밤 종교 지도자인 니고데모가 예수님을 찾아왔을 때, 예수님은 그와 기꺼이 친해지셨다. 실제로 예수님은 니고데모에게 다음과 같은 희망의 메시지를 전하셨다. "하나님이 그 아들을 세상에 보내신 것은 세상을 심판하려 하심이 아니요 그로 말미암아 세상이 구원을 받게 하려 하심이라"(요3:17). 이에 니고데모는 예수님의 충실한 친구가 되었고, 예수님이 십자가에 못 박혀 돌아가신 후, 그분의 장례를 준비하고 무덤에 모신 두 사람 중 한 명이 되었다(요19:39-40). 예수님은 우리 안의 의무적인 관리자들도 그분과 함께 우리를 위한 선한 일에 참여하기를 원하신다.

방황하는 부분

예수님은 종교 지도자들이 죄인이라 부르며 멀리했던 이들과도 함께하셨다. 그들 중에는 간음한 여인(요8:1-11), 반역한 탕자(눅15:11-32), 부정직한 세리 삭개오(눅19:1-10)도 있었다. 그들은 각자 다양한 이유로 규범을 벗어나 방황했지만, 예수님은 그들과 거리낌 없이 함께하셨다. 실제로 예수님의 제자들과 당시 경건한 교사들은 예수님이 이런 죄인들과 식사하고, 그들이 예수님께 손을 대도록 허락하신 것에 대해 비난했다(막2:15-16; 눅7:36-39). 특히 주목할 만한 점은 예수님이 자신의 정체를 처음으로 밝히신 대상이 남편이 다섯이나 있고, 유대인이 멸시하던 사마리아 동네 출신의 여성이었다는 점이다. 그녀는 예수님께 "메시야 곧 그리스도라 하는 이가 오실

줄을 내가 아노니 그가 오시면 모든 것을 우리에게 알려 주시리이다"라고 말했다. 이에 예수님은 "네게 말하는 내가 그라 하시니라"고 말씀하셨다(요4:25, 26).

예수님은 일반적으로 죄인들에게 가혹하게 말씀하시지 않았다. 오히려 이렇게 말씀하셨다. "건강한 자에게는 의사가 쓸 데 없고 병든 자에게라야 쓸 데 있느니라 나는 의인을 부르러 온 것이 아니요 죄인을 부르러 왔노라"(막2:17). 예수님은 그들과 친해지셨고, 그들을 용서하셨으며, 그 후에 변화하기를 권면하셨다. "나도 너를 정죄하지 아니하노니 가서 다시는 죄를 범하지 말라"(요8:11).

이처럼 규범을 벗어나 방황하는 죄인들의 모습은 우리 내면의 소방관 부분들과 닮아 있다. 그들이 흔히 지닌 생각의 몇 가지 예들은 다음과 같다.

방황하는 자: "하나님의 방식은 너무 답답해. 잠깐이라도 내 방식대로 살고 싶어."
선동하는 자: "하나님, 가만히 좀 계셔 봐요! 기분 좋아지게 제가 분위기 좀 띄울게요."
태만한 자: "뭐 그게 그렇게 중요한가? 나중에 용서받으면 되잖아."
회의론자: "하나님, 저는 도무지 이해가 안 돼요. 다른 길을 찾아 볼게요."
무법자: "법은 어기라고 있는 거야!"
도피자: "여기 더 있고 싶지 않아. 그냥 떠날래!"

선한 의도를 지닌 이런 소방관들은 삶과 교회, 하나님에 대해 느끼는 우리의 좌절감을 무뎌지게 하려고 한다. 하지만 종종 그 과정에서 성령의 인도하심을 받는 참자아의 자리를 차지해 버리기도 한다.

너무 가까운가, 아니면 너무 먼가?

반항적인 소방관들은 우리의 고통을 제거하기 위해 애쓴다. 하지만 그들이 너무 가까이에 있으면, 예수님이 우리를 위해 예비하신 삶을 놓치게 될 위험이 있다. 그들은 우리를 하나님에서 멀어지게 하고, 어려움 속으로 빠뜨릴 수 있다. 때로는 제나처럼 교묘하게 현실을 도피하도록 유도하기도 한다. 하지만 사실 우리에게 정말 필요한 것은 고통과 마주하는 것이다. 그렇지 않고 이런 방황하는 부분들이 극단적으로 치닫게 되면, 결국 깊은 후회와 깨어진 관계에 이르게 될 수도 있다.

이에 반해 우리의 소방관들이 너무 멀리 떨어져 있으면 하나님이 주신 생명력 넘치는 즐거움과 흥미로운 모험을 놓칠 수도 있다. 또한 익숙한 환경 밖에서 효과적으로 일할 수 있는 기회도 잃게 된다. 예수님은 안식일에 병든 자를 고치심으로써 기존 질서를 거스르시는 모습을 보여주셨다(막3:1-6). 예수님의 인도하심 아래 우리의 거침없는 소방관들은 이러한 율법주의의 억압을 분별하고 문제점을 지적하는 역할을 할 수 있다.

소방관들은 다행히도 용서받을 기회를 지니고 있다. 죄가 큰 곳에 은혜도 넘치기 때문이다. 언젠가 세상 물정에 찌든 여인이 눈물을 흘리며 예수님의 발을 씻은 적이 있었다. 그때 예수님은 이렇게 말씀하셨다. "그의 많은 죄가 사하여졌도다 이는 그의 사랑함이 많음이라 사함을 받은 일이 적은 자는 적게 사랑하느니라"(눅7:47). 자비를 경험하게 되면, 우리 안의 회의적인 부분도 믿음을 갖고자 애쓰는 이들을 향해

> 연민을 느낄 수 있다. 방황하는 부분은 자신의 위험한 반항으로 말미암은 폐해를 극복하려고 애쓰는 이들을 향해 부드러운 마음을 가질 수도 있다. 건강한 바운더리를 지닌다면, 이런 부분들은 자신이 받은 은혜를 바탕으로 다른 이들에게도 자비와 용서를 베풀 수 있다.
>
> 비록 내면의 적처럼 느껴질지라도, 우리의 충직한 소방관들을 기꺼이 받아들이자. 그들은 선한 의도를 지닌 우리 내면의 일부분들이다. 그들에게는 비난이 아니라 더 나은 방향으로의 전환이 필요하다. 만약 당신이 하나님을 차단하거나 죄의 유혹을 느끼고 있다면, 그 부분의 목소리에 귀 기울이고, 그 의도를 이해해 보기 바란다. 결국 가장 중요한 작업은 그 방황하는 부분 곁에도 예수님이 오시도록 초대하는 일이다.

고통받는 부분

예수님은 고통받는 사람들을 많이 만나셨다. 그분은 그들의 고통을 비난하지 않으셨고, 그들을 소외시키지도 않으셨다. 오히려 그들을 격려하고, 도우시며, 존중하는 마음으로 대하셨다. 그리고 많은 경우 그들을 치유하셨다. 예수님은 나병으로 고통받던 열 명의 환자들을 깨끗하게 하셨고(눅17:12-16), 12년 동안 혈루증으로 고통받던 여인이 자신의 옷자락을 만졌을 때 즉시 치유하셨다(막9:20-22). 뿐만 아니라 걷지 못하던 남자(막2:12)와 태어날 때부터 맹인이었던 사람(요9:6-7), 그리고 죽어가던 어린 소년(요4:50)도 고치셨다.

이 모든 경우에 예수님은 단지 그들을 고쳐주시기만 한 것이 아니라, 치유하시기 전에 그들에게 무언가를 행하도록 초대하셨다. 예를 들어, "일어나 네 상을 가지고 집으로 가라"(막2:11), "가라 네 아들이 살아 있다"(요4:50), "실로암 못에 가서 씻으라"(요9:7) 등이다. 예수님은 지금도 우리 안의 고통받는 부분들에게 힘을 주시고, 그들이 일어서게 되기를 원하신다.

복음서에 등장하는 고통받는 인물들은 우리 내면의 유배자 부분들과 매우 닮아 있다. 관리자와 소방관이 예수님의 살아계신 임재를 인식하게 되면, 그들은 기꺼이 긴장을 풀고 우리 안에 숨겨진 아픈 부분들이 드러날 수 있도록 자리를 내어줄 것이다. 이 유배자들이 흔히 지닌 생각들 몇 가지는 다음과 같다.

> **무가치함**: "하나님은 나를 진심으로 사랑하지 않으셔."
> **수치심**: "나는 상처 입었고, 하나님께 용서받을 수 없어."
> **열등감**: "나는 다른 사람들만큼 중요하지 않아. 하나님은 나 같은 사람에게 관심이 없으셔."
> **의심**: "하나님이 신경 쓰신다고? 그러면 왜 이렇게까지 고통받게 두시는데?"
> **원망스러움**: "하나님이 나와 사랑하는 이들로 하여금 이런 일을 겪게 하신 게 너무 화가 나."

너무 가까운가, 아니면 너무 먼가?

우리는 고통받는 내면의 유배자들이 짊어지고 있는 무거운 짐을 알아차리지 못하고 있을지도 모른다. 그들이 너무 멀리 떨어져 있기 때문이다. 만약 믿음에 상처 입은 유배자들을 외면하고, 자신의 연약함과 부

> 족함을 하나님으로부터 숨긴다면, 우리는 믿음 안에서 무기력해지고 "일어나 걸어가라"는 부르심에 응답하지 못하게 될 것이다. 반대로 이 고통받는 유배자들이 너무 가까이 있다면, 우리는 그 아픔에 압도당할지도 모른다. 멀든 가깝든, 이 유배자들에게는 성령의 인도하심을 받는 참자아의 치유와 임재가 필요하다.
> 예수님을 가까이 초대해 보자. 그러면 이전에는 불가능해 보였던 믿음의 도약을 하라고 부르시는 그분의 음성을 듣게 될 것이다. 그분의 임재하심 아래, 고통받는 내면의 부분들은 위로와 치유를 경험하게 될 것이다. 건강한 바운더리 안에서 유배자들은 공감과 은혜의 통로가 되는, 아름답고 회복된 인간성으로 변화될 수 있다.

예수님은 의무적인 관리자, 방황하는 소방관, 고통받는 유배자 등 우리 존재의 모든 부분을 깊이 사랑하신다. 우리의 보호자들이 기도하는 마음을 품고, 유배자들이 다시 일어설 힘을 얻게 될 때, 우리 내면은 점차 통합되고 평화로워질 것이다. 우리는 타인을 향해 더 깊은 연민을 품고, 하나님과 더욱 친밀한 관계를 누리게 될 것이다. 우리 안의 모든 부분은, 비록 때로는 그들로 인해 상황이 더 악화될 때도 있지만, 여전히 소중한 존재들이며 본질적으로 선한 의도를 지니고 있다. 우리는 우리 영혼 안에서 어떤 부분은 더 가까이 이끌고, 어떤 부분은 한 걸음 물러나게 하는 법을 배워야 한다. 성령의 인도하심을 받는 참자아로부터 그들 각 부분에 연결되어 사랑으로 이끌 때, 그들도 사랑 안에서 점차 그 방향을 조정하게 될 것이다.

다음은 톰이라는 한 남자가 자신의 자존심과 건강한 바운더리를 세워간 실제 사례다.

톰의 이야기: 자존심 다루기

"어떤 여자든 나랑 결혼하면 행운이라고 생각할걸요." 톰은 첫 번째 상담에서 자신의 검은 머리를 쓸어 넘기며 내(Kimberly)게 말했다. 그의 아내 앤은 전혀 놀랍지도 않은 듯했다. 내가 두 사람에게 서로를 바라보라고 했을 때, 앤은 미동도 하지 않았다.

몇 주 전 앤의 친구들과 저녁 식사를 하는 자리에서 두 사람은 부부 상담을 받기로 했다고 털어놓은 일이 있었다. 그때 톰은 "이혼보다 싸게 먹히잖아요!"라며 농담을 던졌다. 하지만 톰을 제외하고는 아무도 웃지 않았다.

톰은 남자답고, 무례했으며, 자신이 하나님께 화가 나 있다는 사실을 자각하지 못하고 있었다. 우리가 부부 갈등을 더 깊이 탐색해 나가자 그가 불평하기 시작했다. "내가 하나님을 위해 얼마나 수고했는데, 어떻게 나를 존중하지도 않는 아내를 내게 주실 수 있죠?" 톰은 자신이 잘해온 일들을 하나하나 열거하기 시작했다. "나는 열심히 일하고 신실한 남편이에요. 세상 어느 남자보다 훨씬 낫다고 생각해요. 매일 같이 이렇게 애쓰는데 존중받을 자격이 있지 않나요?"

간혹 나는 톰의 진심 어린 마음을 엿볼 수 있었다. 하지만 대부분의 시간에는 자격을 주장하는 그 내면의 관리자가 성령의 인도하심을 받는 참자아를 가리고 있었다. 이 강력한 보호자의 관점에서 볼 때, 부부 갈등의 문제는 오직 아내 앤의 감사하지 않는 태도와 신체적인 애정 표현의 부족 때문이었다.

이 자존심 강한 부분에게는 한 걸음 물러서서 관점을 달리할 필요가 있었다. 나는 그가 이 부분과 친해지기 전까지는 변화가 어렵다는 것을 알고 있었다. 다음 상담 시간에 나는 톰이 잘한 점을 인정하는 것으로 시작했다. "얼마나 열심히 일하셨는지 알겠어요. 그리고 하나님을 위해 그렇게 많은 일을 하시다니 정말 대단하세요." 그러자 톰은 내 칭찬에 기뻐하며 자신이 위에 계신 분을 위해 얼마나 훌륭한 일을 하고 있는지 더 많은 이야기를 들려주었다.

그다음 나는 톰이 그의 자존심 강한 관리자가 무엇에 의해 움직이고 있는지 깊이 탐색하도록 이끌었다. "그렇게 자랑스러워하는 당신 안의 그 부분에 대해 어떤 느낌이 드세요?" 내가 물었다.

"아주 기분 좋은데요!" 톰은 망설임 없이 대답했다.

"그런데 혹시 그 부분이 앤에게는 조금 부담스러울 수도 있지 않을까요? 앤은 지금 남편이 무엇을 잘하느냐보다 어떤 어려움을 겪고 있는지 알고 싶어 하는 건 아닐까요?"

톰은 잠시 말문이 막혔다.

점차 그는 성령의 인도하심을 받는 참자아를 가리고 있던 그의 자존심 강한 부분에 집중할 수 있게 되었다. 그리고 이 자존심 강한 부분과 분화하면서, 그는 하나님이 자신의 수고를 인정해 주심을 느꼈다. "내가 너를 보고 있단다. 내가 너를 이해한단다." 또한 그는 이 부분에도 예수님을 가까이 초대하기 시작했다. 그렇게 그의 완고한 마음이 서서히 부드러워지면서, 예수님의 손길이 필요한 내면의 더 여린 부분들에 접근할 수 있게 되었다.

우리가 계속 작업을 이어가던 중 나는 톰의 자존심 강한 부분이 무엇을 보호해 왔는지 알아내고자 했다. "그렇게 열심히 했는데도 인정받지 못한다고 느끼게 된 건 언제부터였나요?" 내가 물었다. 그러자 톰은 목사였던 아버지가 교인들의 필요에 집중하느라 자신을 돌보지 못했던 기억을 떠올렸다. 학교에서 열심히 노력했음에도 불구하고 아버지가 이를 인정하거나 칭찬해 주지 않았던 것이다. 외면당하는 상처를 받은 톰의 유배자 부분은 여전히 과거에 머물러 있었다.

"그렇게 당신의 영혼 속에서 외면당한 이 부분은 우리에게 무엇을 말해주고 싶어 할까요?" 내가 물었다.

"가치 없는 사람이라는 그 감정이 계속 나를 좀먹는 느낌이에요." 그가 대답했다. "도대체 무엇이 나보다 더 중요했을까 하는 생각이 자꾸 들어요."

나는 톰에게 눈을 감고, 하나님의 임재하심을 느껴보자고 권했다.

"그 부분 가까이에 예수님이 계시나요?" 내가 물었다.

"네, 가까이 계세요." 그의 허세는 누그러지고 마음이 잔잔해졌다. "예수님이 하늘 아버지께서 나를 사랑하신다고 말씀해 주고 계세요."

톰은 자신 안에 자존심 강한 관리자가 내면을 장악해서 스스로 하찮다고 느껴지는 고통에 직면하지 못하도록 막고 있었다는 것을 점점 더 분명히 알게 되었다. 아내는 자신이 솔직할 때 더 친밀함을 느낀다는 사실도 깨달았다. 아내 앤은 그가 완벽하길 원하지 않았다. 다만 그의 모든 모습을 알고 싶어 했을 뿐이다.

우리 대부분은 현실을 흐리게 만드는 강력한 내면의 보호자들에게 장악당한 채 살아간다. 특히 관리자들은 우리가 스스로 자급자족할 수 있고, 보상받을 자격이 있다고 믿게 만든다. 이런 보호자 역할을 하는 부분들이 성령의 인도하심을 받는 참자아를 가리게 되면, 우리는 자신이 세상의 중심인 것처럼 생각하게 되고, 하나님을 잃어버리게 된다. 이런 부분들은 예수님이 가까이 오시는 것을 원하지 않는 경우도 많은데, 이는 그것이 곧 자신의 통제권을 내려놓는 것을 의미하기 때문이다.

톰은 치유가 필요한 자기 내면의 부분들과 용감하게 친해졌다. 그리고 그 부분들 곁에 예수님을 초대했다. 이후 몇 달 동안 톰과 앤은 그들의 결혼 생활을 회복했고, 톰은 자녀들과의 관계도 정성껏 회복해 나갔다.

예수님과 멀어진 부분을 찾는 방법

그러면 어떻게 예수님과 더 가까워질 수 있을까? 기도나 예배에 참여할 때 어떤 반응이 일어나는지를 먼저 관찰해 보자.

자기 안의 의무적인 관리자를 찾을 수 있는가? 예를 들어, 머릿속에 '나는 더 오래 기도해야 해', 혹은 '산만하거나 화를 내면 안 돼' 등과 같은 '~을 해야 한다'라는 생각이 가득하다면, 이 메시지는 하나님이 아니라 자신을 돕고자 하는 관리자로부터 온 것일 가능성이 크다. 예수님의 음성은 권위가 있지만, 결코 우리를 부끄럽게 하지 않는다. 비판적인 태도를 내면화한 우리 영혼의 그 부분을 위해 기도하자. 이 부분은 우리의 돌봄이 필요하다. 그 부분에게 걱정하고 있는 것을 이해한다고 말해주자. 우리의 진정한 바람은 예수님과 진실하게 연결되는 것이다.

또한 우리가 하나님께 마음을 돌릴 때 방황하는 소방관들이 어떻게 반응하는지도 생각해 보자. 예를 들어, 어떤 부분이 졸게 하거나, 딴생각에 빠지게 하거나, 익숙한 탈출구로 유혹하려고 할지도 모른다. 그 소방관들에게 집중하고 그들과 친해져서, 하나님께 시선을 고정할 수 있도록 잠시 자리를 내어달라고 요청해 보자.

우리의 보호자들이 한 걸음 물러설 때, 우리는 예수님을 초대하여 돌봄이 가장 필요한 고통받는 영혼의 부분들 곁에 가까이 오시도록 할 수 있다. 그 부분은 하나님으로부터 멀어졌다고 느끼거나 하나님의 선하심을 의심하고 있을지도 모른다. 그 고통받는 부분에 집중하고 친해져서, 성령의 인도하심을 받는 참자아로부터 이렇게 말하자. '네가 외롭다는 거 잘 알아. 내가 여기 너와 함께 있어줄께.' 이렇게 내면의 상처 입은 부분에 더 귀 기울일수록 하나님과 더 풍성하고 친밀한 관계를 맺어가게 될 것이다.

우리 영혼의 모든 부분을 환영하는 법을 배우는 일은 쉬운 것이 아니다. 내(Alison)가 나의 유배자인 꿈꾸는 부분과 처음 친해졌을 때, 내 안의 웃고 끄덕이는 보호자는 달가워하지 않았다. "자신의 꿈을 생각하는 건 이기적이야. 다른 사람만 생각해야 해." 그러나 그 보호자가 내게 약간의 공간을 내어주었을 때, 나는 예수님이 나의 꿈꾸는 부분을 없애기를 원하지 않으신다는 사실에 놀랐다. 오히려 예수님은 그 부분을 내 영혼에서 소중한 위치로 초대하시고, 나의 내면 가족과 통합할 수 있도록 도와주셨다. 나는 창의적이고 때때로 틀을 깨는 표현을 갈망하는 그 부분을 가진 것이 죄가 아니었다는 사실을 깨달았다. 오히려 죄는 하나님이 주신 그 부분을 거부하고 내 삶에서 몰아내려 했던 것에 있었다. 예수님은 내 안의 꿈꾸는 부분을 품으시고, 하나님의 영광을 위해 그 부분이 내 영혼 안에서 더욱 아름답게 빛나기를 원하셨다.

진짜 예수님이 아닌, 종교적인 부분을 조심하기

예수님과 연결되고자 할 때, 실제로는 예수님인 척하는 종교적인 부분과 연결될 수도 있다는 것을 알아야 한다. 만약 우리가 느끼는 예수님이라는 존재가 우리를 수치스럽게 하고 무기력하게 한다면, 그것은 진짜 예수님이 아닐 가능성이 크다. 상상 속에서 어떤 내면의 부분이 마치 자신이 예수님인 척 흉내 낼 수도 있지만, 실제로 그것은 예수님이 아니다. 그 부분은 변화가 두렵거나 자신의 역할을 잃어버릴까 봐 불안한 마음에서, 자신이 예수님인 것처럼 행동하는 것일 수 있다. 만약 우리가 기도하거나 예배에 참여할 때 이런 부분이 나타난다면, 그 부분에게 한 걸음 물러서 달라고 요청하자. 그래야 살아계신 하나님과 진실한 관계를 맺을 수 있다. 참된 예수님은 언제나 우리의 삶을 변화시키며 소망과 진리로 가득한 권위 있는 말씀을 전하신다.

하나님과 시간을 보낼 때, 불편한 생각과 감정을 문밖에 두지 말자. 오히려 그들과 친해지고 그 곁에 예수님을 초대하자. 먼저 자신을 괴롭히는 한 가지 생각이나 감정에서 시작해 보자. 제나처럼 좋은 행동을 하려다가 지쳐 있을 수도 있다. 톰처럼 자존심과 씨름하고 있을 수도 있다. 제나가 자신의 분노에 예수님을 초대했던 것과 같은 방식으로, 톰도 자신의 자존심을 이해하기 시작했다. 제나와 톰은 모두 예수님의 임재하심을 연습하는 법을 배웠고, 그 결과 자유와 기쁨을 누리게 되었다.

> 하나님과 시간을 보낼 때, 불편한 생각과 감정을 문밖에 두지 말자. 오히려 그들과 친해지고 그 곁에 예수님을 초대하자.

영혼의 창을 예수님을 향해 열기

하나님께 더 가까이 나아갈수록 지금보다 더 많이 기도해야만 하는 것은 아닐 수도 있다. 오히려 기도하는 방식을 새롭게 하는 것이 도움이 될 수 있다. 즉, 자신의 특정한 내면의 부분을 위해 기도하는 것은 하나님과 함께하고 있는 시간을 전보다 더욱 풍성하게 만들어줄 것이다. 아파하는 내면의 부분 가까이 예수님을 초대하고, 그 부분을 예수님의 빛 가운데로 들어 올리자. 우리의 영혼 상태에 주의를 기울이는 것은, 은혜가 가장 필요한 우리 내면의 부분들에게 하나님이 주시는 선물을 받아들일 수 있도록 마음을 여는 일이기도 하다.

문 앞에 친구가 서 있는 모습을 상상해 보자. 그는 나를 위해 준비한 선물을 들고, 아픔 가운데 있는 내게 격려의 말을 건네며, 나와 함께하고자 간절히 기다리고 있다. 그를 맞아들이지 않겠는가? 이러한 초대의 단계는 우리 영혼의 모든 부분들, 곧 의무적인 부분, 방황하는 부분, 고통받는 부분이 각자 마음의 문을 열고, 하나님이 주시는 은혜를 받아들이도록 이끈다.

우리는 겉과 속이 일치하며, 처음부터 끝까지 온전하길 원한다. 온전함을 향한 여정은 예수님을 우리 내면의 율법주의자, 선동가, 그리고 외로운 고아와 함께하시도록 초대하는 것이다. 영혼의 모든 부분을 하나님의 은혜의 식탁으로 초대하자. 그러면 시편의 저자와 함께 이렇게 고백하게 될 것이다. "주께서 생명의 길을 내게 보이시리니 주의 앞에는 충만한 기쁨이 있고 주의 오른쪽에는 영원한 즐거움이 있나이다"(시16:11).

다음과 같은 상황에서 어떤 태도를 가질지 미리 마음에 새겨 보자. 설교를 듣거나, 성경을 공부하거나, 예배에 참여하거나, 기도를 시작할 때, 어김없이 따라와 애쓰는 내면의 부분을 어떻게 포용하고 돌볼 수 있을지 생각해 보는 것이다. 다음은 우리가 인식한 그 내면의 부분 곁에 예수님을 초대할 수 있는 몇 가지 방법이다.

- 가까운 친구를 위해 기도하듯, 이 내면의 부분을 위해 기도하자.
- 하나님께 예배할 때 이 내면의 부분을 인식해 보자. 이 부분은 하나님의 선물을 받을 준비가 되어 있는가?
- 이 내면의 부분을 향해 성경을 읽어주고, 그때 떠오르는 감정에 귀 기울이자.

- 매주 안식의 시간을 정해 지금 치유를 요청하는 내면의 부분과 교제하는 시간을 가져보자.

지금 우리가 겪고 있는 것이 무엇이든 그 안으로 예수님을 초대할 때, 그분의 지속적인 임재하심을 더욱 깊이 깨닫게 될 것이다. 17세기 카르멜회 수도사 로렌스 형제(Carmelite Brother Lawrence)는 그의 고전『하나님의 임재 연습(The Practice of the Presence of God)』에서 이렇게 고백했다. "나는 가능한 한 내 영혼의 중심 가장 깊은 곳에서 하나님과 함께 머물려고 합니다. 그분과 함께 있을 때는 아무것도 두렵지 않습니다. 그러나 그분에게서 조금이라도 멀어지는 것은 도무지 견딜 수 없습니다."[1]

마조리 톰프슨(Marjorie Thompson)은 그녀의 책『영혼의 잔치(Soul Feast)』에서 영성이란 "우리 안에서 역사하시는 성령의 사역을… 의식적으로 인식하는 것"이라고 말했다.[2] 리처드 포스터(Richard Foster) 역시『영적 훈련과 성장(Celebration of Discipline)』에서 이렇게 말했다. "영적 훈련 자체로는 아무것도 할 수 없다. 그것은 단지 무언가가 일어날 수 있는 자리로 우리를 이끌 뿐이다. 그것은… 하나님께서 우리를 축복하실 수 있는 자리에 우리를 두는 수단이다."[3] 우리의 종교적 활동이나 영적 훈련만으로는 우리를 변화시킬 수 없다. 다만 그것들은 치유와 성장이 일어날 수 있는 환경을 만들어줄 뿐이다.

예수님을 가까이 초대하기

마치 자동차 계기판에 경고등이 들어온 것처럼, 우리의 삶에 주의를 요구하는 문제가 있는가? 예수님께 나아가는 것을 방해하는 의무적인 부분, 방황하는 부분, 또는 고통받는 부분이 있는지 살펴보자. 예를 들어, 누군가에 대해 비판적인 감정을 느끼고 있는가? 배우자나 형제자매, 자녀에게 좌절감을 느끼고 있는가? 어떤 특정한 죄의 유혹을 받고 있는가? 외로움이나 슬픔과 씨름하는 내면의 부분이 있는가?

먼저 그 감정에 조용히 집중해 보자. 특히 기도나 예배, 성경 공부와 같은 영적 훈련을 실천할 때 그 부분이 어떻게 반응하는지 주목하자. 그 부분에 집중할 때, 또 다른 어떤 감정이 느껴지는가? 그 감정의 반응에 귀 기울이자. 만약 그 반응이 호기심이나 연민이 아니라면, 또 다른 우리 내면의 부분을 마주한 것이다. 그 두 번째 부분에게 잠시 물러나 우리가 처음 느꼈던 그 감정에 집중할 수 있게 해달라고 요청해 보자.

그런 다음 처음에 집중했던 그 내면의 부분으로 돌아가 호기심을 가지고 이렇게 물어보자.

- 예수님이 가까이 계시는가?
- 그렇지 않다면, 이 내면의 부분은 예수님을 가까이 초대하고 싶어 하는가? 그 부분이 두려워하거나 걱정하는 것이 있는가?

있다면, 그것을 예수님께 말씀드릴 수 있는가?
- 예수님께 이 내면의 부분에게 하시고 싶은 말씀이나 건네고 싶으신 것이 있는지 여쭤보자.

우리는 지금 예수님과 멀어져 있던 내면의 한 부분 곁에 예수님을 초대하는 첫걸음을 내디뎠다. 그렇게 함으로써 우리는 하나님과 함께 우리 내면 가족을 이끌어가고 있는 것이다. 지금까지 예수님의 사랑의 능력을 경험하지 못했던 영혼의 한 부분 곁에 예수님을 초대할 때, 우리 안에 어떤 감정이 일어나는지 조용히 살펴보자.

자신이 스테인드글라스처럼 찬란히 빛나고 있다고 느끼든, 산산이 부서진 유리 조각처럼 무너졌다고 느끼든, 영혼의 연약한 부분 가까이 예수님을 초대할 때 뜻밖의 은혜가 피어오른다. 예수님을 더 알아갈수록 우리는 그분의 선하심을 더욱 반영하게 될 것이다. 이제 우리의 지친 영혼의 부분들이 무언가 **내려놓아야 할 짐**이 있는지 궁금해진다. 다음 장에서 이 중요한 여정에 도움이 되는 격려와 안내를 발견하게 될 것이다.

BOUNDARIES FOR YOUR SOUL

• 7장

4단계:
짐 내려놓기

"내 짐을 내려놓으리라. 강가에 가서 모두 내려놓으리라."
_아프리카계 미국인 영가

"너희 염려를 다 주께 맡기라 이는 그가 너희를 돌보심이라"
_베드로전서 5장 7절

혹시 고통스러운 생각과 감정을 없애기 위해 할 수 있는 모든 것을 해보았지만, 전혀 나아지지 않는다고 느낀 적이 있는가? 죄책감, 원망, 분노, 두려움 등과 같이, 어떤 필사적인 노력에도 불구하고 완강하게 버티고 있는 감정들이 있는가? 그렇다면 이 사실을 기억하자. 우리는 그런 무거운 짐들로부터 자유로워질 수 있다. 그러니 자신의 마음에 귀를 기울이고, 그 마음을 알아가자. 예수님은 우리의 문제를 없애주신다고 약속하지는 않으시지만, 우리의 걱정을 그분께 가져오고, 그로 말미암아 우리의 영혼이 쉴 곳을 찾게 되기를 바라신다. 그분은 이렇게 말씀하셨다. "수고하고 무거운 짐 진 자들아 다 내게로 오라 내가 너희를 쉬게 하리라"(마 11:28).

이번 장에서는 과거로부터 무거운 짐을 짊어지고 있는 우리 내면의 부분들을 인식하는 법을 배우게 될 것이다. 우리 영혼 안의 다양한 측면들에 **집중하고, 친해지고,** 예수님을 **초대함으로써** 알아가다 보면, 그 부분들이 짐을 내려놓고 싶어 한다는 것을 알게 될 것이다. 그리고 하나님은 언제나 그런 내면의 부분들에게 좋은 것을 준비하고 계신다. 다음은 니콜이라는 여성의 삶을 통한 실제 이야기다.

니콜의 이야기: 잘못된 죄책감을 내려놓기

"저는 제 가족을 정말 사랑해요. 그리고 제 엄마가 우리 아이들의 삶에 함께하길 진심으로 원해요." 니콜은 나(Alison)와의 첫 만남에서 이렇게 말했다. "그런데 너무 큰 죄책감이 들어요. 엄마는 가능하다면 우리와 매 순간을 함께하고 싶어 하세요. 그런데 제가 안 된다고 말할 때마다 너무 미안하고 괴로워요."

니콜은 엄마와 함께 보내는 시간에 바운더리를 세우는 것이 마치 엄마를 버리는 것처럼 느껴졌다. 그녀는 이렇게 생각했다. '엄마가 소외감을 느끼고 있는데, 내가 행복해도 되는 걸까?' 우리가 함께 그녀 안의 죄책감을 유발하는 관리자 부분과 작업하기 시작하면서, 니콜은 그 부분에 집중했고, 친해지게 되었으며, 그 안에 숨어 있던 잘못된 신념을 알게 되었다. '내가 거절하면 그건 이기적인 거야.' 곧 밝혀지게 될 어떤 이유들로 인해 니콜의 이 부분은 그녀로 하여금 항상 다른 사람을 돌보게 하려고 매우 성실히 일하고 있었다.

"이 충직한 내면의 부분은 자기 역할을 하지 않으면 무슨 일이 일어날까 봐 두려워하는 걸까요?" 내가 물었다.

"제가 엄마를 우선하지 않으면, 저는 이기적인 사람이 될 거예요." 니콜이 대답했다. "엄마는 제가 돌봐주길 기대하세요."

"니콜 씨 안에 있는 이 죄책감을 유발하는 부분에게는 다른 사람을 잘 돌보는 게 정말 중요한 것 같네요. 그건 존중받아야 할 소중한 마음이에요." 나는 그녀 내면의 보호자가 지닌 선한 의도를 인정하며 말해주었다.

내가 그렇게 말했을 때, 니콜은 눈물을 흘리기 시작했다. 바로 그 순간 어린 유배자 하나가 불쑥 앞으로 나섰다. "하나님이 더 이상 저를 사랑하지 않으실 거예요." 니콜은 조심스럽게 말했다. "제가 엄마를 돌보지 않으면, 하나님의 사랑을 잃게 될 것 같아요." 아무런 근거도 없었지만, 그녀의 내면 깊은 동굴에서 길을 잃은 어린 내면의 부분은 이 거짓말을 오랫동안 믿고 있었다.

니콜이 어릴 때 홀로 아이를 키우던 엄마는 병과 외로움으로 힘들어했다. 엄마는 어린 니콜에게 집안을 돌볼 것을 기대했는데, 그건 어린아이가 감당하기에 너무 버거운 일이었다. 그렇게 내면 깊은 곳에 묻힌 채, 니콜의 여리고 어린 유배자 부분은 다음과 같은 거짓된 신념을 형성하게 되었다. '나는 다른 사람을 돌볼 때만 하나님의 사랑을 받을 자격이 있어.' 니콜은 성령의 인도하심을 받는 참자아로부터 이 연약한 부분과 연결되기 시작했다.

"이 부분은 그 신념을 내려놓고 싶어 하나요?" 내가 물었다.

이 지치게 만드는 신념을 놓아주고 싶다는 듯, 니콜은 고개를 끄덕였다.

니콜에게 믿음이 중요하다는 것을 알고 있었던 나는 그녀에게 물었다. "예수님이 가까이 계시나요?"

니콜은 잠시 멈추어 그 어린 내면의 부분과 계속 연결된 채로 조용히 머물렀다.

"네. 예수님이 조건 없이 저를 사랑하신다고 알려주고 계세요. 제가 다른 사람을 위해 뭔가를 하기 때문이 아니라고 하세요. 그리고 그 작은 아이에게 엄마를 돌보는 일은 네 책임이 아니었다고, 그건 예수님이 대신 감당하실 몫이라고 말씀해 주고 계세요."

니콜은 상상 속에서 어린 시절의 자신이 예수님께 그 책임감의 짐을 내려놓는 모습을 볼 수 있었다. 어린 니콜은 예수님의 사랑을 받아들이며, 두 손을 예수님을 향해 뻗고, 다른 사람들을 실망시킬까 봐 걱정하던 마음을 하나씩 그분께 내어드렸다.

"마음이 훨씬 가벼워졌어요." 니콜이 말했다.

니콜의 짐 내려놓기 여정은 '다른 사람을 돌봐야 하나님의 사랑을 받을 수 있다'고 믿게 만든 죄책감의 부분에 **집중하고 친해지면서** 시작되었다. 이 열심히 일하던 보호자가 성령의 인도하심을 받는 참자아로부터 연민을 경험하게 되자, 자신이 보호해 온 유배자 부분을 보여주었고, 그 유배자가 짊어진 무거운 짐, 즉 하나님의 사랑이 자신의 돌봄 정도에 달려 있다는 왜곡된 신념의 짐도 드러나게 되었다. 이제 그녀는 자신의 영혼 깊은 곳에 빛을 비춰주시도록 예수님을 **초대할** 수 있게 되었다. 그렇게 예수님이 가까이 다가오시자, 니콜은 그분께 자신의 염려의 **짐을 내려놓았다**.

성령의 인도하심을 받는 참자아 리더십 덕분에 니콜은 점점 자신감을 얻게 되었다. 짐을 내려놓은 그 내면의 부분은 더 이상 하나님의 사랑을 잃을까 봐 두려워하지 않게 되었다. 오히려 하나님의 무조건적인 사랑의 진리를 담대히 받아들이는 법을 배우게 되었다. "나는 늘 모든 사람을 완벽하게 돌보지는 못할 거예요." 니콜은 자신에게 말하기 시작했다. "하지만 내가 할 수 있는 만큼만 하고, 나머지는 하나님께 맡길래요."

니콜이 때로는 안 된다고 말하는 것이 이기적인 일이었을까? 그렇지 않다. 그녀 역시 자신만의 필요가 있는 존재였고, 그건 너무도 당연한 일이었다.

잘못된 죄책감이라는 짐을 내려놓은 니콜은 내면에 더 건강한 바운더리를 세워가고 있었고, 하나님의 사랑에 대한 이해가 깊어질수록 그 사랑에 뿌리내린 자기 정체성도 자라나고 있었다. 그리고 그 죄책감을 유발하던 그녀의 관리자는 겸손을 배웠고, 니콜에게 하나님을 의지하도록 상기시켜 주었다. 이제 니콜은 기쁨으로 자신의 가정을 세워갈 수 있었고, 모두에게 건강한 방식으로 엄마를 가정 안에 받아들일 수 있게 되었다.

성령의 인도하심을 받는 참자아가 우리 영혼의 한 부분을 이끌 때, 그 부분은 자신이 내려놓을 짐이 무엇인지 알고 그것을 나눌 수 있게 된다. 짐을 **어떻게** 내려놓는지는 중요하지 않다. 중요한 것은 짐이 사라진다는 사실이다. 우리는 우리 영혼의 각 부분이 얼마나 창의적으로 자신을 표현하는지 직접 보며 놀라게 될 것이다. 예를 들어, 부끄러움 많던 부분이 용기를 내어 나서는 모습, 두려움 많던 부분이 자유를 누리게 되는 모습을 보게 될지도 모른다. 하나님의 임재 안에서 우리의 내면 가족을 구성하는 이러한 부분들은 하나님이 창조하신 그들의 본래 모습을 보게 되고, 그 모습으로 변화해 갈 것이다.

'짐'이란 무엇인가?

'짐'이란 고통스러운 경험을 겪으며 우리 내면의 부분들이 품게 된 왜곡된 신념, 감정, 혹은 신체적 기억을 말한다. 짐은 언제든 생길 수 있지만, 대부분은 어린 시절에 형성된다. 예를 들어, 어린 시절 우리의 마음은 복잡한 경험을 온전히 이해하고 처리하기에 미숙했을 수 있다. 그래서 과거의 어느 시점에 일어난 상황을 자신에게 도움이 되지 않는 방식으로 해석했을 수 있다. 그리고 지금까지도 우리 내면의 어떤 부분들이 그때 형성된 신념과 감정을 여전히 붙잡고 있을 수 있다.

아래는 서로 다른 기원에서 비롯된 다양한 유형의 짐들에 대한 예시다.

신념의 짐

- '누군가가 나를 아프게 하는 것은 내가 뭔가 잘못했기 때문이야.'
- '나의 부모 중 한 사람이 외도를 했으니, 나도 언젠가는 그렇게 될 거야.'
- '다른 사람의 사랑과 인정을 받으려면, 내가 그들을 돌봐야 해.'
- '권력을 가진 사람들은 위험하고 절대 믿어서는 안 돼.'
- '내 주변 모든 사람에 대해 내가 책임져야 해.'

감정의 짐

- 과도한 분노
- 막연한 불행감
- 권위 있는 인물에 대한 불신
- 헌신에 대한 두려움
- 거짓된 죄책감
- 지속적인 수치심
- 무가치하다는 느낌
- 자기 의심

신체의 짐

- 지속적인 두통
- 어깨의 뻣뻣함
- 속이 꽉 막힌 느낌
- 턱의 경직된 느낌
- 불면증

(참고로, 어떤 신체적 증상은 트라우마로 인한 짐일 수 있지만, 어떤 것들은 그렇지 않을 수도 있다.)

이성적으로는 지금의 감정이나 생각이 꼭 필요하지 않다는 사실, 그리고 우리가 겪은 상처들이 자기 탓이 아니었다는 사실을 알고 있을 수도 있다. 하지만 우리 안의 어떤 부분은 여전히 그 짐을 내려놓지 못하고 있다. 예를 들어, 자신이 건강하지 않은 가족 관계에서 벗어났음에도 여전히 분노를 느낄 수 있다. 혹은 후회되는 감정에만 집착할 수도 있다. 왜냐하면 그 감정만이 상실을 견딜 수 있게 하는 유일한 방법처럼 느껴지기 때문이다. 이러한 감정들은 과거의 어려운 상황에서 우리가 살아남도록 도와주었을 수 있다. 하지만 이제는 이 감정들에 부드러운 바운더리를 세우고, 그들이 우리의 내면 가족 안에서 더 건강하고 건설적인 역할을 할 수 있도록 자유롭게 놓아줄 때다.

짐은 어디에서 오는 걸까?

마치 부엌 바닥에 머그잔이 와장창 깨지는 순간처럼, 꿈이 산산조각 나던 순간을 떠올려 보자. 어쩌면 관계가 끝났거나, 학업에서 큰 어려움을 겪었거나, 괴롭힘을 당했거나, 방임되었거나, 사랑하는 사람을 잃었을 수도 있다. 우리는 그런 경험들에 자신만의 의미를 부여했고, 그때 부여한 의미들이 지금도 여전히 우리를 짓누르고 있을지도 모른다.

짐은 현재의 실망스러운 상황에서도 비롯될 수 있다. 예를 들어, 현재 직장에서 어려움을 겪고 있을 수 있으며, 만성 질환을 앓고 있거나, 가족생활이 기대했던 모습과 너무 다를 수도 있다. 혹은 친구에게 배신당한 느낌을 받을 수도 있다. 이럴 때 우리 안의 보호자들은 문제에 대처하느라 바쁘게 움직이며 우리가 견딜 수 있도록 도우려 하지만, 유배자들은 도움이 되지 않는 과거의 신념과 감정을 여전히 붙들고 있을 수 있다. 감정적으로 불편한 상황이 무엇이든 간에, 그것은 우리 내면의 다양한 부분들에 영향을 끼칠 가능성이 있다.

대물림된 짐

우리는 가족이나 자라온 문화적 환경을 통해 짐을 대물림받기도 한다. 트라우마 전문가 베셀 반 데어 콜크(Bessel van der Kolk)는 그의 책 『몸은 기억한다(The Body Keeps the Score)』에서 이렇게 썼다. "트라우마적 경험은 반드시 흔적을 남긴다. 그것이 우리의 역사와 문화처럼 거대한 차원에서 그렇든, 혹은 가족이라는 가까운 일상 공간에서 그렇든 말이다. 이 흔적들은 종종 세대를 거쳐 조용히 전해진다."[1] IFS의 창시자인 심리치료사 리처드 슈워츠는 이러한 흔적을 "대물림된 짐(legacy burdens)"이라고 부른다.[2] 우리 부모 세대에서 해결되지 않은 짐의 영향은 때로 "자손 삼사 대까지"(출34:7) 이어진다.

예를 들어, 나(Kimberly)의 친할아버지는 제2차 세계대전 이오지마 전투에 참전했던 미국 해병대원이었고, 적군의 폭탄을 해체하는 임무를 맡고 있었다. 그는 종종 현장에서 즉시 폭탄을 해체할 전략을 고안해야 했다. 그 과정에서 그는 아주 작은 실수 하나도 자신과 동료들의 생명을 위협할 수 있다는 위협 가운데서 살았다.

그런 배경을 생각하면, 내 아버지가 시험에서 98점을 받았을 때, 할아버지가 틀린 2점에만 집중했다는 것도 놀랄 일은 아니다. 자유를 위해 싸운 할아버지의 충직한 내면의 부분은 전쟁이 끝난 뒤에도 여전히 완벽하지 않은 것에 자주 실망했다. 할아버지는 전쟁 경험의 영향으로 삶의 모든 영역에서 완벽을 추구하는 데 몰두했다.

선한 의도를 가지긴 했지만, 충직했던 할아버지의 완벽주의는 아버지에게 큰 영향을 미쳤고, 그의 여린 마음은 강인한 내면의 보호자들을 만들어냈다. 아버지는 사랑하는 연인과 헤어질 때마다, 내게 전화를 걸어 그 이야기를 들려주곤 했다. 그런 어느 날 나는 조심스럽게 물었다. "아빠, 혹시 상담을 받아볼 생각은 없으신가요?" 아버지의 비꼬는 것 같던 대답은 지금도 잊을 수 없다. "내가 지금껏 카펫 밑에 쓸어 넣은 걸 굳이 지금 다시 꺼내어 들여다보고 싶겠니?" 고통에 대한 그런 태도는 결국 세 번의 이혼으로 이어졌다. 그래서 나는 "코끼리를 카펫 밑에 집어넣고 살기엔 인생은 너무 짧다"라는 말을 참 좋아한다.

아버지와 할아버지는 내게 최고의 것을 주고 싶어 했다. 그들은 내게 끈기, 삶에 대한 열정, 그리고 내가 나의 개혁가 부분이라 부르는 완벽주의 성향을 물려주었다. 나는 그 완벽주의 부분과 친해지려고 늘 의식적으로 노력한다. 내가 사용하는 반대 방향의 영적 훈련은 어떤 것을 개선해야겠다는 생각 없이 몇 초 동안이나 숨을 쉴 수 있는지 알아보는 것이다. 나는 완벽주의에서 회복 중에 있는 사람으로서, 나와 같은 성향을 가진 사람들의 목표라 할 수 있는 것을 이제서야 조금씩 발견해 가기 시작했다. 리처드 로어(Richard Rohr)는 그의 성격 유형에 관한 책에서 그것을 "명랑한 평온함(cheerful tranquility)"이라고 표현했다.[3]

아무리 우리를 양육한 사람들이 최선을 다했다 하더라도, 우리가 성인이 될 무렵에는 누구든 한 가지 정도는 짐을 물려받게 된다. 짐을 지고 있는 내면의 부분은 전쟁이 끝난 줄 모르는 병사와도 같다. 이 이름 없는 영웅은 여전히 전투를 이어가며, 이미 끝난 싸움의 새로운 명령을 기다린다. 그러나 성령의 인도하심을 받는 참자아의 임재 안에서 그 부분은 마침내 짐을 내려놓고 안도하게 될 것이다.

회복을 향한 여정

이 책 전반에서 계속 보아왔듯이, 많은 사람들의 내면에는 과거에 갇힌 채 고통의 짐을 내려놓으려고 애쓰는 부분들이 있다. 메건(2-3장)에게 있는 내면의 한 부분은 성공을 이루었음에도 여전히 자신이 충분하지 않다고 느끼고 있었다. 린(4장)의 한 부분은 어린 시절 괴롭힘을 당했던 경험 때문에 성인이 된 지금도 무력감을 느꼈다. 톰(6장)의 한 부분은 성공한 사업가가 되었음에도 여전히 무시당하고 있다는 느낌에 머물러 있었다. 이들 모두는 세월이 흐르면서 겉으로는 삶을 많이 바꿔왔지만, 그들의 내면에는 여전히 과거의 고통을 움켜쥔 채 그 안에 머물러 있는 부분들이 있었다.

이처럼 과거에 갇힌 내면의 부분들은 우리를 (때로는 억지로라도) 과거의 상처가 회복되기를 바라는 마음에서 어떤 관계 속으로 끌어들이기도 한다. 그러나 그로 인해 우리는 반복적으로 상처를 받게 된다. 그 부분들은 예전에 자신을 상처 입혔던 사람과 생김새, 말투, 행동, 목소리까지 닮은 누군가에게 집착하면서 자신을 또다시 해치게 만들기도 한다. 그들의 선한 의도는 과거의 상처를 지금이라도 바로잡고 싶어 그 관계를 다시 반복하려는 것이다.[4] 그러나 이런 시도는 오히려 피하려 했던 상황을 되풀이하게 만든다. 다음과 같은 지속적인 생각들이 떠오른다면, 그것은 우리 안에 회복을 향한 여정 중에 있는 유배자가 존재한다는 신호일 수 있다. '내가 좋아하는 남자는 아버지를 꼭 닮았어', '그 사람이 내가 받지 못했던 애정을 줄 수 있을 거야', '그녀가 나를 사랑하게 만들 수만 있다면, 나는 더 이상 무가치하게 느껴지지 않을 거야.'

    상황을 더욱 복잡하게 만드는 것은 우리 안의 어떤 부분들이 하나님에 대해서도 비슷한 혼란을 겪는다는 점이다. 발달적으로 미성숙한 부분들은 사람과 하나님을 혼동하기 쉽다. 부모, 양육자, 또는 교회 지도자들은 아이들의 눈에 하나님을 대신하는 존재처럼 보이지만, 결국 이들은 실망을 주게 마련이다. 그로 인해 어린 내면의 유배자들은 성인이 된 우리가 보기엔 사실이 아닌 신념을 받아들이게 된다. 예를 들면, '하나님은 벌을 주는 냉혹한 주인이시다', '나는 완벽해야만 하나님의 인정을 받을 수 있다' 등과 같은 것이다.

    우리는 이 말들이 진실이 아님을 이성적으로 알고 있다. 그러나 상처받은 우리 내면의 부분들은 이런 거짓된 신념을 여전히 붙들고 있을 수 있다. 그리고 이 신념들은 우리가 사랑받는 것은 물론,

하나님 및 다른 사람들을 온전히 사랑하는 것도 방해할 수 있다. 우리 모두는 이처럼 사랑 어린 관심이 필요한 내면의 부분들을 지니고 있다. 그들은 예수님을 가까이 초대하고, 짐을 내려놓고, 그리스도께서 주고자 하시는 모든 것들을 새롭게 받아들여야 한다.

그때 그리고 지금

짐을 내려놓는다는 것은 과거에 있는 유배자를 지금 이 자리로 데려오는 것이다. 우리는 앞으로 나아갔지만, 고통을 지닌 그 부분은 여전히 과거 그 자리에 머물러 있다. 외로움 속에 여전히 머물러 있는 그 내면의 부분에게 집중하고 친해지자. 그 어린 부분이 품고 있는 감정의 밑바탕, 혹은 경험에 대한 믿음, 특히 하나님에 대한 잘못된 인식에 귀를 기울이자. 헨리 나우웬은 이렇게 말한 바 있다. "우리는 과거에 남겨진 자신의 한 부분을 집으로 데려와야 한다."[5]

성령의 인도하심을 받는 참자아가 우리 안의 유배자와 연결될 때, 그 부분에게 지금까지 우리가 살아오며 얻게 된 힘과 자원, 지혜를 알려주자. 그 내면의 부분이 지금의 나는 그가 알고 있는 것보다 훨씬 더 넓은 존재라는 걸 알게 하자. 그리고 하나님의 관점에서 본 우리의 참된 모습을 나누어 주자. 우리의 따뜻한 관심에 위로를 받으면, 이 여리고 상처받은 유배자는 마침내 고통스러운 감정과 오해를 내려놓을 수 있게 된다. 그리고 이 잃어버렸던 영혼의 부분이 현재의 우리와 함께하도록 도와주자. 그리하여 이 부분이 우리의 내면 가족 속에서, 성령의 인도하심을 받는 참자아와 예수님의 사랑 안에서 위로를 누릴 수 있도록 해주자.

보호자들이 '짐 내려놓기'를 할 때 흔히 갖는 두려움들

우리가 흔히 변화는 어렵다고 말하는 데는 이유가 있다. 이제 막 친해진 우리의 보호자 부분은 기존의 방식을 바꾸고 싶어 하지 않을 수 있다. 이 충직한 부분은 오랫동안 유배자들이 지닌 고통스러운 감정들로부터 우리를 지키기 위해 애써 왔다. 따라서 이 보호자와 함께 작업을 시작하기에 앞서, 우리는 유배자가 짐을 내려놓

고통스러운 감정을 무시하기: 오해 vs. 진실

오해: 고통스러운 감정을 무시하면, 그것은 사라진다.
진실: 고통스러운 감정을 무시하면, 영혼 안의 외딴곳으로 밀려나 돌봄을 받지 못하게 될 뿐이다.

우리 영혼 속의 이러한 부분들과 친해지고, 그들이 지닌 고통스러운 기억을 치유해 주는 것이 회복에 큰 도움이 된다. 불편한 감정들을 품고 있는 내면의 부분들이 성령의 인도하심을 받는 참자아의 따뜻한 임재를 느끼게 되면, 그런 감정의 강도는 점차 약해지고, 그 부분들이 짐을 내려놓고, 우리의 내면 가족 안에서 새로운 역할을 맡게 된다. 그 결과 우리의 내적 바운더리는 점점 더 건강하고 단단해지게 된다.

을 때 생길 수 있는 변화에 대해 보호자가 품고 있는 두려움을 먼저 인정해 줘야 한다. 다음은 보호자들이 흔히 갖는 대표적인 두려움들의 예시다.

압도될 것 같은 두려움

"그 고통에 압도될 거야. 차라리 아예 건드리지 않는 게 나아."

↳ **하나님의 약속**: 나는 내가 생각하는 것보다 강하다.

"네가 물 가운데로 지날 때에 내가 너와 함께 할 것이라 강을 건널 때에 물이 너를 침몰하지 못할 것이며 네가 불 가운데로 지날 때에도 타지도 아니할 것이요 불꽃이 너를 사르지도 못하리니"(사 43:2).

소용없을 거라는 두려움

"과거를 다시 들여다본다고 뭐가 좋아지겠어? 아무것도 변하지 않을 텐데, 무슨 의미가 있겠어."

↳ **하나님의 약속**: 과거를 직면함으로써 새로운 방식으로 치유되고 앞으로 나아갈 수 있다.

"보라 내가 새 일을 행하리니"(사 43:19).

너무 어렵고 더 악화될 거라는 두려움

"과거를 돌아보면 소방관 같은 반응들이 폭발할 거야. 나는 그걸 감당할 수가 없어."

↳ **하나님의 약속**: 이처럼 어려운 감정들을 견디는 법을 배우는 것은 새로운 근육을 기르는 것과 같다. 처음에는 힘들 수 있지만, 이 과정을 통해 우리는 더 강하고 유연한 사람이 된다.
"내게 능력 주시는 자 안에서 내가 모든 것을 할 수 있느니라"(빌4:13).

상상해 보기!

충직한 보호자에게 경의를 표하기

보호자들이 긴장을 풀고 내려놓기 위해서는 그들이 오랜 시간 애써 온 수고를 존중받는 경험이 필요할 수 있다. 내담자 케이트는 분노 문제로 나를 찾아왔다. 상담 중 그녀는 자기 안에 있는 충직하고 분노에 찬 보호자와 연결되었고, 그 부분이 과거에 수치심으로 고통받던 유배자를 지키고 있었다는 사실을 알게 되었다. 그 보호자는 유배자가 고통을 내려놓도록 허용하는 것을 주저했다. 그렇게 되면 자신이 더 이상 그녀에게 필요하지 않게 되거나, 자신의 존재 의미를 잃을까 봐 두려웠기 때문이다. 그래서 나는 그녀에게 그 용감한 관리자가 그녀로 하여금 수치심에 압도당하지 않도록 지켜준 세월을 기리며 경의를 표하는 기념식을 상상해 보자고 제안했다. 케이트는 이 아이디어를 따랐고, 그 보호자는 마치 충직한 참전용사처럼 앞으로 나아와, 오랜 세월 감당해 온 책임에 대해 명예로운 훈장을 받았다. 이런 경험 이후 케이트는 이전처럼 강한 분노를 느끼며 씨름하지 않게 되었다고 말했다.

정체성을 잃을 거라는 두려움

"이 내면의 부분이 더 이상 필요 없게 되면 나의 중요성을 잃게 될 거야. 사람들은 다 내가 이 문제를 안고 사는 사람이라고 알고 있는데, 이걸 놓아버리면 나는 누구지?"

> **하나님의 약속**: 나는 하나님의 창조물이며, 이 내면의 부분도 여전히 소중한 역할을 할 수 있다.
>
> "우리는 그가 만드신 바라 그리스도 예수 안에서 선한 일을 위하여 지으심을 받은 자니 이 일은 하나님이 전에 예비하사 우리로 그 가운데서 행하게 하려 하심이니라"(엡 2:10).

만약 앞서 언급된 두려움들 중 하나라도 경험한 적이 있다면, 그것은 보호자 부분에서 비롯된 것일 수 있다. 짐을 내려놓기 전에 이 보호자들이 호기심과 연민을 가지고 자신들의 두려움과 마주할 수 있도록 돕는 것이 중요하다. 보호자들은 무엇보다도 수치심을 피하고 싶어 한다. 그들은 우리가 자신들만이 안전하고 강함을 유지할 수 있는 최선의 방법이라고 믿길 원한다. 그러나 이 보호자들은 자신들이 오랫동안 붙잡아 온 습관과 낡은 신념보다 성령이 훨씬 더 강하다는 사실을 깨달아야 한다. 그래야 그들은 성령의 인도하심을 받는 참자아에게 리더십을 넘길 수 있게 된다. 그동안 그토록 열심히 일하며 애써 온 이 내면의 부분들이 쉼을 얻게 된다면 얼마나 좋을까?

유배자가 짐을 내려놓는 방법

보호자가 유배자를 도울 수 있도록 허락했다면, 이제 호기심과 연민의 태도로 우리 영혼의 연약한 부분과 연결해 보자. 성령의 인도하심을 받는 참자아가 이끌면, 보호자가 오랫동안 멀리 밀어내려 했던 고통스러운 생각과 감정에 더 가까이 다가가도 안전하다. 열린 마음으로 이 상처받은 부분을 더 깊이 알아가면서 스스로에게 물어보자. '이 아픈 부분에게서 무엇을 배울 수 있을까? 이 부분이 짊어지고 있는 짐은 무엇일까? 그것이 감정일까, 생각일까, 이미지일까, 아니면 몸의 감각일까?' 그리고 이 부분에게 내가 꼭 알아야 할 것이 있다면, 주저하지 말고 알려달라고 하자. 이러한 작업을 통해 우리는 영혼 안에 더 건강한 바운더리를 세워가게 될 것이다.

처음으로 유배자에게 주의를 기울이기 시작하면, 감정이 한꺼번에 밀려오는 것을 경험하게 될 수도 있다. 그러면 이런 작업을 포기하고 싶어지고, 결국 과거를 직면하는 이 중요한 여정을 완주하지 못하게 될 수 있다. 하지만 좋은 소식이 있다. 그것은 우리 안의 이 유배자와 연결될 수 있다는 것이다. 그리고 이 부분에게 지금은 우리를 압도하지 말고, 성령의 인도하심을 받는 참자아가 도와줄 수 있도록 잠시 물러나 달라고 요청할 수 있다는 것이다. 리처드 슈워츠가 처음 발견한 것처럼, 그리고 상담사로서 내담자들과의 작업에서 수없이 확인했듯이, 이 연약한 내면의 부분들과 진심으로 함께 머물게 되면, 그들에게 압도하지 말아 달라고 요청할 수 있다. 그러면 이 부분들은 우리가 주도권을 쥐고 있다는 사실에 안도하며 점점 차분해질 것이다.

유배자들이 '짐 내려놓기'를 할 때 흔히 갖는 두려움들

유배자가 우리를 신뢰하게 되어 더 이상 압도하지 않겠다고 약속한 이후에도, 그 부분은 여전히 고통스러운 신념과 감정을 내려놓는 것을 두려워할 수 있다. 예를 들어, 그동안의 고통과 견딤이 아무에게도 기억되지 않은 채 잊혀질까 봐 두려워할 수 있다. 니콜의 이야기에서 보았듯이, 유배자들은 늘 누군가의 보호 아래 있었기 때문에 변화 자체를 위협으로 느끼게 될 수 있다. 보호자들과 마찬가지로 유배자들도 우리의 삶에서 중요한 역할을 해왔기 때문에 더욱 그러하다. 아래는 유배자들이 흔히 느끼는 대표적인 두려움들의 예시다.[6]

내가 겪은 고통을 아무도 기억하지 못할 거라는 두려움
"내가 용서하면, 마치 그런 일은 아예 없었던 것처럼 될 거야. 내게 상처를 준 사람이 그렇게 쉽게 용서받는 건 불공평해."

↳ **하나님의 약속**: 나는 그 일을 결코 잊지 못할 수 있지만, 그래도 용서할 수 있다. 그리고 완전하고 정의로우신 하나님도 그 고통의 순간을 기억하고 계신다.

"나의 유리함을 주께서 계수하셨사오니 나의 눈물을 주의 병에 담으소서 이것이 주의 책에 기록되지 아니하였나이까"(시56:8).

나는 그럴 자격이 없다는 두려움

"나는 과거에 너무 많이 실패했어. 지금이라고 뭐가 다를까? 난 애초에 그런 걸 기대할 자격도 없어."

↳ **하나님의 약속**: 나는 과거의 실수로부터 배웠고, 이제는 그때의 내가 아니다. 그리고 하나님은 매일매일 나를 자라게 하신다.
"우리가 다 수건을 벗은 얼굴로 거울을 보는 것 같이 주의 영광을 보매 그와 같은 형상으로 변화하여 영광에서 영광에 이르니 곧 주의 영으로 말미암음이니라"(고후3:18).

버림받을 거라는 두려움

"내가 이 짐을 마주하게 되면, 누군가 그 사실을 알게 될 거야. 그러면 아무도 나와 함께 있고 싶어 하지 않을 거야."

↳ **하나님의 약속**: 나를 진심으로 사랑하는 사람은 나의 약점까지도 받아줄 것이다. 그리고 하나님의 임재는 내게 치유를 가져다 준다.
"내가 결코 너희를 버리지 아니하고 너희를 떠나지 아니하리라"(히13:5).

괜찮아지는 것에 대한 두려움

"나는 잘 지내는 법을 몰라. 잘 지내는 건 원래 내 모습이 아니야."

↳ **하나님의 약속**: 나는 예수님이 주시는 치유와 성장의 초대를 기꺼이 받아들일 수 있다.

"예수께서 그 누운 것을 보시고 병이 벌써 오래된 줄 아시고 이르시되 네가 낫고자 하느냐"(요5:6).

사랑하는 사람에 대한 기억이 흐려질 거라는 두려움
"내가 나만의 희망과 꿈으로 살아간다면, 그 사람에 대한 기억이 점점 흐려질지도 몰라."

↳ **하나님의 약속**: 나는 이 슬픔을 내 마음속에 소중하게 간직하면서도 내 삶을 계속 살아갈 수 있다. 사랑하는 사람을 기억하며 마음에 작은 의식이나 공간을 만들면서도 삶은 계속될 수 있다. "나를 위하여 정한 날이 하루도 되기 전에 주의 책에 다 기록이 되었나이다"(시139:16).

이제는 무거운 짐을 내려놓고, 나만의 배낭을 메고 떠날 준비가 되었는가?

성경은 우리 각자가 삶에서 감당해야 할 '작은 배낭' 정도의 책임은 짊어질 수 있다고 가르친다. 하지만 감당하기 힘든 '큰 바위' 같은 짐을 짊어지고 있다면, 그것은 누군가의 도움과 개입이 필요하다는 신호다.[7] 혹시 지금 죄책감, 원망, 두려움 같은 고통스러운 감정의 짐을 계속 짊어지고 있지는 않은가? 그렇다면 그 짐을 어떻게 내려놓고 싶은가?

그 고통스러운 감정의 짐을 지쳐 있는 내면의 한 부분이 짊어지고 있다고 생각해 보자. 그 부분에게 무엇이 필요한지 물어보면, 우리에게 대답해 줄 것이다. 상상력을 활용하면 오래된 상황을 새롭게 떠올리거나, 우리가 오래도록 믿어온 믿음과 이야기를 새롭게 써 내려가는 방식으로 짐을 내려놓을 수 있다. 짐을 내려놓는 과정은 우리 내면의 부분마다 다르게 전개될 수 있다. 하나님이 주신 상상력의 힘을 활용하여 많은 내담자들이 아래와 같은 방식으로 고통스러운 신념, 감정, 기억들을 해방시켜 왔다.

- 수치심을 병에 담아 하나님께 던져드린다.
  "너희 염려를 다 주께 맡기라 이는 그가 너희를 돌보심이라"(벧전5:7).
- 과거의 상처를 마치 낡은 옷처럼 벗어버린다.
  "너희는 유혹의 욕심을 따라 썩어져 가는 구습을 따르는 옛 사람을 벗어 버리고 오직 너희의 심령이 새롭게 되어 하나님을 따라 의와 진리의 거룩함으로 지으심을 받은 새 사람을 입으라"(엡4:22-24).
- 짐들을 정련하는 불로 정화시킨다.
  "그가 은을 연단하여 깨끗하게 하는 자 같이 앉아서 레위 자손을 깨끗하게 하되 금, 은 같이 그들을 연단하리니"(말3:3).
- 그 짐들을 비로 씻어 흘려보낸다.
  "그의 나타나심은 새벽 빛 같이 어김없나니 비와 같이, 땅을 적시는 늦은 비와 같이 우리에게 임하시리라"(호6:3).

- 죄책감을 그리스도의 상처 앞에 내려놓는다.

  "그가 채찍에 맞음으로 우리는 나음을 받았도다"(사53:5).

- 십자가로 나아가 새로운 생명을 얻고, 낙심과 절망으로부터 자유를 발견한다.

  "내가 그리스도와 그 부활의 권능과 그 고난에 참여함을 알고자 하여 그의 죽으심을 본받아 어떻게 해서든지 죽은 자 가운데서 부활에 이르려 하노니"(빌3:10-11).

피해자 자리에서 벗어나, 원하는 것을 요청하기

일단 짐을 내려놓고 자유로워진 이후에는 그 유배자가 아직도 누군가가 구해주기를 바라는 수동적 기대에 머물러 있지는 않은지 확인해 보자.[8] 이제 그 부분은 피해자의 자리에서 나와 자신이 원하는 것을 친절하게 요청하는 법을 배워야 한다. 짐을 내려놓음으로써 얻은 자유를 경험했다면, 이제 우리 삶을 더욱 풍성하게 하는 데 필요한 힘과 자원을 하나님께 구하자. 더욱 온전해지기 위해서 하나님께 어떤 선물을 받고 싶은가?

우리는 아마 성령의 열매인 사랑, 희락, 화평, 오래 참음, 자비, 양선, 충성, 온유, 절제 중 하나를 구할 수도 있다(갈5:22-23). 우리 내면의 유배자가 하나님의 사랑스러운 임재에 점차 익숙해지면서, 그분 가까이에 머물 때 느끼게 되는 것을 온전히 받아들이도록 도울 수도 있다. 또는 IFS 접근법에서 설명하듯이, 우리가 점점 차분함,

> 감내해야 할 고통은 감내하되, 감내하지 않아도 될 고통까지 짊어지지는 말자.

배려, 자신감, 창의성, 용기, 명확함과 같은 성품을 지니게 될 수도 있다.[9] 짐을 내려놓게 된 이 내면의 부분들에게 확인해 보자. 그들은 자신에게 진정으로 필요한 것이 무엇인지 항상 알고 있다.

그 내면의 부분들이 지니게 될 새로운 성품은 우리가 하나님이 창조하신 최고의 모습으로 성장하고, 우리 안에 심어두신 하나님의 가능성을 실현하는 데 크게 기여할 것이다. 그 부분들은 다른 사람들과 건강하게 연결되고, 아름다움을 깊이 느끼는 능력을 회복함으로써 우리 안에 새로운 경이로움의 감각을 일깨워줄 것이다. 그런데 짐을 내려놓는다고 해서 슬픔이나 분노 같은 감정을 더 이상 느끼지 않게 된다는 것은 아니다. 하지만 기억하자. **감내해야 할 고통은 감내하되, 감내하지 않아도 될 고통까지 짊어지지는 말자.** 설령 삶의 형편이 달라지지 않더라도, 하나님께 짐을 내려놓는 것만으로도 우리는 더 큰 기쁨을 누릴 수 있다.

이름 다시 짓기

내면의 한 부분이 짐을 내려놓고 새로운 자질을 지니게 되었을 때, 그 부분에 새로운 이름이 붙여지길 바랄 것이다. 이와 관련해 성경은 이렇게 말한다. "다시는 너를 버림받은 자라 부르지 아니하며 다시는 네 땅을 황무지라 부르지 아니하고 오직 너를 헵시바라 하며 네 땅을 쁄라라 하리니 이는 여호와께서 너를 기뻐하실 것이며"(사62:4). 또한 하나님은 "무릇 시온에서 슬퍼하는 자에게 화관을 주어 그 재를 대신하며 기쁨의 기름으로 그 슬픔을 대신하며 찬송의 옷으로 그 근심을 대신하"실 것이다(사61:3). 영혼의 한 부분이 짐을 내려놓았다면, 이렇게 자문해 보자. '지금 이 부분에게 어떤 새로운 이름이 어울릴까?' 이렇게 내면에 새로운 바운더리를 세우고 내면 가족의 이름을 다시 명명하는 작업을 함으로써, 우리는 내면 세계에서 하나님의 통치를 확장하는 일에 참여하게 된다.

우리 내면의 어떤 부분이 무거운 짐을 지고 있다면, 그 부분에 성령의 인도하심을 받는 참자아가 다가가 함께 해주어야 하며, 기도하는 마음으로 예수님을 그 부분 곁에 오시도록 초대해야 한다. 리처드 슈워츠는 『당신이 기다려온 구원자는 바로 당신입니다(You Are the One You've Been Waiting For)』라는 책을 썼는데, 저자인 우리는 여기에 이렇게 덧붙이고 싶다. 성령의 인도하심을 받는 참자아를 통해 역사하시는 하나님이야말로 우리의 모든 필요를 궁극적으로 채우시는 분이다.

―――――― **내면 한 부분의 짐 내려놓기** ――――――

트라우마나 상실을 경험했을 때, 우리는 자신에게 어떤 이야기를 들려주었는가? 이제는 그 이야기 속의 오해를 풀고, 진실된 새로운 이야기를 받아들일 준비가 되었는가? 우리 안에 더 이상 머물러 있지 않아도 되는 오래된 짐은 무엇인가? 이 연습은 우리의 관점을 전환하고, 고통스러운 감정과 믿음을 내려놓는 데 도움을 줄 것이다. 특별히 이 과정을 진행할 때는 믿을 수 있는 친구, 멘토, 영적 동반자, 혹은 상담사와 함께하는 것이 좋다.

먼저, 최근 우리에게 강한 감정을 불러일으킨 상황을 떠올려 보자. 예를 들어, 직장에서 스트레스를 느끼거나, 가정에서 책임감 때문에 지쳐 있지는 않은가? 우리 내면의 한 부분이 슬픔이나 사랑받지 못한다는 감정에 시달리고 있지는 않은가? 그런 감정들을 구체적으로 말로 표현해 보자. 예를 들면,

"나는 외로워."
"나는 수치스러워."
"나는 두려워."

이제 그 감정을 불러일으켰던 상황은 잠시 뒤로 미뤄두고 감정 자체에만 집중해 보자.

그리고 스스로에게 물어보자. "이런 감정을 느끼는 내 안의 그 부분을 향해, 나는 어떤 감정을 느끼는가?" 예를 들면,

"이렇게 느끼는 나 자신에게 화가 나."
"이런 감정을 느끼는 내가 죄책감 들어."
"이 감정이 절대 사라지지 않을까 봐 두려워."

만약 호기심이나 연민이 아닌 다른 감정을 느꼈다면, 또 다른

내면의 부분이 나타난 것이다. 그 부분에게 잠시 물러나 달라고 부탁하자. 그래야 처음 느꼈던 감정에 집중할 수 있다.

이제 다시 호기심을 가지고 원래의 감정을 느꼈던 부분으로 돌아가, 그 감정에 압도되지 않으면서 얼마나 온전히 그 부분과 함께 머물 수 있는지를 살펴보자. 그 부분과 연결되었다고 느껴지면, 친구에게 연민을 건네듯이 그 부분에게도 따뜻한 연민을 전하자. 그리고 다음과 같이 질문해 보자.

- 그 내면의 부분을 짓누르는 극단적인 감정이나 믿음은 무엇인가?

  예를 들면,
  "나는 중요하지 않아."
  "누군가 나를 사랑하기만 한다면 외롭지 않을 텐데."
  "내가 완벽하기만 하면, 그 사람이 나를 봐줄 텐데."

- 이 부분이 그 믿음이나 감정을 내려놓는 데 두려워하는 것이 있는가? (이 장 앞부분에서 다룬 유배자의 두려움에 관한 목록을 참고해도 좋다.)
- 이 부분은 그 짐을 하나님께 어떻게 맡기고 싶어 하는가? (이 장에서 소개된 '짐 내려놓기'의 다양한 방식을 활용하거나, 이 부분만의 방식을 물어보자.)
- 하나님께서 지금 이 부분에게 주고자 하시는 선물은 무엇인가?

좋은 소식이 있다. 그것은 우리가 짊어지고 있는 짐을 내려놓을 수 있는 곳이 있다는 것이다. 그곳은 다름 아닌 하나님이다. 우리 내면의 상처 입은 부분들은 이제 그 무거운 짐을 하나님께 내려놓을 수 있다. 고통 가운데 함께하시는 하나님은 우리를 그분 곁으로 초대하시며 말씀하신다. "나는 너희에게 무겁거나 맞지 않는 짐을 지우지 않는다. 나와 함께 있으면 자유롭고 가볍게 사는 법을 배울 것이다."(마11:28-30, 『메시지』).

이 짐 내려놓기의 과정을 통해 우리 영혼 안에는 성령의 인도하심을 받는 참자아를 위한 더 넓은 공간이 생기게 된다. 이 자리에서 짐을 내려놓은 내면의 부분들도 이제 사랑과 섬김, 그리고 목적 있는 삶의 여정에 동참하게 된다. 마틴 루터 킹 주니어의 멘토였던 하워드 서먼(Howard Thurman)은 진정한 화해가 이루어질 때, "내면에서 서로 충돌하던 성격들의 거친 면모가 누그러진다"[10]라고 말한 적이 있다.

우리가 부름 받은 화해의 사역(고후5:18)은 외적인 관계에서만이 아니라, 우리의 내면에서도 실현되어야 한다. 지금 우리 안에서 다양한 목소리를 내고 서로 충돌하는 부분들 사이에 내적인 화해를 시도하고 싶지 않은가? 우리 안에서 경쟁하던 부분들이 그 짐을 내려놓고, 하나님의 나라를 위해 함께 일하는 강력한 하나의 팀으로 세워지길 바라지 않는가? 그렇다면 그 여정을 안내해 줄 다음 장으로 함께 가보자.

8장

5단계:
통합하기

"친구는 가까이, 적은 더 가까이 두라."

_마이클 콜레오네(Michael Corleone), 《대부 2(The Godfather Part II)》

"예수께서 그들의 생각을 아시고 이르시되 스스로 분쟁하는 나라마다 황폐하여지며 스스로 분쟁하는 집은 무너지느니라"

_누가복음 11장 17절

    서로 경쟁하던 내면의 부분들을 어떻게 하나의 협력하는 팀으로 만들 수 있을까? '유턴하기'를 통해 우리는 필요에 따라 내면의 각 부분에 **집중하고, 친해지고,** 예수님을 **초대하고, 짐을 내려놓는다.** 그리고 다섯 번째 단계에서는 그 각각의 부분들을 내면 가족 속으로 통합하게 된다. 서로 충돌하던 부분들이 이제 새로운 역할을 맡게 되는 것이다. 이 과정을 더 잘 이해하기 위해 실제로 서로 경쟁하던 이들을 친구로 만들고 자신과 한 팀이 되도록 이끈 한 사례를 살펴보겠다. 그 대표적인 인물은 바로 아브라함 링컨 대통령이다.

링컨 대통령의 한 팀이 된 경쟁자들

1858년 6월 16일, 일리노이 주 의사당 계단 위에 선 아브라함 링컨은 노예제도로 깊이 갈라진 나라를 향해 이렇게 연설했다.

> 스스로 갈라진 집은 설 수 없습니다. 저는 이 나라의 정부가 절반은 노예제, 절반은 자유 상태로 영원히 유지될 수는 없다고 믿습니다. 저는 연방이 해체되거나 집이 무너질 거라 예상하지는 않습니다. 하지만 분열은 반드시 끝나게 될 거라 확신합니다.[1]

이 "갈라진 집" 연설을 했을 당시, 링컨은 여전히 정치적 변방에 머무는 변호사에 불과했고, 가장 높은 정치 경력이라야 단 한 차례 하원의원에 당선된 것뿐이었다. 그럼에도 그는 점차 노예제의 도덕적 문제를 유창하게 비판하는 인물로 주목받기 시작했다. 그로부터 2년 뒤, 그는 당선 가능성이 희박한 대통령 선거에 도전하게 된다. 그의 앞에는 정치적 거물들이 버티고 있었다. 그들은 모두 링컨보다 명망이 높고, 정치 경력도 풍부했으며, 겉보기에도 대통령직에 훨씬 잘 어울려 보이는 인물들이었다. 그들 모두 자신이 대통령이 되어야 한다는 확신을 지니고 있었지만, 링컨이 이 쟁쟁

한 경쟁자들을 제치고 1860년 대선에서 깜짝 승리를 거두었다. 그러나 개표가 끝나자마자 그는 미국 역사상 가장 심각한 위기에 직면하게 된다. 취임식을 치르기도 전에 일곱 개의 주가 연방에서 탈퇴했고, 나라는 이미 내전의 길로 접어들고 있었다. 링컨이 경고했던 "갈라진 집"은 이제 실제로 무너질 위기에 놓이게 되었다.

링컨은 이 위기에 대응하기 위해 국가 최고 수준의 리더들로 구성된 팀이 필요하다는 것을 알았다. 그는 대통령직을 두고 경쟁했던 여러 저명한 인사들을 자신의 핵심 참모진인 내각으로 영입했고, 각각 국무장관, 재무장관, 법무장관, 전쟁장관직을 맡겼다. 이들을 한 자리에 앉히는 일은 결코 쉬운 일이 아니었지만, 링컨은 이 유능한 경쟁자들을 자신의 동반자이자 조언자로 변화시켜야 한다는 것을 분명하게 인식하고 있었다. 도리스 컨스 굿윈(Doris Kearns Goodwin)은 그녀의 베스트셀러인 『권력의 조건(Team of Rivals)』에서 정치적 천재성을 발휘해 자신을 반대하던 이들을 자기편으로 삼은 링컨의 리더십을 높이 평가했다.[2]

훗날 이 경쟁자들은 헌신적이고 탁월하게 링컨을 보좌하며, 둘로 쪼개진 나라를 하나로 묶는 데 크게 기여했다. 남북전쟁은 치열한 투쟁이었지만, 링컨은 화해를 이루고 우정으로 회복된 국가를 이루고자 했다. 그는 이렇게 호소했다. "아무에게도 악의를 품지 않고, 모두에게 사랑을 베풀며 … 우리 안에, 그리고 모든 나라들 사이에 정의롭고 지속적인 평화를 이루기 위해 최선을 다합시다."[3]

링컨의 "갈라진 집"이라는 표현은 누가복음에 나오는 예수님의 말씀에서 비롯된 표현이었다. "스스로 분쟁하는 나라마다 황폐하여지며 스스로 분쟁하는 집은 무너지느니라"(눅11:17). 예수님은 영적 영역에 대해 말씀하셨지만, 링컨은 그 원리를 국가에 적용했다. 그리고 마찬가지로 우리도 예수님의 이 경고를 우리의 내면에 적용할 수 있다. 갈라지지 않은 마음으로 내면의 적들을 가장 든든한 동반자이자 내 편으로 변화시키는 것이다.

내면의 양극화 해소하기

남북전쟁 이전, 북부와 남부는 심각한 양극화 상태에 있었다. 그런데 우리 영혼 안에서도 이와 비슷한 상태로 내적 싸움이 벌어지는 것처럼 느껴지곤 한다. 내면의 양극화란 두 부분 또는 두 집단이 서로 반대되거나 경쟁적인 방식으로 관계를 맺으며, 각자 성령의 인도하심을 받는 참자아와 연결되지 못하도록 방해하는 상태를 말한다. 이들은 서로 상대가 자신을 장악하거나 억압할까 봐 두려워하며 스스로를 보호하기 위해 애쓴다.[4] 이런 역학은 우리 내면에 분열과 갈등을 일으킨다. 반면, 화해는 하나님과의 관계와 타인과의 관계, 그리고 자기 자신과의 관계에서 일어나는 갈등을 치유한다. 성경은 우리에게 "화목하게 하는 직분"(고후5:17-20)을 맡기셨다고 선포한다. 이 원리를 내면에 적용하면, 서로 적대적인 내면 가족의 구성원들 사이에 건강한 바운더리를 세우고 평화를 회복해 가는 길에 들어설 수 있다.

그러면 내면에 양극화가 일어나고 있는지 어떻게 알 수 있을까? 성령의 인도하심을 받는 참자아가 내면의 어떤 부분과 친해지려

할 때, 다른 부분이 그 과정을 방해한다면 두 부분이 서로 대립하고 있다는 신호일 수 있다. 이런 역학은 주로 보호자들 사이에서 발생한다. 예를 들어, 사람을 기쁘게 하려는 부분이 분위기를 부드럽게 맞추려고 애쓰고 있을 때, 비판하는 부분은 끊임없이 타인의 단점을 지적하며 불만을 키우려고 한다. 사람을 기쁘게 하려는 부분은 비판하는 부분이 누군가를 상처 입히거나 자신을 곤란하게 만들까 봐 두려워서 모든 사람을 만족시키려고 과도하게 애쓴다. 반면에 비판하는 부분은 자신을 억제하려는 것에 분노가 쌓이면서 점점 더 날카로워진다. 이들은 서로 다른 전략을 취하고 있지만, 궁극적으로는 내면의 유배자가 상처받지 않게 보호하려는 공통된 목표를 가지고 있다.

이런 내면의 양극화가 감지된다면, 그 두 부분 모두와 관계를 맺으며 중재의 여정을 시작해야 한다. 우선 지금 자신에게 가장 강하게 느껴지는 부분에 집중하며 그 부분과 친해지고, 그 입장을 경청하며 가치를 인정해 주자. 그리고 그 부분이 맡고 있는 역할을 수정하는 데 어떤 두려움이 있는지 물어보자. 그 후 예수님이 그 부분 가까이에 계시도록 초대하자. 그런 다음 그 부분에게 잠시 물러나서 우리가 두 번째 부분과 작업하는 것을 지켜봐 줄 수 있는지 의향을 확인해 보자. 만일 동의한다면, 두 번째 부분으로 넘어가 동일한 과정을 반복한다. 동의하지 않는다면, 협력할 수 있을 때까지 연민 어린 마음으로 인내심 있게 이 첫 번째 부분과 계속 작업해야 한다. 성령의 인도하심을 받는 참자아가 이 과정을 통해 충돌하는 내면의 부분들과 연결될 때, 그들이 서로에게 무엇을 배울 수 있는지, 또 어떻게 함께 협력하여 공동의 목표를 이룰 수 있는지 탐색할 수 있다. 그들의 공동 목표는 결국 우리의 내면 가족이 건강하게 성장할 수 있도록 돕는 것이다. 실제로 이 과정이 어떻게 수행되는지 한 내담자의 사례를 통해 살펴보자.

─── 상상해 보기! ───

루벤의 이야기: 평화조약을 협상하기

"연애는 정말 어려운 것 같아요!" 루벤은 상담 중에 내(kimberly)게 말했다. "수년간 바르게 살려고 애써 왔는데, 때로는 다 때려치우고 싶은 마음이 들어요!"

루벤은 의미 있는 관계를 맺는 데 어려움을 겪고 있었다. 그의 내면에는 도덕주의적 관리자가 있어 그가 문제에 휘말리지 않도록 막고 있었다. 그러나 이 부분이 너무 지배적이다 보니, 그에 반발하여 그의 내면에는 여성에게 추파를 던지려는 양극화된 부분이 생겨났다. 루벤의 비판적인 관리자는 추파를 던지는 그의 소방관을 거세게 비난했고, 그로 인해 루벤은 여성과 가까워질 기회가 생길 때마다 불안해졌다. 예상하듯이 이런 접근 방식은 연애 관계에서 그에게 별로 도움이 되지 않았다.

나는 루벤에게 현재 느끼는 감정에 집중해 보라고 요청했고, 나아가 도덕적으로 살고자 하는 그 내면의 부분을 상상할 수 있는지 물었다. 그는 밝은 노란색 글씨로 '접근금지'라고 적힌 티셔츠를 입은 어린 시절의 자기 모습을 떠올릴 수 있다고 했다. 이 내면의 보호자는 여성을 유혹하는 사람으로 보이기를 원치 않았고, 그래서 여성에게 호감을 표현하지 못하도록 늘 경계했다.

루벤의 접근금지 부분이 한참 자신의 이야기를 한 후, 나는 그 부분에 대해 루벤이 어떤 감정을 느끼는지 물었다. 그는 이 부분이 자신이 재미를 느끼는 것을 방해하기 때문에 짜증 나서 싫다고 했다. 루벤이 짜증을 느끼는 그 접근금지 부분에게 우리가 물러나 달라고 요청했을 때, 그 부분은 물러서기를 거부했다. 이에 우리는 루벤의 내면에 양극화된 두 부분이 있다는 사실을 알게 되었다. 나는 루벤에게 도덕주의적인 부분을 싫어하는 또 다른 부분을 상상할 수 있는지 물었다. 그는 바에 앉아 멋진 가죽 재킷을 입고 있는 자신의 모습을 떠올렸다. 나는 그 부분에게 어떤 이름을 붙이고 싶은지 물었다. 그는 "유혹의 플러팅이요"라고 대답했다. 루벤의 이 부분은 바운더리를 넘나드는 것을 즐겼으며, 실제로 몇 번 넘기도 했다. 예를 들어, 한 번은 그가 충동적으로 원나잇을 시도했는데, 이는 그의 도덕주의적 관리자에게 큰 충격을 안겨주었다.

이제 루벤은 자기 내면의 두 부분인 '접근금지' 부분 및 '유혹의 플러팅' 부분과 친해졌다. 다음으로는 이 두 갈등하는 부분이 함께 일할 수 있을지 확인해 볼 차례였다. 두 경쟁자 간의 협상을 시작하기 위해 나는 루벤에게 두 부분 중 어느 쪽부터 먼저 집중하고 싶은지 물었다. 그는 '유혹의 플러팅' 부분부터 시작하겠다고 대답했다.

나는 루벤이 예수님을 사랑하고 그분을 따르기를 간절히 바란다는 것을 알고 있었기에 이렇게 물었다. "이 '유혹의 플러팅' 부분이 예수님을 가까이 초대하고 싶어 하나요?"

"네." 그가 대답했다. 그는 곧 예수님의 사랑이 자신 안에 머물고 있음을 느꼈다. 루벤은 예수님이 그 방황하는 부분을 환영하고 비판하지 않으신다는 사실에 놀랐다. 예수님이 곁에 계시고 성령의 인도하심을 받는 참자아가 주도하는 가운데, 이제 새로운 바운더리가 생긴 이 부분은 자신이 진심으로 원한 건 원나잇이 아니라, 데이트를 좀 더 자유롭게 즐기고 싶은 것뿐이었다는 사실을 보여주었다. 이 놀라운 변화에 대한 기념으로 루벤은 이 충직한 보호자 부분의 이름을 '삶을 즐기기'로 바꾸기로 했다. 존중받았다는 느낌을 받자, 이 부분은 루벤이 다시 '접근금지' 부분에게 주의를 돌려 무슨 변화가 일어났는지 알아차리도록 허락했다.

'접근금지' 부분은 예수님이 '유혹의 플러팅' 부분이 삶을 즐기고자 하는 바람을 이해하고 계시다는 것을 보았다. 그 순간 이 부분도 자신이 많이 지쳐 있었다는 사실을 자각하게 되었다. 그리고 이제는 성령의 인도하심을 받는 참자아가 주도하고 있으므로, 더 이상 자신이 맡아야 할 역할이 없다는 것도 깨달았다. 루벤은 오랫동안 자신이 문제에 빠지지 않게 지켜준 이 충실한 부분에게 감사를 담아 명예훈장을 수여하는 장면을 상상하며 기도했다. 그는 이 부분이 그 훈장을 기쁘게 받아들였다는 느낌을 받았다. 그러자 이 부분은 여전히 중요하지만 더 이상 강압적이지 않은 새로운 역할을 원했다. 루벤이 이 부지런한 부분에게 앞으로 맡고 싶은 새로운 역할이 무엇인지 물었을 때, 그는 마음속 이미지에서 그 부분이 '접근금지' 티셔츠 대신 '주의해서 접근'이라고 적힌 옷으로 갈아입는 모습을 보았다.

루벤이 바운더리가 새로 설정된 도덕주의적 관리자에게 예수님을 가까이 초대했을 때, 예수님이 가장 먼저 하신 일은 그 부분이 명예훈장을 받은 것에 대해 칭찬해 주시는 것이었다. 그러자 그 부분은 자신의 오래된 티셔츠를 예수님께 내밀었다.

기도하면서 상상력을 활용한 루벤은 '주의해서 접근' 부분과 '삶을 즐기기' 부분이 테이블에 함께 앉아 있는 모습을 떠올렸다. 두 부분은 서로에게서 배울 수 있었고, 서로의 목표가 다르지 않다는 것을 깨달았다. 그 결과 그들은 루벤이 건강한 방식으로 데이트를 시작하게 된 것을 기쁘게 여기며, 함께 하나님께 감사드렸다.

내면에 바운더리를 세우는 것은 영혼 안에서 충돌하던 부분들과 협상하여 그들을 자신의 가치와 헌신, 목표 안에서 하나로 통합하는 과정이다. 우리의 영혼 안에서 대립하던 진영들은 성령의 인도하심을 받는 참자아가 나서서 절충하도록 이끌지 않는 한, 결코 그들 스스로 협력하려 하지 않을 것이다. 상처 입은 부분들을 기도로 돌보는 일은 우리 내면의 경쟁자들이 한 팀이 되어 협력적인 내면 가족의 일원이 되도록 이끄는 데 도움이 된다. 이 내면의 부분들이 모두 같은 팀에 속해 있다는 사실을 깨닫게 될 경우, 그들은 놀라울 만큼 기꺼이 협조할 것이다. 다윗 왕도 그의 삶이 성숙해지는 과정에서 이러한 내면의 통합을 경험했다. 그는 이렇게 기도했다. "주 나의 하나님이여 내가 전심으로(온전한 마음으로, with my whole heart) 주를 찬송하고"(시86:12).

미국 헌법을 만든 이들은 다양한 이해관계가 서로 논쟁하면서도 결국 공동의 목표를 이루어가는 모습을 바랐을 것이다. 우리 모두도 서로 다른 의견을 가지고 격렬한 토론을 벌일 때 가장 빛이 난다. 사회적으로도, 개인적으로도 우리는 자신의 주장을 신뢰하면서도 상대의 이야기를 듣고 믿어주는 용기를 가질 때 더욱 성장한다. 이는 개인의 영혼 안에 있는 다양한 부분들에 대해서도 마찬가지다. 생각이 다른 사람들, 그리고 자신의 내면 안에 있는 다른 부분들의 말에 귀 기울이고 이해하려는 노력을 멈추지 말자. 그들의 말이 모두 마음에 들지는 않더라도, 끝까지 귀 기울인다면 분명 더 나은 결정을 내리게 될 것이다.

새로운 역할 부여하기

화해가 이루어지면 대립하던 내면의 부분들은 새로운 역할을 맡게 되어 안도감을 느끼게 된다. 우리가 이들에게 **집중하고, 친해지고**, 예수님을 **초대하고, 짐 내려놓기**를 하고 난 뒤에는, 지금까지 우리가 이뤄온 성취와 앞으로 이루고자 하는 목표들을 이들에게 알려줄 필요가 있다. 그런 다음 이들이 그 목표를 이루도록 돕기 위해 각자가 더 건강한 전략을 선택할 수 있을지 물어보자. 또한 앞으로 어떤 새로운 역할을 맡고 싶은지도 물어보자. 이러한 **통합** 과정은 우리 삶의 짐을 덜게 하고, 존재 방식 자체를 가볍게 만든다. 우리는 다음과 같은 '거룩한 재구성'이 우리의 사고 속에서 일어나는 것을 경험할 수 있다.

- '이 고통을 견딜 수 없어.' → '나는 내가 생각하는 것보다 더 강해.'
- '나는 중요하지 않아.' → '내 존재는 의미 있어.'
- '나는 절대 다른 사람들처럼 될 수 없어.' → '누구도 나를 대신 할 수 없어.'
- '아무도 날 사랑하지 않아.' → '나는 하나님께 사랑받는 자녀야.'
- '내 삶은 무의미해.' → '오늘은 내가 어떻게 섬길 수 있을까?'

이 책에서 만난 인물들이 어떻게 성령의 인도하심을 받는 참자아 리더십을 실천함으로써 내면의 경쟁자들을 한 팀으로 통합했는지 살펴보자.

2장과 3장에서 만난 메건은 그녀 안에 쉬지 못하게 몰아붙이던 일 중심 관리자를 가지고 있었다. 하지만 이 부분은 결국 부드러워지고, 메건 안에 있는 성령의 인도하심을 받는 참자아를 신뢰하게 되었다. 그 결과 일 중심 관리자는 일뿐만 아니라 쉬고 노는 것도 필요하다고 고려해 주는 유능한 조언자가 되었다.

4장에서 만난 린은 소아과 전공의로서 주변 사람들에게 분노를 느끼고 있었다. 그러나 린 안에 있는 성령의 인도하심을 받는 참자아의 부드러운 인도를 통해, 그녀 안의 분노는 그녀의 조언자로 변화되었다. 그 부분은 린으로 하여금 안전하지 않은 사람들, 특히 안전하지 않은 내면의 부분들을 가진 사람들을 감지할 수 있도록 해

주었다. 린은 이제 타인이 변하기를 기다리는 대신, 자신이 먼저 건강한 바운더리를 세우기 시작했다.

5장에서 만난 마가렛은 고통스러운 감정을 무디게 만들기 위해 자해를 했다. 하지만 그녀 안에 있는 성령의 인도하심을 받는 참자아가 이끌기 시작하자, 그 자해하는 부분은 그녀의 옹호자로 변화되었다. 이제 그 부분은 그녀의 유배자를 마비시키는 대신, 그녀를 해하는 사람들 앞에서 그녀를 대신해 당당하게 목소리를 내는 역할을 하게 되었다. 그녀의 유배자 역시 성령의 인도하심을 받는 참자아 리더십으로 가까이 나오게 되자, 그녀를 신뢰하는 이들 앞에서 자연스럽고 놀라운 매력을 드러내기 시작했다.

6장에서 만난 톰은 자존심 강한 부분 때문에 결혼 생활이 위기에 처하게 되었다. 그러나 이 자존심 강한 부분이 한발 물러서게 되자, 그것은 곧 겸손한 자신감으로 변화되었다. 이제 그 부분은 자신을 하찮다고 느꼈던 내면의 다른 부분과 조화를 이루어 가족의 신뢰를 회복하고, 사랑하는 남편과 아버지가 되고자 하는 새로운 사명을 함께 따르게 되었다. 톰은 더 이상 자신이 무가치하다는 감정을 과도하게 보상하려고 애쓰지 않고, 그보다 자신의 영혼 속 연약한 부분들의 가치를 인정하고 아내와 아이들에게 다정하게 말하는 법을 배웠다.

7장에서 만난 니콜은 그녀가 어머니에게 건강한 바운더리를 세우려고 할 때마다 죄책감에 짓눌렸다. 그러나 다른 사람을 두려움으로 돌보는 것과 하나님이 주신 겸손으로 돌보는 것의 차이를 배우면서 건강한 바운더리를 세우게 되자, 그녀의 죄책감 부분은 그녀에게 하나님께 의존하라고 일깨워주는 역할로 변화되었다. 니콜은 거짓된 죄책감을 내려놓으면서 자신의 필요를 위해 담대히 목소리를 낼 수 있는 새로운 용기를 얻게 되었다.

마지막으로 8장에서 만난 루벤은 데이트에 대해 '접근금지' 부분과 '유혹의 플러팅' 부분 사이에서 갈등하고 있었다. 하지만 이제 그는 여성을 존중하면서도 즐겁게 데이트하는 법을 배우게 되었다. '유혹의 플러팅' 부분은 예수님께 이해받으면서 더 이상 도덕적 바운더리를 넘으려 하지 않고, 오히려 바운더리 안에서 즐거움을 누리는 법을 알려주는 역할을 맡았다. 그의 도덕주의적 '접근금지' 부분 역시 데이트의 욕구가 건강하고 즐거운 것임을 받아들이게 되었고, 이제 긴장을 풀고 여성들에게 자신의 의도를 분명하게 표현하는 것을 도울 수 있게 되었다.

만약 내면에서 대립하던 부분들이 이처럼 함께 협력하게 된다면 어떨까? 즉, 우리의 관리자, 소방관, 유배자들이 더 유익한 역할을 맡고, 링컨의 표현처럼, 우리 본성 안에 있는 더 나은 천사들로 변화된다면 어떨까?[5] 통제하려는 부분이 성령의 인도하심을 받는 참자아의 인도 아래 사랑이 가득한 지도자로 변한다면? 지금까지 소방관처럼 불을 끄느라 에너지를 쏟던 부분이 이제는 우리 삶의 사명을 이루는 데 그 에너지를 쏟게 된다면? 혹은 유배되었던 내면의 부분이 고통받는 사람들을 격려하는 존재로 바뀐다면? 우리 영혼의 다양한 부분들이 익숙했던 옛 방식을 내려놓고 새로운 역할을 받아들이게 되면, 이전까지 충돌하던 경쟁자들이 하나의 강력한 팀으로 재구성될 수 있다. 그리고 가장 완고했던 보호자나 가장 소심했던 유배자가 꿈을 꿀 수 있도록 초대받을 때, 그들이 어떤 새로운 역할을 원하는지 듣게 된다면 분명 매우 놀라게 될 것이다. 헬렌 라켈리 헌트(Helen LaKelly Hunt)는 인간의 연약함을 새롭게 바라보면서 이렇게 말했다.

> 일곱 가지의 치명적인 죄악은 건강한 자기의 한 측면이 될 수 있습니다. 탐욕과 정욕은 열정으로 변화되어 우리의 여정에 마음과 불꽃을 불어넣습니다. 분노는 의로움으로 변모해 자신과 타인을 위한 자비로운 행동을 낳습니다. 폭식의 건강한 면은 자기 돌봄이며, 이는 많은 사람들이 배워야 할 일입니다. 시기심은 내면에서 통합될 때, 타인에 대한 감사로 바뀝니다. 그리고 행위가 존재보다 더 가치 있는 것으로 여겨지는 사회에서 게으름은 고요히 머무는 능력으로 변화됩니다. 마지막으로 교만은 우리가 자신의 성취를 기쁘게 여기고, 자신감과 강인함을 키우도록 도와줍니다.[6]

내 영혼 안에서의 모임

산상수훈에서 예수님은 강한 자들에게 자신을 낮추라고 권면하셨고, 동시에 가난하고, 배고프고, 고통받는 자들에게 복이 있다고 말씀하셨다(마5:1-12). 이러한 역설적인 진리는 우리의 내면에서도 똑같이 적용된다. 강한 보호자들과 연약한 유배자들이 하나님의 임재 안에서 그분의 선하심을 함께 누리며 한 식탁에 둘러앉아 있다고 상상해 보자. 어느 하나만으로는 절대 온전할 수 없다. 예수님은 다음과 같이 말씀하셨다. "잔치를 베풀거든 차라리 가난한 자들과 몸 불편한 자들과 저는 자들과 맹인들을 청하라 그리하면 그들이 갚을 것이 없으므로 네게 복이 되리니"(눅14:13-14). 예수님은 모든 사람을 그분에게로 초대하신다. 이 말씀을 우리의 내면에 적용한다면, 예수님은 **우리 내면의 모든 부분**도 그분에게 오라고 초대하신다는 뜻이 된다. 우리 내면의 한 부분이 아무리 부서져 있거나, 외면받고 있다 하더라도 예수님 안에서는 모두 환영받는다.

온전해지기

나(Alison)는 우리가 섬기는 교회에서 예수님의 통합 비전을 엿보곤 한다. 우리 교회는 구세군이 운영하는 노숙인 쉼터 안에 있고, 하나님의 나라를 다양하게 대표하는 자들이 매주 성경 공부에 참여한다. 각기 다른 은사와 삶의 고난을 지닌 사람들이 함께 원을 이루며 모인다. 이 원형에 둘러앉은 사람들 가운데는 바구니 하나에 전 재산을 담고 생활하는 노숙인 여성들, 중독과 싸우는 전과자들, 가족을 잃은 슬픔을 회복 중인 연로한 성도들이 있다. 나와 남편의 상처와 고난도, 비록 잘 드러나지는 않지만, 그 원형에 앉아 함께 한다.

우리가 처음 그 모임을 인도하던 어느 날 밤 정신질환을 앓는 한 여성이 새로 참여했다. 그녀는 몇 분마다 말을 끊고 자신이 하는 오렌지 껍질 수집에 관한 이야기를 꺼냈다. 불안함을 느낀 나는 급히 방을 나가 목사님께 어떻게 하면 그녀가 집중하도록 도울 수 있는지에 대해 조언을 구했다. 목사님은 친절히 말씀하셨다. "그냥 그녀를 있는 모습 그대로 알아가 보세요." 나는 방으로 돌아오며, 내 안의 과도하게 일에 집중하게 하는 관리자가 성령의 인도하심을 받는 참자아를 가려버려, 그 여성을 예수님처럼 환대하는 기회를 놓칠 뻔했다는 사실을 깨달았다. 우리가 성경 공부를 이어갔을 때, 거의 알아듣기 힘든 그녀의 말을 다른 사람들은 놀랍도록 주의 깊게 듣고 있었다. 그녀의 얼굴에는 빛이 나기 시작했고, 이야기를 나누겠다는 절박한 요구는 점점 잦아들었다. 그날 그녀는 여러 번 우리에게 감사해했고, 다음 주엔 자신이 사랑하는 오렌지 껍질 몇 개를 가져오겠다고 약속까지 했다. 그녀의 따뜻한 친절함과 너그러운 영혼의 성품을 경험한 것은 그날 내가 준비했던 성경 공부보다 우리 모두의 영적 성장에 훨씬 더 중요한 순간이었다.

매주 모임을 가지면서 나는 예수님이 강한 자와 약한 자의 개념을 뒤바꾸셨던 말씀이 무엇을 의미하는지 잠시나마 엿볼 수 있었다. 우리 모두가 함께할 때 강력한 영적 능력이 나타난다. 이 진리는 우리 내면에도 동일하게 적용된다. 우리 내면의 강한 보호자들과 연약한 유배자들을 한자리에 모으고, 각 부분의 이야기에 귀 기울일 때 어떤 일이 일어나겠는가? 보호자들이 겸손한 관점을 갖게 되고, 유배자들이 생각지도 못했던 큰 빛을 발하게 되는 놀라운 순간을 맞게 될 것이다. 우리가 강함과 연약함을 껴안을수록, 우리는 진정한 온전함에 더욱 가까워진다.

조화롭게 회복하기

돌봄을 잘 받은 인간의 영혼은 아름다운 정원과도 같다. 나(Kimberly)는 뒷마당을 가꾸며 이 놀라운 유사성을 깊이 느껴왔다. 생물의 다양성이 중요하다는 것과 식물들이 서로 도우며 함께 자라도록 생태계를 가꿔야 한다는 것을 배웠다. 내 정원에는 얘로우, 라일락, 로즈메리 같은 식물들이 서로 교차수분을 하며 자란다. 세이지브러시와 해변 데이지 근처에는 모나크 나비들이 번성하고, 뿌리가 땅속에서 얽혀 있는 레드우드 나무들은 서로를 지탱하고 강화해 준다.

우리 영혼의 생태계도 이와 같다. 성령의 인도하심을 받는 참자아 리더십을 실천할 때, 우리는 거칠지만 경이로운 내면의 부분들이 평화롭고 통합된 방식으로 함께 자라도록 내면의 정원을 가꾸게 된다. 어떤 한 부분이 건강해지면, 우리 내면의 다른 영역들도 함께 성장하게 된다.

정원을 가꿔본 사람이라면 이미 알고 있듯이, 정원 전체를 한 번에 돌보는 법은 없다. 대신 한 영역씩 차례로 주의를 기울인다. 성장은 억지로 되지도 않고, 서두른다고 빨라지지도 않는다. 성령의 인도하심을 받는 참자아 리더십도 이와 같다. 돌봄이 필요한 우리 영혼의 각 부분을 하나씩 주의 깊게 돌볼 때, 하나님이 피워내시는 꽃과 열매의 아름다움을 서서

> 성령의 인도하심을 받는 참자아 리더십을 실천할 때, 우리는 거칠지만 경이로운 내면의 부분들이 평화롭고 통합된 방식으로 함께 자라도록 내면의 정원을 가꾸게 된다.

히 보게 될 것이다. 정원을 가꾸든, 혹은 내면의 토양을 일구든, 우리도 시편 저자처럼 이렇게 고백할 수 있게 된다. "그가 나를 푸른 풀밭에 누이시며 쉴 만한 물가로 인도하시는도다 내 영혼을 소생시키시고 자기 이름을 위하여 의의 길로 인도하시는도다"(시23:2-3).

하나가 된 집

하나님은 다양한 감정을 동시에 느낄 수 있도록 우리를 창조하셨다. 내면이 깨어져 있을 때, 우리는 갈등과 혼란을 경험하게 된다. 반면, 통합된 자아는 우리 내면의 모든 부분들이 한 팀이 되어 조화를 이루는 것을 경험한다. 내면세계를 화해시키는 것은 성령의 인도하심을 받는 조화로운 상태를 회복하는 일을 의미한다. 건강해진다는 것은 상충하는 감정들 사이를 조율하여, 그것들이 하나의 사명을 향하도록 이끄는 과정이다.

내면의 보호자들이 부드러워지고 더 넓은 시야를 갖게 되며, 유배자들이 내면 가족의 사랑 안으로 인도될 때, 내면의 집은 하나가 되고 자신의 사명은 더욱 명확해진다. 성령의 창조적인 인도하심을 따를 때, 타인을 위해 자신을 내어주는 동기를 발견하게 된다. 프레드릭 비크너(Frederick Buechner)가 아름답게 표현했듯이, 우리의 "가장 깊은 기쁨과 세상의 가장 깊은 갈망이 만나는 지점"을 발견하게 된다.[7]

내면에 명확한 바운더리를 세우는 것은 타인을 더 잘 돌볼 수 있도록 힘을 준다. 깊은 묵상의 자리에서 담대하고 신실한 섬김이 흘러나온다. 내면의 질서가 더욱 명확해질수록 세상 속에서 하나님이 주신 사명에 온전히 집중할 수 있게 되고, 사람들을 더욱 자비롭고 지속 가능한 방식으로 사랑하게 된다.

어떤 상황에서도 하나로 붙들리기

어떤 어려움이 있어도 내면의 경쟁자들을 하나의 팀으로 통합하는 법을 배우게 되면, 타인을 향한 섬김이 깊은 평안의 삶으로 우리를 이끌게 된다. 사도 바울은 타인을 위해 자신을 온전히 내어주었던 사람이자 통합된 영혼의 본보기였다. 그는 인생의 말미에 감옥에 갇혀 쇠사슬에 매인 채로 이렇게 말했다. "어떠한 형편에든지 나는 자족하기를 배웠노니"(빌4:11). 여기서 '자족하다(content)'는 라틴어 'contentus(콘텐투스)'에서 온 것인데, 이는 '붙들다(held)'와 '함께(together)'를 의미하는 단어들이 결합된 형태다. 따라서 '자족하다'는 외적인 상황에 상관없이 내면이 하나로 붙들리고, 안정되게 담기며, 잘 정돈되어 있는 상태를 의미한다.

우리는 우리 내면의 불편한 부분들을 피하거나 감출 필요가 없다. 오히려 그 부분들과 부드러운 바운더리를 세우고, 성령의 인도하심을 받는 참자아로 그들을 이끌어가야 한다. 나(Alison)는 이제 내 안의 꿈꾸는 부분을 이끌어 다른 이들의 깨어진 꿈을 회복하고 다시 형성할 수 있도록 돕고 있다. 그리고 여전히 내 안의 웃고 고개를 끄덕이는 보호자가 성급하게 "모든 것이 괜찮아"라고 말하려고 하면, 나는 그 부분에게 먼저 내면에서 실제로 무슨 일이 일어나고 있는지 들여다 보라고 상기시킨다.

나(KImberly)는 내 안의 개혁자 부분을 통해 다른 이들이 하나님의 임재 안에서 깊은 갈망과 그들의 삶을 위한 하나님의 부르심을 분별하도록 인도하고 있다. 하지만 이 부분은 여전히 내 내면의 정원에서 '있는 그대로 존재하기', 즉 머무르고 배우는 법을 연습해야 한다. 그리고 여전히 나는 내 안의 슬픈 부분에게 종종 내가 하나님과 사람들에게 사랑받고 있다는 사실을 기억하라고 상기시킨다. 우리는 이처럼 다양한 내면의 부분들로 구성되어 있다. 우리는 상처 입은 존재지만 동시에 온전해지고 있는 존재다.

변화하는 데는 시간이 걸릴 수 있다. 그러나 자기 내면의 잃어버린 양들을 찾아내어 그들을 집으로 환영하고 싶다는 마음이 생기게 되었기를 소망한다. 하나님이 주시는 "한 마음"(겔11:19)이 되는 회복의 일에 동참할 경우, 우리의 인격은 성숙하고 아름답게 변화될 것이다. 누가 보든 말든 언제나 한결같은 사람이 될 수 있다. 성령의 능력을 통해, 가장 깊은 내면에서부터 하나로 붙들리게 되고, 하나님이 맡기신 삶의 일들을 담대함과 은혜로 감당하게 될 것이다.

──────── **내면 가족의 회의 연습하기** ────────

지금 내 안에서 가장 뚜렷하게 인식되는 내면의 두 부분이 회의의 자리에서 돌아가며 마이크를 잡고 발언한다고 상상해 보자.[8]

1. 지금 내 안에서 가장 강하게 느껴지는 감정은 무엇인가?

    (예시: 루벤의 조심스러운 내면의 부분은 여성과 교류할 때 신중해야 한다고 강하게 느꼈다.)

2. 이 감정을 달가워하지 않는 또 다른 부분이 있는가?

    (예시: 루벤의 위험을 감수하려는 내면의 부분은 조심스러운 부분이 마음에 들지 않았다.)

3. 이 두 번째 부분은 첫 번째 부분에게 어떤 메시지를 전하고 싶어 하는가?

    (예시: 그 부분은 루벤에게 인생을 즐기기 위해 때로는 적절한 위험을 감수하는 것도 중요하다고 말하고 싶어 했다.)

4. 첫 번째 부분은 두 번째 부분에게 어떤 메시지를 전하고 싶어 하는가?

    (예시: 루벤의 조심스러운 부분은 위험을 감수하려는 부분이 도덕적인 바운더리를 따라야 한다고 알리고 싶어 했다.)

5. 기도하는 마음으로 묵상해 보자. 예수님은 이 두 부분 모두에게 각각 어떤 말씀을 하고 싶어 하시는가?

두 부분 모두의 이야기를 충분히 들었다면, 그들의 공통된 목표를 찾아보고 함께 일할 수 있는 새로운 전략을 조율해 보자. 서로의 선한 의도를 인식하고 함께 협력할 의지가 있는가? 내면에서 경쟁하던 이 부분들이 이제 같은 사명을 위해 함께 힘을 모으려 한다면 아주 잘 된 일이다. 그들은 이제 더 이상 경쟁자가 아니라 하나의 팀이 되어가는 중이다.

3부

불편한 감정들과 함께 일하기: 바운더리 세우기

1부와 2부에서는 우리의 영혼 안에 있는 불편한 부분들을 적대하기보다는, 그 부분들을 어떻게 내 편으로 받아들일 수 있는지를 살펴보았다. 3부에서는 이제 이 통합의 과정이 각각 구체적인 감정들과 만났을 때 어떻게 작동하는지를 살펴본다. '유턴하기'라는 접근은 강한 감정을 지닌 부분들과도 편안한 거리를 유지하며 건강한 관계를 맺을 수 있는 방법을 제시한다. 성령의 인도하심을 받는 참자아가 이끌어 갈 때, 분노, 두려움, 슬픔, 시기심, 수치심 등을 품은 부분들도 마침내 안식을 누리고, 가장 충직한 조력자이자 조언가가 될 수 있다.

이 장들을 통해 내면의 바운더리가 건강하게 세워지고, 마음이 나뉘지 않은 온전한 상태로 살아가는 모습을 상상해 보자. 이후의 장들은 순서대로 읽을 필요는 없다. 각 장은 독립적으로 읽을 수 있도록 구성되어 있다. 이 장들은 특정 감정으로 어려움을 겪거나, 그런 사람을 돕고자 할 때 따라 볼 수 있는 길잡이가 되어줄 것이다. 또한 특정 감정으로 어려움을 겪고 있다고 느낀다면, 책 뒷부분에 수록된 다섯 단계 연습 가이드를 따라 실천해 보길 바란다. 우리는 이 성령의 인도하심을 받는 접근을 통해 많은 사람들이 삶에서 치유와 기쁨을 경험하는 것을 보아 왔다. 하나님이 모든 이들을 위해 이 놀라운 회복의 여정을 예비해 두셨으리라 믿는다.

BOUNDARIES FOR YOUR SOUL

• 9장

분노

"고통을 변화시키지 않으면, 그 고통은 반드시 다른 사람에게로 전해질 것이다."

_리처드 로어(Richard Rohr)

"화가 나면 화를 내십시오. 화내는 것 자체는 괜찮습니다. 그러나 화를 연료로 삼아 복수심을 불태워서는 안될 일입니다. 화난 채로 오래 있지 마십시오. 화난 채로 잠자리에 들지 마십시오. 마귀에게 거점을 내주어서는 안됩니다."

_에베소서 4장 26-27절, 『메시지』

분노(anger)
강한 짜증, 불쾌감, 또는 적대감을 느끼는 감정[1]

누군가 우리를 다치게 했다. 한두 번이었을 수도 있고, 수도 없이 많았을 수도 있다. 이때 가장 자연스러운 반응은 분노를 느끼는 것이다. 우리 내면의 어떤 부분은 상처 준 사람을 응징하고 싶어 할 수 있다. 분노는 순간적으로 강해진 듯한 착각을 주지만, 결국 죄책감과 슬픔, 심지어는 수치심으로 이어진다. 분노를 다루지 않고 방치하면, 내면은 곧 혼란에 빠지게 된다.

선지자 요나 역시 분노에 익숙했다. 그는 회개한 니느웨 사람들에게 하나님이 자비를 베푸시자, 하나님께 화를 냈다. "내가 성내어 죽기까지 할지라도 옳으니이다"(욘 4:1-9). 요나의 분개는 그로 하여금 하나님을 피해 도망하게 했고, 결국 죽을 위기에 처하게 만들었다. 게다가 그의 분노는 수천 명이 들을 수 있었던 하나님이 베푸시는 용서의 복음도 가로막을 뻔했다.

우리 영혼에도 요나처럼 분노에 휩싸인 부분이 있을 수 있다. 이런 분노는 영혼 깊이 뿌리내려 상처 준 사람이 용서가 아니라 벌을 받기를 바라도록 한다. 이런 경험이 있다면, 분노가 우리 삶에 얼마나 큰 해를 끼치는지 알고 있을 것이다.

전반적으로 우리는 분노와 어느 정도의 거리에 있는가? 아래에 현재 자신의 위치를 표시해 보자.

너무 가까움 ─────── 편안한 거리 ─────── 너무 멀어짐

게이브가 분노를 느낄 때 '유턴하기'를 하다

주먹을 꽉 쥐기. 게이브가 분노를 묘사해달라는 요청을 받았을 때 떠올린 이미지였다. 게이브의 아내는 게이브에게 최후통첩을 내렸다. "상담을 받든지, 아니면 집을 나가든지 해." 그는 아내와 어린 딸을 떠나고 싶지 않았다.

첫 상담을 시작했을 때, 게이브는 화를 잘 내는 사람처럼 보이진 않았다. 그는 상담실 소파에 기대고 앉아 굳은살 박인 손을 어루만지고 있었다. 그의 태도는 조용하고 친절했다. 신고 있는 부츠에는 건설 현장의 흔적이 고스란히 남아 있었다.

"저는 성격이 급해요." 상담을 받게 된 이유를 묻자, 그가 말했다. "문제는 저예요." 그는 스스로 '유턴하기'를 할 준비가 되어 있었다.

"화를 내면 어떤 일이 벌어지나요?" 내(Kimberly)가 물었다.

"아내에게 소리를 지르죠." 게이브는 조용히 답했다. "아내에게만 그런 게 아니에요. 지난주엔 그녀의 남동생을 집에서 쫓아냈어요. 그가 야구 선수 욕을 하고 있었는데, 긴 하루를 보낸 후라 그에게 화풀이를 했죠. 그다음 날은 늦게까지 침대에서 일어나질 못했어요. 왜 그랬는지 모르겠어요. 아내가 원하는 남편, 딸이 자랑스러워할 만한 아빠가 되는 법을 도무지 모르겠어요."

게이브가 자신의 갈등을 묘사할 때, 내 머릿속엔 계기판 하나가 떠올랐다. 아드레날린이 스위치를 켜면, 우울이 스위치를 끄는 계기판이었다. 게이브의 감정은 극단적으로 나뉘어져 있었다. 그는 불같거나 무감각하거나 둘 중 하나였다.

집중하기

"당신의 분노에 귀 기울여보는 건 어떨까요?" 이 질문에 게이브는 눈을 감고 주먹을 꽉 쥔 분노의 모습을 떠올리며 말했다. "모두를 때리고 싶어 해요." 그는 그가 보고 들은 것을 묘사하면서 이렇게 덧붙였다. "그 부분은 내가 스스로를 지키지 않는다고 생각해요."

그가 자신의 분노에 집중하자, 약물 중독자였던 아버지와 함께 지낸 어린 시절을 떠올리기 시작했다. 특히 일곱 살 무렵, 조직폭력배가 집에 들이닥쳐 아버지를 폭행했던 기억이 떠올랐다. 당시 아무도 어린 게이브가 자신의 감정을 이해하고 받아들일 수 있도록 도와주지 않았다. 그 결과 그의 마음속에는 분노와 무력감이 오랫동안 뒤섞인 채 자리 잡고 있었다.

그 내면의 분노에게 어떤 말을 해주고 싶은지 묻자, 게이브는 잠시 기도한 후 조용히 말했다. "이제는 다 괜찮아." 그 순간 성령의 인도하심을 받는 참자아가 함께했고, 그의 마음속에서 꽉 쥔 주먹이 펴지는 모습이 떠올랐다. 이는 마치 하나님으로부터 자유롭게 받을 준비가 되었다고 말하는 것 같았다. 게이브는 마침내 수년간 쥐고 있던 주먹을 펴는 법을 배우기 시작했다.

게이브는 "평화로워요. 이런 평화를 더 느끼고 싶어요"라고 말했고, 우리는 다음 상담 약속을 잡았다.

두 번째 상담에서 게이브는 아내에게 또다시 짜증을 냈다고 고백했다. "저녁 식사 중에 아내가 장을 봐야 하는데 돈이 부족하다고 했어요. 그러고는 장모님 댁에서 딸을 데려오라고 하는 거에요. 저는 잔소리 좀 그만하라고, 하루 종일 별꼴 다 겪었다고 소리쳤어요." 그는 기독교 상담자인 내게 욕설은 생략하며 말했다. 공사 현장에서 그는 동료들이 보는 포르노나 폭력적인 영상들을 자주 마주하게 된다고 했다. 비록 이런 것들을 거부하긴 하지만 늘 분노를 억누른 채 집에 돌아와 결국 아내에게 그 화를 퍼붓게 된다고 했다. 이번에는 그의 분노가 불덩이처럼 보인다고 말했고, 직장에서 겪는 일들에 격분한 모습이라고 했다.

친해지기

"그 불덩이처럼 보이는 분노의 부분에게 어떤 감정을 느끼시나요?" 내가 물었다.

게이브는 그 부분에 대해 비판적으로 느낀다고 대답했다. 그래서 나는 그 비판적인 부분에게 분노의 부분을 좀 더 알아가고자 하니 잠시 물러나 달라고 요청하자고 게이브에게 제안했다. 게이브는 그렇게 하겠다고 했고, 다행히 그 비판적인 부분도 협조해 주었다.

게이브가 분노의 부분에 호기심을 가지고 귀 기울이기 시작하자, 그는 뜻밖의 말을 듣게 되었다. "가정을 위해 끝까지 버텨! 직장 동료들에게 욕하지 마! 너라면 더 잘할 수 있어!" 예상치 못한 말에 게이브는 놀라움을 감추지 못했다.

그의 분노는 다른 사람들에게 화를 내는 것이 아니라, **자신이** 더 잘되길 바라고 있었던 것이다. 사실 이 분노의 부분은 자신과 가족을 진심으로 아끼는 부분이었다. 그리고 이제는 이 부분도 고함과 욕설이 아무런 효과가 없다는 것을 점점 깨닫고 있었다.

게이브가 성령의 인도하심을 받는 참자아로부터 이 분노의 부분에 연결되자, 그의 표정은 한결 편안해졌다. 자신의 분노와 **친해지고**, 그 분노에 건강한 바운더리를 세우는 과정이 그를 진정시키고 있었던 것이다. 그는 이렇게 말했다. "이제는 평화롭게 빛나는 촛불 같아 보여요."

초대하기

"예수님이 가까이 계시나요?" 내가 물었다. 게이브 안의 불같은 분노의 부분이 하나님의 임재를 느끼고 있는지 알고 싶었다.

게이브는 망설임 없이 대답했다. "네. 예수님이 이렇게 말씀하세요. '네가 어떤 어둠을 마주하더라도, 내가 빛이기에 반드시 빛을 비출 거란다'라고요."

그는 평온하게 말을 이어갔다. "그리고 예수님이 저를 절대 떠나지 않으시겠다고 확신시켜 주시네요."

우리는 비판적인 부분도 다시 확인해 보았고, 이제 그 부분도 더 이상 비난보다는 예수님 가까이에 있고 싶어 했다. "이 부분을 계속 '비판적인 부분'이라고 불러야 할까요? 아니면 새로운 이름을 원하나요?" 내가 물었다.

기도하며 귀 기울이던 게이브는 대답했다. "이제는 '나의 극복자'라고 부르고 싶어요. 이 부분은 더 이상 의심하고 싶지 않아 해요. 예수님이 '나와 함께라면 불가능한 것은 없다'라고 말씀해 주시네요."

기도하면서 상상력을 활용한 게이브는 예수님의 음성에 귀 기울이며, 그 안의 분노 부분에 예수님을 가까이 초대했다. 그 결과 비판적인 부분도 예수님 가까이에 머물고 싶어 했다.

짐 내려놓기

상담 시간이 끝나갈 무렵, 나는 게이브에게 지금 내려놓고 싶은 짐이 있는지 물었다. 이야기를 나누는 동안, 우리는 게이브의 분노가 '고통을 다루는 가장 좋은 방법은 소리치는 것'이라는 극단적인 신념을 무겁게 짊어지고 있다는 사실을 알게 되었다. 게이브는 이제 그런 방식으로 인생을 버텨내는 데 지쳤다고 말했다. 나는 이 신념을 어떻게 내려놓고 싶은지 물었고, 게이브는 두 손을 예수님 앞에 펼쳐 보이며 분노를 그분께 맡기고 싶다고 말했다.

"이제 마음이 한결 편안해요." 게이브는 짐을 내려놓은 후 말했다. "앞으로 화가 날 때면 두 손을 펴고 도움을 구할 수 있을 것 같아요."

"예수님께 더 구하고 싶은 것이 있을까요?" 내가 물었다.

"그냥 예수님이 저와 함께 계시기만 하면 돼요." 게이브가 대답했다. "예수님이 언제나 저를 도와주시기 위해 여기 계실 거라고 말씀하시는 것 같아요."

이 경험 후에 나는 게이브에게 무엇이 가장 인상 깊었는지 물었고, 게이브는 진지하게 이렇게 대답했다.

"예수님의 음성을 듣는 게 이렇게 쉬울 수 있다는 점이요. 그리고 예수님이 늘 함께 계신다고 확신시켜 주신 것도 인상 깊었습니다."

게이브의 '유턴하기' 요약

게이브는 '유턴하기' 과정을 통해 자신이 되고 싶었던 사람으로 점차 변화되어 가고 있었다. 이제 그는 분노에 **휘둘려 말하기**보다는 분노의 마음을 **대신해서 말하며**, 아내와 더 친절하게 대화할 수 있게 되었다. 딸과도 더 자주 장난치며 그 순간을 온전히 누릴 줄 아는 아빠가 되었다.

분노와 친해지는 그의 경험은 어린 시절 아버지의 폭행에 대한 기억을 치유하는 데도 도움이 되었다. 주먹을 꽉 쥐고 싶은 충동이 들 때면, 잠시 멈춰 서서 그 분노하는 부분과 연결되는 시간을 가진다. 이렇게 잠시 멈추는 시간은 다른 사람에게 고함을 지르거나 감정을 억누르는 대신, 자신에게 더 건설적인 전략을 세울 수 있도록 여유를 주었다. 게이브는 하루 일과 중 분노를 느끼게 되어도 반드시 곧바로 반응할 필요는 없다고 스스로에게 상기시킨다. 이제 그는 수동적이지도, 공격적이지도 않은 건강한 방식으로 자기주장을 펼치는 법을 배워가고 있다.

분노를 알아가기

"그 사람 분노 조절 장애야!"라는 말을 들어본 적이 있는가? "그녀는 정말 화를 잘 내는 사람이야!"라는 말은 어떤가? 혹은 어쩌면 "아니야! 분노 조절에 문제가 있는 건 나인지도 몰라!"라고 생각해 본 적은 없는가? 예전에 분노에 대해 상담하던 중 어떤 내담자가 내(Kimberly)게 했던 고백이 기억난다. 그녀는 전남편에게 느낀 분노가 너무 커서, 자신이 실제로 얼마나 화가 났는지 솔직히 털어놓으면 내가 경찰에 신고할까 봐 두려워 차마 말하지 못했다고 말했다.

이처럼 분노는 때로 우리를 압도하고, 그 결과 두려움까지 불러일으킬 수 있다.

그러나 자신이나 다른 사람을 '화난 사람'이라고 단정 짓는 것은 아무런 도움이 되지 않는다. 그런 낙인은 그 사람의 다른 특성들까지 가려버리고, 오히려 분노가 내면에서 더 완고하게 자리 잡도록 만든다. 대신 분노를 자기 내면의 많은 부분들 중 하나로 여기고, 호기심과 연민으로 그 부분에 접근해 보자. 분명히 분노는 그럴만한 이유가 있어서 우리 안에 존재하는 것이며, 우리에게 유익을 줄 수 있는 무언가를 가지고 있다.

내면에 건강한 바운더리가 없다면, 분노는 마치 파괴적인 불처럼 걷잡을 수 없이 번질 수 있다. 그러나 분노가 건강한 바운더리 안에 잘 머물면, 변화와 회복을 위한 강력한 원동력이 될 수 있다. 분노와 편안한 거리를 유지하는 첫걸음은 그 분노의 관점을 인정하고, 그 분노가 무엇을 보호하고 있는지를 이해하는 데서 시작한다.

대부분의 경우 분노는 그 아래 숨겨진 더 연약한 유배된 감정을 보호하고 있다. 그렇기에 분노가 느껴질 때는 '유턴하기'를 통해 그 분노가 내 편이 되도록 해보자. 이를 위해 먼저 그 분노의 선한 의도를 인정하고 **친해지자**. 그리고 분노가 보호해 왔던 상처 입은 유배자가 무엇인지 발견하자. 그다음 예수님을 그 부분 가까이에 **초대해서** 이제는 아무 도움이 안 되는 무거운 **짐을 내려놓게** 하자. 그렇게 하면 분노는 점점 더 부드러워진다. 그리고 그 안에 숨어있던 연약한 부분은 마침내 원하던 안식을 누리게 된다.

분노의 이점, 위험, 필요, 두려움

분노의 부분이 가지고 있는 이점과 위험, 필요, 두려움에 대해 살펴보자.

① 이점

분노는 우리의 안녕을 위해 하나님이 주신 감정이다. 다른 감정과 마찬가지로 억눌려야 할 감정이 아니라, 귀 기울여야 할 감정이다. 분노를 내 편으로 대하면, 다음과 같은 유익을 얻을 수 있다.

- 관심이 필요한 유배자 부분을 가리켜 준다.
- 위험으로부터 나를 보호한다.
- 새로운 동기와 추진력을 준다.
- 정의를 위해 싸울 힘이 된다.
- 불편한 진실을 드러내고 정직하게 말하는 부분이 된다.

② 위험

그러나 분노가 극단으로 흐르면, 오히려 우리를 위험하게 만들 수 있다. 분노는 반드시 어떤 방식으로든 표현된다. 문제는 언제, 어디서, 어떻게 표현되느냐에 있다. 건강한 내적 바운더리가 없으면, 분노는 다음과 같은 해로운 방식으로 문제를 일으킬 수 있다.

- 타인에 대한 짜증과 적대감
- 공격적인 충동이나 행동

- 자신이나 타인에 대한 날카로운 비판
- 냉소적이고 원망 가득한 태도
- 신체적 긴장감
- 욕설, 고함, 부정적인 언행

③ 필요

분노가 건강한 바운더리 안에 머물기 위해서는 다음과 같은 것들이 필요하다.

- 편안한 거리감을 확보하여 자신의 내면 가족 안에서 제자리를 찾도록 도와주기
- 다른 관점에 열려 있는 태도
- 하나님 앞에서 겸손해지고, 하나님의 인도하심에 귀 기울이는 자세
- 분노하게 만든 사람들을 위해 그들이 성령의 열매로 채워지기를 기도하는 자세[2]

④ 두려움

우리 영혼의 다른 부분들과 마찬가지로 분노 역시 우리를 돕기 위해 존재한다. 표현 방식이 처음에는 거칠고 왜곡되어 보일 수 있지만, 분노가 품고 있는 두려움을 이해하게 되면 편안한 거리에서 분노를 내 편으로 삼을 수 있다. 대표적인 두려움으로는 다음과 같은 것들이 있다.

- '내가 보호하는 것을 아무도 대신 돌봐주지 않을 거야.'
- '내 목소리가 들리지 않을 거야.'
- '나는 인정받지 못할 거야.'
- '내가 당한 부당함이 해결되지 않을 거야.'

화가 끌어오르는 생각이나 감정이 우리 마음을 지배하려고 할 때, 그 반응을 내면의 상처 입은 부분이 보내는 신호로 바라보자. 그리고 분노가 성령의 인도하심을 받는 참자아를 방해하고 있다면, 그 분노에게 호기심을 가지고 귀 기울이며 부드럽게 한 걸음 물러나 달라고 요청하자. 그래야 분노를 더 깊이 이해할 수 있고, 그 분노가 보호하고 있는 상처 입은 내면의 부분을 이해하고 돌볼 수 있다. 그런 다음 이제는 성령의 인도하심을 받는 참자아가 그 부분을 돌보며 이끌고 있다는 사실을 분노에게 분명히 알려주자.

분노의 다양한 모습

교회 공동체에는 게이브처럼 사랑을 실천하고 싶지만, 그 방법을 모르는 사람들로 가득하다. 실제로 미국에서 가정폭력은 너무 흔한 일이어서 법적으로도 상담사들이 반드시 신고할 의무가 없을 정도다. 자신은 분노하고 싶지 않더라도 내면의 분노하는 부분이 쉽게 물러서지 않을 수 있다. 따라서 분노와 마주할 때는 그 분노가 향하는 대상이 ① 타인인지, ② 자기 자신인지, ③ 하나님인지를 먼저 파악해야 한다.

타인을 향한 분노: 수동적이거나 공격적인 부분들

내면이 분노로 들끓을 때 어떻게 반응하는가? 부당한 일이 생겼을 때 어떻게 반응하는가? 게이브는 소리를 지르거나 잠을 자 버렸다. 우리도 마찬가지로 무언가에 **맞서 싸우는** 방식으로 반응할 수 있다. 분노에 사로잡히면 공격적으로 변해 정의를 자기 손으로 실현하려 들 수 있다. 혹은 비판적인 생각과 원망의 감정을 짊어진 채 **도망치듯이** 자리를 피할 수도 있다. 만약 자신이 지나치게 수동적이어서 스스로를 위해 목소리를 내지 않는다면, 이는 하나님의 형상으로 창조된 자신을 존중하지 않는 태도다.

의미 있는 관계와 풍성한 삶으로 가는 길은 싸우거나 도망치고 싶을 때 잠시 멈추는 것, 내면의 분노하는 부분을 존중하는 것, 그리고 그 분노가 시야를 넓히고 새로운 관점을 얻기까지 시간과 공간을 제공하는 것이다. 또한 그것은 그 분노하는 부분을 위해 기도하는 것이며, 하나님께 그 부분이 하나님의 시선으로 상황을 바라볼 수 있게 도와달라고 요청하는 것이기도 하다. 일단 분노하는 부분이 자신의 존재를 인정받고 이해받았다고 느끼게 되면, 그 부분을 대신하여 어떤 행동을 취해야 할지 결정할 수 있다. 우리는 분노를 대신해 상처 입힌 사람들에게 평온하게 말할 수 있으며, 분노의 에너지를 생산적인 방향으로 사용할 수도 있다. 분노와 친해지기 시작하면, 우리는 그 분노가 적절한 방식으로 행동하도록 인도할 수 있게 된다.

자기 자신을 향한 분노: 내면의 비판자

자신에게 분노가 느껴질 때 어떻게 반응하고 있는가? 내(Kimberly)가 만난 어떤 내담자는 자신을 비난하는 것이 해롭지 않다고 생각했다. 그래서 내가 그녀의 아이들에게도 그렇게 말할 수 있겠느냐고 묻자, 그녀는 잠시 생각한 후 이렇게 말했다. "제가 아이들에게 지금 제게 말하듯이 말한다면, 아동보호기관에 바로 신고당할 거예요!"

우리 안에도 자신을 깎아내리는 내면의 비판자가 있을 수 있다. 이 비판자는 우리가 가장 미워하는 사람에게조차 차마 하지 못할 말들을 우리 자신에게 쏟아붓는다. '넌 쓸모없어, 이 바보야!' '왜 이것밖에 하지 못하는 거야?' 등과 같은 식으로 말이다. 이 비판자는 우리 내면에서 더 잘할 수 있었던 사소한 모든 것들을 끊임없이 지적하며 비난한다. 그러나 이 내면의 비판자도 사실 우리를 돕고 싶어 하는 보호자일 수 있다. 다만 그 방식이 제한적이고, 성령의 인도하심을 받는 참자아의 따뜻한 존재감을 경험하지 못하게 막을 뿐이다. 만약 이 비판적인 분노의 부분이 자신을 몰아붙이고 있다면, 우선 그 부분에게 잠시만 물러나 달라고 부탁해 보자. 그리고 시간을 내어 그 부분에 집중하고 친해지자. 그 부분이 자신이 맡은 일을 하지 않으면 어떤 일이 벌어질까 봐 두려워하고 있는가? 이 내면의 비판자와 진심으로 연결되어, 이제는 우리를 공격하는 대신 지지해 주는 옹호자가 되는 길로 초대하자.

하나님을 향한 분노: 원망하는 부분들

하나님을 사랑하고, 그분이 우리를 위해 선한 뜻을 갖고 계시다는 것을 잘 알고 있을 것이다. 그럼에도 불구하고 우리 마음 한 부분에서는 하나님에 대해 원망을 품을 수 있다. 아마도 소중한 사람을 잃고 나면 이렇게 묻게 될 것이다. "하나님, 어떻게 그 특별한 사람을 제게서 데려가실 수 있나요?" 우리는 부당한 대우를 받을 수도 있다. 또는 우리 삶의 성취가 늘 부족하다고 느낄 수도 있다.

그때 우리는 자신에게 '하나님은 언제나 선하시고, 나를 위해 좋은 뜻을 가지고 계신다. 모든 것이 합력하여 선을 이루게 하실 것이다'라고 되뇔지도 모른다. 그러나 우리 안의 다른 부분은 그 말에 동의하지 못하고서 이렇게 되받아칠 수도 있다. '기도해 봤자 소용없어. 하나님은 신경 쓰지도 않으셔. 오히려 내가 고통받는 걸 보며 즐기시는 것 같은데?'

우리 내면의 어떤 부분은 이와 같은 신념의 짐을 짊어지고 있을지도 모른다. 그런 부분이 있을 경우 우리는 하나님께 등을 돌리거나, 자기 연민에 빠질 수 있다. 그러니 우리 안에 이런 감정을 지닌 부분이 있다면 '유턴하기'를 시도하자. 그 부분에 **집중하고, 친해지고,** 예수님을 **초대하고, 짐을 내려놓은** 다음, 이 반항적인 부분도 우리 내면의 충실한 한 팀으로 통합시켜 보자.

혼돈에 바운더리를 두신 하나님

분노는 혼란스럽게 느껴질 수 있다. 물론 다른 감정들도 마찬가지다. 우리의 과제는 자신 안의 혼란스러운 감정들에 대해 하나님이 바운더리를 세우시도록 그분께 맡기는 것이다. 예를 들어, 구약의 선지자 요나처럼, 우리 또한 분노에 압도되어 삶이 혼란 속으로 빠져들 수 있다. 그러나 하나님이 "태초에" 혼돈을 제어하셨던 것처럼, 그분의 도움으로 우리 또한 내면의 가장 힘든 부분들조차 사랑하게 되고, "내게 줄로 재어 준 구역은 아름다운 곳에 있음이여"(시 16:6)라고 고백할 수 있게 된다.

창세기는 다음과 같이 말한다. "태초에 땅이 혼돈하고 공허하며 흑암이 깊음 위에 있고"(창1:2). 여기서 '혼돈(formless)'이나 '공허(void)'로 번역된 히브리어는 우리 삶 속의 목적 상실과 절망을 상징하기도 한다. 성경의 창조 이야기에서 하나님은 빛을 창조하심으로써 혼돈에 바운더리를 세우셨다. "하나님이 이르시되 빛이 있으라 하시니 빛이 있었고 빛이 하나님이 보시기에 좋았더라 하나님이 빛과 어둠을 나누사 하나님이 빛을 낮이라 부르시고 어둠을 밤이라 부르시니라"(창1:3-5). 하나님은 혼돈을 다스리셔서 낮과 밤의 아름다운 리듬을 정립하셨다.

어둠에 한계를 정하신 뒤, 하나님은 또 하나의 결정적인 바운더리를 세우셨다. "천하의 물이 한 곳으로 모이고 뭍이 드러나라 하시니 그대로 되니라"(창1:9). 고대 근동에서 '물'이라는 히브리어 단어는 '혼돈'을 의미할 수 있으며, 때로는 분노와 파괴를 상징하기도 했다.[3] 창조 이야기에서는 혼돈의 근원이 구체적으로 제시되진 않지만, 하나님의 말씀의 능력으로 혼돈에 바운더리가 세워짐으로써, 마른 땅이 물과 조화를 이루며 존재할 수 있게 되었다는 것을 알 수 있다. 하나님이 빛과 어둠을 나누고 물과 육지를 나누신 것처럼, 우리의 영혼 안에도 바운더리를 세우실 수 있다. 하나님은 우리의 분노와 절망을 다스리셔서 그것을 아름다운 것으로 바꾸실 수 있다.

바람과 바다조차 그분께 복종하다

분노가 성령의 인도하심을 받는 참자아 아래에서 변화되면, 자신이 스스로 생각했던 것보다 더 큰 힘을 지니고 있다는 사실을 깨닫게 된다. 분노가 하나님이 의도하신 본래의 역할을 회복하게 되면, 우리의 영혼에 긍정적인 변화를 일으키도록 도울 수 있다. 이 변화는 우리 개인뿐 아니라, 가족, 직장, 공동체에도 유익을 끼칠 수 있다. 만약 분노가 개인적인 고통이나 부당한 일에서 비롯되었다면, 그것은 비슷한 고통을 겪는 다른 이들을 돕는 사역이나 의미 있는 활동으로 우리를 이끌 수 있다.

분노는 우리를 가두는 대신 길을 안내해 주는 지침이 되며, 현명한 조언자이자 든든한 내 편이 될 수 있다.

어느 날 예수님이 친구들과 함께 배를 타고 계셨는데, 갑자기 몰아친 폭풍으로 인해 배가 요동쳤고, 파도

> 분노가 하나님이 의도하신 본래의 역할을 회복하게 되면, 우리의 영혼에 긍정적인 변화를 일으키도록 도울 수 있다. 이 변화는 우리 개인뿐 아니라 가족, 직장, 공동체에도 유익을 끼칠 수 있다.

가 배 안으로 들이쳤다. 그때 예수님이 명령하시자 바람과 바다가 곧바로 잠잠해졌다. 예수님은 창조 이야기에서 혼돈의 물을 제어하셨던 것처럼, 또 어느 날 제자들과 함께한 배 위에서 풍랑을 잠재우셨던 것처럼, 우리 내면의 폭풍 한가운데서도 중심이 되시어 우리를 평안케 하실 수 있다.[4] 이 장면을 떠올리면 오래된 찬송가의 가사가 생각난다. "잠잠하라, 내 영혼아. 그분께서 땅에 계셨을 때 다스리셨던 그 음성을 바람과 파도는 여전히 알고 있다네."[5]

• 10장

두려움과 불안

"작고 두려워하는 자신을 가까이 두자. 그 부분이 지닌 지혜를 배우고, 단지 생존하는 것이 아니라 참된 삶을 살아갈 수 있다는 사실을 그 두려워하는 부분으로부터 배우자. 그러는 동안 점차 하나가 되어가며, 마음속에 계신 예수님이 내게 필요한 모든 것을 주고 계심을 깨닫게 될 것이다."

_헨리 나우웬(Henri Nouwen), 『안에서 들리는 사랑의 음성(The Inner Voice of Love)』

"하나님이 우리에게 주신 것은 두려워하는 마음이 아니요 오직 능력과 사랑과 절제하는 마음이니"

_디모데후서 1장 7절

> **두려움(fear)**
> 위험, 고통, 해로움이 다가올 것 같은 상황에서 느끼는 불쾌한 감정[1]
>
> **불안(anxiety)**
> 불확실한 결과에 대해 걱정하거나 긴장하거나 불편함을 느끼는 감정[2]

만약 두려움이 있어야 용기를 가질 수 있다고 말한다면 어떨까? 무엇이 우리를 가장 두렵게 하는지 떠올려 보자. 믿음의 영웅인 모세조차 이스라엘 백성을 노예 생활에서 해방시켜 약속의 땅으로 이끌라는 하나님의 부르심 앞에서 두려워했다. 그는 자신 안에 있는 두려움에 사로잡혀 하나님께 순종할 수 없는 이유들을 늘어놓았다. 자신을 신뢰하지 못했고, 하나님이 이끌라고 하신 백성들에게 거절당할까 봐 두려웠으며, 말도 유창하게 하지 못했다. 실제로 그에게는 언어장애가 있었을 거라고 보기도 한다(출4:1-10). 모세는 자신이 가진 실제 두려움을 하나님께 가져갔고, 하나님은 그의 모든 두려움에 하나하나 응답하셨다. 하나님은 그의 두려움에 흔한 위로나 격려가 아니라, "내가 반드시 너와 함께 있으리라"(출3:12)는 약속으로 응답하셨다. 결국 모세는 히브리 민족을 억압적인 애굽의 파라오로부터 해방시켰다. 마찬가지로 우리도 두려움을 마주해야만 비로소 신앙의 여정에서 위대한 일들을 감당할 수 있다.

전반적으로 우리는 두려움과 어떤 관계를 맺고 있는가? 불안과는 어떠한가? 아래의 선에 표시해 보자. 두 감정 각각에 대해 현재 내가 어느 지점에 있는지 확인해 보길 바란다.

너무 가까움 ─────── 편안한 거리 ─────── 너무 멀어짐

메건이 불안을 느낄 때 '유턴하기'를 하다

2장과 3장에서 살펴보았듯이, 메건 안에 있는 일 중심 관리자는 남편과의 관계에 긴장을 일으키고 있었다. 선한 의도를 가진 이 보호자는 메건으로 하여금 끝도 없는 해야 할 일의 목록을 남편과 의미 있는 대화를 나누거나 자녀와 즐겁게 시간을 보내는 것보다 앞세우곤 했다. 나(Kimberly)는 메건이 이 열심히 일하는 부분과 함께 '유턴하기'를 할 수 있도록 도왔다.

집중하고 친해지기

우리는 먼저 메건에게 눈을 감고 이 일 중심 관리자가 몸의 어느 부위에 자리하고 있는지를 느껴보라고 요청했다. 그녀는 어깨라고 대답했는데, 실제로 그녀의 어깨는 단단히 굳어 있었다. 나는 그녀가 성령의 인도하심을 받는 참자아 리더십과 하나님이 주신 상상력을 활용해 이 열심히 일하는 부분의 이미지를 상상해 볼 수 있는지 물었다. 메건은 잠시 눈을 감고 침묵하더니 양손에 무거운 물통을 들고 끝없이 올라가는 에스컬레이터 위에 있는 자신의 모습이 떠오른다고 말했다. 그 내면의 부분은 메건에게 이렇게 말했.

'일하지 않으면 나는 게으른 사람이야.'
'사람들은 내가 질서와 구조를 세워주길 기대하고 있어.'
'내가 어떻게 나 자신에게 휴식을 허락할 수 있겠어?'

"이토록 두려움이 많은 일 중심 관리자에 대해 어떤 감정이 드나요?" 내가 물었다.

메건은 "싫어요! 사라졌으면 좋겠어요. 내 결혼 생활을 망치고 있어요!"라고 대답했다.

"메건 씨 안의 또 다른 한 부분이 이 관리자를 싫어하고 있다는 건 자연스러운 일이에요. 혹시 그 비판적인 부분을 알아차리고, 그 부분에게 잠시 한 걸음 물러나 달라고 정중히 요청해 볼 수 있을까요? 메건 씨가 일 중심 관리자에게 연민을 가지고 다가간다면, 그 관리자도 차분해질 거라는 걸 비판적인 부분에게 알려주는 게 좋을 것 같아요." 나는 이렇게 안내했다.

메건은 성령의 인도하심을 받는 참자아로부터 그 비판적인 부분에게 잠시 공간을 내달라고 요청했고, 이후 이 열심히 일하는 관리자와 친해지며 그 부분이 더 자유롭게 이야기할 수 있도록 도왔다. 그러자 그녀는 점점 더 깊은 평온함을 느끼기 시작했다.

초대하고 짐 내려놓기

나는 메건이 오랜 신앙생활을 해왔다는 것을 알고 있었기에, 이 일 중심 관리자 부분 가까이에 예수님이 계시는지 물었다. 메건은 그 부분이 예수님에 **대해** 알고는 있지만, 그분의 임재는 느껴지지 않는다고 답했다. 그러나 그녀는 자기 내면의 그 불안한 부분(일 중심 관리자)이 예수님을 더 잘 알게 되도록 초대하는 과정을 기꺼이 받아들이겠다고 했다. 나는 함께 기도한 뒤, 그 짐을 짊어진 부분 곁에 예수님이 계신 모습을 떠올릴 수 있냐고 그녀에게 물었다. 잠시 침묵한 후, 메건은 "네"라고 대답했다. 그녀의 상상 속에서 에스컬레이터는 사라졌고, 양손에 들고 있던 물통도 내려놓은 상태였다.

"우리는 함께 앉아 있어요." 그녀는 말했다. "가볍고, 강인하면서도… 고요해요. 무언가를 하지 않아도 하나님의 사랑을 받고 있다는 새로운 느낌이 들어요."

메건이 차분해지자, 이 불안한 관리자가 오랫동안 보호해 왔던 유배된 두려움의 감정에 접근할 수 있게 되었다. 그리고 흔히 그렇듯, 이 유배자 부분은 하나의 기억을 떠올리기 시작했다.

"제가 여덟 살이었을 때였어요. 좋은 동네에 살았지만, 우리 집은 그 블록에서 가장 작은 집이었죠." 그녀는 말했다. "가끔 밤에 밖을 걸어 다니면서 큰 집 창문 안을 들여다보곤 했어요. 제 기억에 유난히 자주 바라보던 창문이 있었어요. 그 안에는 서로 마주 본 두 개의 안락의자와 깨끗한 하얀색 카펫이 있었어요. 그런데 지금 우리 집의 카펫은 그거랑은 전혀 달라요. 아이들 때문에 늘 엉망이에요."

나는 메건에게 두려움을 지닌 그녀의 유배자 부분 가까이에 예수님의 임재가 느껴지는지 물었다. 처음에 그녀는 아니라고 말했다. 그래서 나는 그 부분이 예수님을 가까이 모시고 싶어 하는지 물었고, 이에 메건은 고개를 끄덕였다. 우리는 예수님이 그 부분 가까이에 오시도록 초대하는 기도를 드렸고, 잠시 침묵한 후 나는 다시 예수님의 임재가 느껴지는지 물었다. 그녀는 이렇게 대답했다. "네, 그분은 마치 태양 빛처럼 저를 비추고 계세요."

"지금은 어떤 일이 일어나고 있나요?" 내가 물었다.

"이제는 그 창문을 떠나 예수님과 함께 길을 걷고 있는 모습이 떠올라요. 몸이 가벼워졌어요. 지금은 우리 집 거실 카펫이 장난감으로 가득한 게 오히려 좋아요. 그게 아이들을 떠올리게 해주니까요." 그녀는 미소 지으며 말했다.

나는 메건에게, 어린 시절 이후 지금까지 자신이 무엇을 배웠고 어떻게 성장했는지를 여덟 삶의 그 내면의 부분에게 알려주고 싶은지 물었다. 그녀는 두려움을 품고 있었던 그 부분이 지금의 자신이 얼마나 성숙해졌는지 알아차리고는 행복해한다고 대답했다.

"그 아이는 지금의 메건을 어떻게 생각하나요?"

"그 아이는 제가 어릴 적 꿈꿨던 삶을 살고 있다는 사실에 기뻐해 하고 있어요. 좋은 직장도 있고, 멋진 가족도 있거든요. 그리고 그때 그 텅 빈 거실에서 일어나던(혹은 일어나지 않던) 일들보다 지금 제 삶이 훨씬 더 즐겁다는 것을 깨닫고 있어요."

나는 메건의 일 중심 관리자 부분으로 다시 돌아가서, 예수님이 이 열심히 일하는 부분에게 어떤 선물을 주고 싶어 하시는지 물었다. 오랜 침묵 끝에 그녀는 짧게 답했다. "함께 고요하게 있는 거요." 그리고는 언제쯤 그렇게 열심히 일하는 것을 멈춰도 괜찮을지 예수님께 여쭈어보았다. 그녀의 마음속에서 예수님은 이렇게 말씀하셨다. "할 수 있는 것만 하렴. 나머지는 내려놓아도 된단다. 내가 언제나 너와 함께하잖니."

메건은 덧붙였다. "지금은 물통 안의 물이 훨씬 줄어든 느낌이에요. 그 물의 대부분은 '모든 걸 내가 다 해야 한다'라는 생각에서 흘러나온 거였어요. 그런데 이제는 내가 할 수 있는 것만 하면 된다는 걸 알아요. 세상의 모든 일이 내 손에 달린 게 아니라는 것도요."

통합하기

"이제 메건 씨의 일 중심 관리자는 어떤 새로운 역할을 맡고 싶어 하나요?" 내가 물었다.

"이제는 제가 속도를 늦춰야 할 때를 알려주고 싶어 해요." 메건이 대답했다.

메건 안의 열심히 일하던 이 부분은 절대 쉬어서는 안 되고, 놀아서도 안 되고, 일을 멈춰서도 안 된다는 극단적인 신념을 오래도록 붙잡고 있었다. 그러나 이제 이 부분은 더 넓은 관점에서 세상을 바라보게 되었고, 메건의 믿을 만한 조언자로서 쉬어야 할 때를 알려주는 새로운 역할을 맡고자 했다.

마지막 상담 시간에 메건은 이전보다 훨씬 여유 있는 모습으로 상담실에 들어섰다. 예전처럼 문제들을 조급하게 쏟아내지 않았다. 나는 그녀가 괜찮아졌음을 느낄 수 있었고, 메건 또한 이제는 자기 자신을 훨씬 더 자비로운 시선으로 바라보고 있었다.

그녀는 어느 날 밤, 쌓인 설거지를 미뤄두고 가족들과 카드놀이를 했던 일을 이야기해 주었다. 메건에게 카드놀이를 했다는 것은 놀라운 진전이었다. 그녀는 웃으며 말했다. "믿기지 않아요! 습관처럼 여전히 설거지 생각이 떠올랐지만, 제 새로운 충실한 조언자

메건의 '유턴하기' 요약

메건은 '유턴하기' 여정을 시작하며, 먼저 자신의 몸에서 긴장이 느껴지는 어깨에 집중했다. 눈을 감고 하나님이 주신 상상력을 활용한 그녀는 자신 안의 일 중심 관리자 부분을 양손에 물통을 들고 끝없이 이어진 에스컬레이터에 올라 있는 모습으로 떠올렸다. 이 애쓰는 보호자와 **친해지기** 위해 메건은 기도하는 마음으로 귀를 기울였고, 그 결과 어린 시절 창문 너머 이웃집을 바라보며 형성된 왜곡된 신념을 지닌 유배자와도 연결되었다. 그녀의 불안한 관리자는 결국 두려움 많은 그 유배자의 필요를 채워주기 위해 존재했던 것이다. 메건은 자기 가족의 불확실한 미래에 대한 두려움을 품고 있는 이 부분 가까이에 예수님을 초대했다.

그녀 안의 유배자가 짊어진 짐은 어린 시절 부유한 이웃들보다 작고 부족하게 느껴졌던 집에서 비롯된 '집이 클수록 삶도 행복해질 거야'라는 신념이었다. 그러나 유배자가 예수님께 가까이 나아가자 그 신념의 짐을 내려놓을 수 있게 되었다. 그 짐이 사라졌다는 사실을 깨달은 메건은 "몸이 한결 가벼워졌어요"라고 말했다. 그녀는 성취가 아닌 관계에서 행복을 새롭게 발견하게 되었고, 애쓰는 일 중심 관리자와 더 잘 연결되면서 남편 및 자녀와 함께하는 삶에 집중하게 되었다. 짐을 내려놓음으로써 메건은 자유롭게 앞으로 나아갈 수 있었고, 성령을 따르는 여인으로서 자신의 삶을 새롭게 세워갈 수 있게 되었다.

마지막으로 통합하기 단계에서 메건의 불안한 관리자는 '일 중심 관리자'에서 '신뢰할 수 있는 조언자'로 변화되었다. 이제 메건은 이 신뢰할 수 있는 조언자의 목소리에 귀 기울이며, 어깨의 긴장을 풀고, 해야 할 일의 목록을 내려놓고, 가족과 함께 쉬며 일상의 기쁨을 누리는 삶을 살아가기로 결심했다.

가 계속 말해줬어요. 남편과 아이들과 함께 쉬는 게 무엇보다 중요하다고요."

두려움과 불안을 알아가기

메건이 자신의 불안과 두려움을 다루었던 것처럼 우리도 그렇게 할 수 있다. 시작하기에 앞서 이 두 감정의 차이를 먼저 살펴보자. 두려움은 보통 구체적인 대상에 대한 반응이며, 지금 이 순간 위협을 느끼는 유배자 부분에서 비롯된다. 우리의 내면 가족 안에서 이 연약한 부분은 상처받을까, 거절당할까, 무력감을 느낄까, 혹은 물리적으로 안전하지 못할까 봐 두려워하고 있을 수 있다. 이 두려움을 알아차리는 것만으로도 그것을 진정시킬 수 있다.

그러나 일반적으로 우리는 이 두려움에 직면하는 것을 회피하려고 한다. 이때 등장하는 보호자가 바로 불안이다. 두려움과 달리 불안은 막연하고 산만하며, 대게 상상에 기반을 둔 미래의 걱정으로 가득하다. 불안은 현실과 무관한 온갖 걱정거리를 만들어내며, 실제로 마주해야 할 두려움을 회피하게 만든다. 현실적인 위협에 대응하기보다 일어날지도 모를 일들에 대해 걱정하는 것이 오히려 더 쉬울 때가 종종 있다.

우리 안의 유배된 두려움은 억누르거나 무시되어야 할 대상이 아니다. 오히려 깊이 이해받아야 한다. 그러나 두려움과 친해지려면, 먼저 불안과 친해져야 한다. 이제부터는 내면에서 작동하고 있는 불안의 이점, 위험, 필요, 그리고 두려움을 차례로 살펴보자.

불안의 이점, 위험, 필요, 그리고 두려움

불안의 부분이 가지고 있는 이점과 위험, 필요, 두려움에 대해 살펴보자.

① 이점

불안을 우리 영혼의 소중한 일부로 존중하면, 이 부분은 다음과 같은 유익을 줄 수 있다.

- 돌봄이 필요한 두려워하는 유배자 부분을 가리켜 준다.
- 감정적, 영적, 신체적 과제들을 직면하게 해준다.
- 잘못될 가능성을 경고함으로써 자신을 보호해 준다.
- 더 조심스럽고 신중하게 행동하도록 도와준다.
- 변화에 민감하게 반응하고, 미리 대비할 수 있도록 한다.
- 용기와 겸손으로 다른 이들을 이끌 수 있게 한다.
- 자신이 통찰력 있고 섬세한 영혼임을 상기시켜 준다.

② 위험

불안은 반드시 어떤 방식으로든 표현된다. 문제는 언제, 어디서, 어떻게 표현되느냐에 있다. 불안이 극도로 심해지면 오히려 자신이 피하려던 바로 그 위기를 초래할 수 있다. 내면에 건강한 바운더리가 없으면, 그 결과는 다음과 같은 문제적 방식으로 드러날 수 있다.

- 신체적 증상 (예: 호흡 곤란, 어지러움, 불면 등)
- 만성적인 불안정감
- 과도한 '착한 사람' 증후군
- 주의력 저하, 산만함
- 통제 상실 및 혼란감
- 내면의 소란, 혼동, 만성적인 걱정
- 지나친 경계심
- 작은 문제를 위기로 인식하는 재앙적 사고
- 공황발작

③ 필요

불안이 건강한 바운더리 안에 머물기 위해서는 다음과 같은 필요가 충족되어야 한다.

- 하나님의 도우심으로 용기를 키우기
- 불안은 나 전체가 아니라 나의 일부에 불과하다는 것을 인식하도록 돕기
- 하나님의 능력을 진리로 붙들도록 사랑으로 상기시켜 주기

④ 두려움

다른 모든 보호자들과 마찬가지로 불안도 궁극적으로 우리를 돕고자 하는 마음에서 비롯된다. 다만 그 방식이 때로 역효과를 낳을 뿐이다. 불안이 건강한 바운더리 안에서 내 편이 되기 위해서는

성령의 인도하심을 받는 참자아에게 주도권을 넘겨야 하는데, 그렇게 하지 못하는 이유는 다음과 같은 걱정과 우려 때문일 수 있다.

- '내가 위험에 처하게 될지도 몰라.'
- '충분히 준비되어 있지 않을지도 몰라.'
- '책임을 잘 감당하지 못할 수도 있어.'
- '거절당하고 혼자 남게 될지도 몰라.'
- '누군가를 실망시킬까 봐 두려워.'
- '내가 너무 많은 짐을 지고 있는 걸지도 몰라.'

우리의 삶에서 불안이 느껴진다면, '유턴하기'를 통해 관심을 받으려고 울고 있는 이 불안한 부분에 집중해 보자. 만약 그 부분이 자신을 압도하고 있다면, 그것에 귀 기울이고 친해지자. 성령의 인도하심을 받는 참자아가 곁에 있음을 깨닫게 되면, 이 불안한 보호자는 차츰 편안해지며, 우리를 돕는 신실한 조언자로 변화될 수 있다.

불안과 두려움의 다양한 모습

불안을 일으키는 내면의 부분들을 세 가지 유형으로 나누어 보면 도움이 된다. 하나는 걱정하고 통제하려는 부분이고, 또 하나는 타인을 기쁘게 하려는 부분이며, 마지막은 의심하는 부분이다. 이들 각각의 뿌리에는 깊은 두려움이 자리하고 있다.

알 수 없는 것에 대한 두려움: 걱정과 통제하려는 부분

나(Alison)를 찾아온 스티브라는 한 내담자는 모든 것에 대해 걱정하는 사람이었다. 그는 결혼하지 않으면 평생 외롭게 살게 될까 봐 두려워했고, 결혼하면 배우자가 자신을 배신할까 봐 불안해했다. 직장을 계속 다니면 탈진할 것 같았고, 그만두면 다시는 일자리를 얻지 못할 것 같았다. 그런데 아이러니하게도 그는 자신의 불행에 대해서는 정작 깊이 생각해 본 적이 거의 **없었다**. 과거의 고통스러운 사건들을 한 번도 제대로 직면하지 않았던 것이다. 대신 그의 걱정 많은 관리자가 실재하지 않는 문제들을 염려하게 하면서 그의 주의를 산만하게 만들고 있었다. 만약 스티브처럼 걱정이 자신의 삶을 이끌고 있다면, 그 걱정하는 부분과 부드러운 바운더리를 세운 후, 그 밑에 자리한 두려움의 소리에 귀를 기울여야 할 때다.

스티브의 경우, 걱정은 그를 수동적으로 만들었다. 그러나 다른 경우에는 그 걱정이 통제하고자 하는 욕구로 나타나기도 한다. 때로는 잠재적인 위험이나 위협을 차단하고자 관계나 일, 또는 삶의 전반을 공격적으로 통제하려는 형태로 드러나기도 한다. 자신을 둘러싼 사람들을 통제하고 싶은 욕구는 조종하려는 태도, 권력의 남용, 바운더리의 침해로 이어질 수 있다. 예를 들어, 한 가족이 나(Alison)를 찾아왔는데, 그들은 열네 살 된 딸 린지의 반항적인 태도 때문에 걱정하고 있었다. 어머니 다이앤은 딸이 혼자 외출하는 것을 허락하지 않고, 반드시 학교나 어른이 동행하는 경우에만 허락했다. 알고 보니 다이앤은 어린 시절 혼자 놀다 납치당할 뻔한 경험이 있었고, 그 외상의 기억으로 자기 아이에게도 같은 일이 생길

까 봐 무서웠던 것이다. 그녀 내면의 통제하는 관리자는 이렇게 속삭이고 있었다. '린지의 모든 행동을 예의주시해야만 해.' 하지만 선한 의도에서 비롯된 그녀의 행동은 딸의 자율성과 신뢰를 해치고 있었다.

다이앤은 이 통제적인 관리자와 친해지는 과정을 시작했고, 그 보호자가 애써 지키고자 했던 외상 입은 유배자 가까이에 예수님을 초대했다. 예수님의 도우심으로 다이앤은 두려움이 엄습할 때마다 차분해질 수 있었고, 결국 이렇게 고백하게 되었다. '세상이 항상 안전한 것은 아닐 수도 있지만, 하나님은 내게 그분을 신뢰하라고 하신다.' 그녀와 딸 린지는 서로의 필요를 반영한 새로운 규칙을 함께 만들어갈 수 있었다.

수동적이든 통제적이든, 우리 안에서도 걱정하는 부분이 성령의 인도하심을 받는 참자아의 자리를 대신하고 있지는 않은가? 이 부분이 우리를 안전하게 하려고 하는 것일 수도 있지만, 동시에 그로 인해 친밀함과 모험이라는 삶의 기쁨을 놓치고 있을 수도 있다.

다행히 우리에게는 다른 길이 있다. 그 시작은 걱정하는 부분과 친해지는 것이며, 그 부분이 한 걸음 물러설 수 있도록 도움으로써 우리가 진짜로 필요로 하는 근원에 다가가는 것이다. 먼저 이 걱정하는 부분이 우리 자신과 사랑하는 사람들을 지키기 위해 그렇게 일해 왔다는 선한 의도를 알아주자. 그리고 성령의 인도하심을 받는 참자아로부터 이 걱정과 친해지면, 이 부분은 건강한 바운더리 안에서 필요한 돌봄과 지지를 받을 수 있다. 그 후 이 부분이 돌보던 유배된 두려움 가까이에 하나님을 초대하고, 이 유배자가 필요로 하는 위로와 실제적인 도움을 제공할 수 있다.

거절에 대한 두려움: 타인을 기쁘게 하려는 부분

사랑을 잃을지도 모른다는 유배된 두려움은 종종 타인을 기쁘게 하려는 보호자를 만들어낸다. 이 내면의 부분은 타인의 욕구에 민감하게 반응하며 관계를 유지하려 한다. 하지만 이 부분 역시 부드럽고 건강한 바운더리 안에 머물러야 한다. 만약 이 부분이 내면 깊은 곳에 자리한 거절의 두려움에 의해 움직이고 있다면, 그 행동은 진정한 사랑에서 비롯된 것이 아닐 수 있다. 이런 경우에 이 부분은 우리에게서 **너무 가까이** 있는 것이다. 반대로 다른 사람들의 생각이나 반응을 전혀 신경 쓰지 않는다면, 이 부분이 우리에게서 **너무 멀리** 떨어져 있는 것일 수 있다. 타인을 기쁘게 하려는 부분이 우리 안에서 너무 강하게 작동한다면, 지금이야말로 집중해서 이 부분과 친해져야 할 때다. 이 부분과 친해지면 그 아래에 숨어 있던 유배자와도 연결될 수 있다.

다음과 같은 징후들이 있다면 타인을 기쁘게 하려는 부분이 우리 내면에서 활발히 반응하고 있는 것일 수 있다.

- 거절하고 싶어도 "아니!"라고 말하지 못한다.
- 상대를 기쁘게 해주려 애쓰면서, 동시에 그 사람에게 분노와 원망을 느낀다.
- 상대의 분노를 피하기 위해 선의의 거짓말을 한다.

만약 갈등을 피하려고 계속해서 다른 사람을 기쁘게 하려 애쓴다면, 사실 우리는 우리 안에 있는 두려움이 목소리를 내지 못하게 하고 있는 것이다. 이런 때는 무엇이 우리의 필요를 용기 있게 표현하지 못하게 하는지 집중해야 한다. 타인을 기쁘게 하려는 부분이 두려움에서 비롯된 것임을 인식하고 그 부분과 친해지면, 더 정직한 대화를 나눌 수 있게 되고, 타인과 더 깊고 진실한 관계를 맺을 수 있게 된다. 이 부분과 건강한 바운더리를 세우고, 실망시킬까 봐 두려워하는 내면의 연약한 부분에게 따뜻한 연민을 건네자. 모든 사람을 기쁘게 해야 한다는 짐을 내려놓고, 자신의 인간적인 한계를 겸허히 받아들이는 자유를 상상해 보자.

하나님을 신뢰하는 것에 대한 두려움: 의심

믿음으로 위대한 일을 감당했던 신앙의 선배들조차 깊은 의심과 두려움 속에서 씨름했다. 하나님의 사랑으로 가장 가난한 이들을 섬기며 평생을 헌신했던 마더 테레사(Mother Teresa)조차 자신의 의심에 관해 이렇게 고백했다.

내 믿음은 어디에 있을까요? 내 깊은 내면에도, 그 안에는 오직 공허와 어둠뿐입니다. 나의 하나님, 이 알 수 없는 고통이 얼마나 아픈지요. 이 고통이 멈추지 않고 계속됩니다. 저는 믿음이 없습니다. 제 마음에 가득 찬 말들과 생각들을 감히 입 밖에 낼 수도 없습니다. 이 고통이 너무 커서 말로 표현할 수도 없습니다. 너무 많은 질문들이 제 안에 있고, 그것들을 꺼내면 신성모

독이 될까 봐 두려워 꺼낼 수도 없습니다. 만약 하나님이 계시다면, 부디 저를 용서해 주시옵소서.[3]

그녀의 일기에는 오랜 시간 의심과 함께 살아온 흔적이 고스란히 남아 있다. 하지만 마더 테레사는 그 고통 가운데로 예수님을 초대하는 길을 택했다. 그녀는 마지막 날까지 그분을 섬기며 이렇게 고백했다. "주님, 제가 여기 있습니다. 기쁨으로 이 삶의 마지막까지 모든 것을 받아들이겠습니다. 그리하여 언제나 주님의 감추어진 얼굴을 향해 미소 짓겠습니다."[4] 마음에 의심이 가득하고, 답을 얻지 못한 질문들을 마주하는 것이 두려울 때, 우리는 어떻게 할 것인가?

기독교 작가 C. S. 루이스는 의심이라는 딜레마를 뚫고 나갈 수 있는 한 가지 길을 제시한다. 그는 의심 속에서도 순종으로 표현되는 믿음이야말로 강력한 영적 행위라고 말했다. 『스크루테이프의 편지(The Screwtape Letters)』라는 책을 집필할 때, 그는 자신 안에 있는 의심과 믿음의 모습들을 솔직하게 담아냈다. 이 고전은 고참 악마가 초보 악마인 조카 웜우드에게 보내는 편지 형식으로 되어 있다. 그중 한 편지에서 스크루테이프 삼촌은 어둠의 권세에 가장 크게 위협이 되는 순간에 대해 다음과 같이 설명한다. "우리의 목적이 가장 크게 위협받을 때는, 인간이 더 이상 하나님을 갈망하지 않으면서도 여전히 하나님의 뜻을 따르기로 결심하고, 하나님의 혼

> 모든 사람을 기쁘게 해야 한다는 짐을 내려놓고, 자신의 인간적인 한계를 겸허히 받아들이는 자유를 상상해 보자.

10장 두려움과 불안   **243**

적이 사라진 것 같은 우주를 바라보며 왜 자신이 버림받았는지 물으면서도 여전히 순종할 때다."[5] 만약 우리의 의심도, 루이스가 말한 것처럼, 신실한 친구가 되어 우리 순종의 여정에 함께할 수 있다면 얼마나 좋을까?

두려움과 불안을 내 편으로 만들기

두려움과 불안이 성령의 인도하심을 받는 참자아의 인도 아래 변화될 때, 그 부분들은 우리의 내면 가족 안에서 신실한 조력자가 될 수 있다. 이 감정들이 우리 내면에서 고개를 들 때, 성령의 인도하심을 받는 참자아로부터 그 감정들과 친해지고 귀 기울이자. 그러면 이 감정들은 우리 안에 있는 스스로 충분하다고 여기는 다른 부분들에게 이렇게 알려줄 수 있다. 지금은 도움을 요청해도 되는 때라고, 또한 이 어려움을 혼자 감당하지 않아도 된다고 말이다.

두려움과 불안으로 하여금 예수님을 더 가까이 초대하는 계기가 되게 하자. 그리하면 우리의 믿음이 더욱 굳건해질 것이다. 사실 이 두 강력한 감정이 없었다면, 우리는 용기 있고 신실한 사람으로 성장할 기회를 얻지 못했을 것이다. 또한 우리의 상황을 뛰어넘어 하나님이 우리에게 상황보다 더 중요하시다는 것, 곧 우리가 하나님을 온전히 신뢰하고 있다는 것을 보여드릴 기회도 없었을 것이다. 하지만 우리가 두려움 및 불안과 친해지기 시작하면, 두려움은 오히려 우리로 하여금 예수님을 더 깊이 의지하게 만들고, 그분과 더욱 친밀한 관계를 맺도록 할 수 있다.

혼란스러운 불안 아래 숨겨져 있는 두려움의 뿌리를 찾아가 보자. '내 안의 한 부분이 지금 두려워하고 있다'라는 사실을 인정하는 것은 곧 내가 하나님께 가까이 나아가고 있으며, 성령의 인도하심을 받는 참자아로 살아가고 있다는 강력한 표현이다. 모세에게 그리하셨듯이, 하나님은 우리의 두려움을 당장 없애주지 않으실 수도 있다. 그러나 우리가 그분을 신뢰할 때, 하나님은 반드시 우리에게 용기를 주시고 더욱 강하게 하실 것이다. 두려움과 불안을 겪어온 우리 내면의 부분들은, 시인 메리 올리버(Mary Oliver)의 말처럼, 우리가 "단 하나뿐인 거칠고도 소중한 삶"[6]을 신실하게 살아갈 때 사랑스러운 우리의 동반자가 될 수 있다.

BOUNDARIES FOR YOUR SOUL

• 11장

슬픔

"눈물 흘린 눈으로만 볼 수 있는 것들이 많이 있다."

_오스카 로메로 대주교(Archbishop Óscar Romero)

"여호와는 마음이 상한 자를 가까이 하시고 중심으로 통회하는 자를 구원하시는도다"

_시편 34편 18절

슬픔(sad)
상실, 아픔, 괴로움 등으로 인해 깊은 정서적 고통을 느끼는 상태[1]

우리에게는 고통이 필요하다. 슬픔은 우리를 진실하게 만들고, 실망은 회복력을 키워준다. 키르케고르, 베토벤, 반 고흐처럼 역사상 수많은 창의적인 인물들은 마음의 아픔에서 창조성을 끌어냈다. 비전과 혁신, 성령에 의존하는 삶 역시 고통 속에서 태어난다. 저자인 우리가 만난 내담자들 역시 자신의 고통을 통해 예수님께 더 가까이 나아갔으며, 새로운 영적 수준에 도달했다. 마찬가지로 우리의 슬픔도 새로운 삶의 목적과 창조의 장을 열 수 있다.

상담사인 우리는 사람들의 고통을 가까이에서 목격한다. 남편에게 무시당하는 여성, 아내와 딸을 잃은 남성, 만성 질환으로 매일 고통받는 환자, 자기 자신을 찾지 못하거나 사랑받을 수 없을까 봐 두려워하는 학생들, 이들 모두가 그런 사람들이다. 아무것도 제대로 풀리지 않고, 하나님이 멀게만 느껴지며 아무 말씀도 들리지 않을 때, 그 침묵은 견디기 힘들 수 있다.

구약의 선지자 엘리야를 떠올려 보자. 그는 죽은 아이를 살리고, 하늘에서 불이 내리게 하는 기적을 경험했다. 그런데도 그는 깊은 슬픔과 어둠에 잠겨 하나님께 자신의 생명을 거두어 달라고 요청했다. "여호와여 넉넉하오니 지금 내 생명을 거두시옵소서 나는 내 조상들보다 낫지 못하니이다"(왕상19:4). 우리 대부분도 엘리야처럼 슬픔에 압도되어 하나님의 능력을 신뢰하지 못하는 내면의 한 부분을 지니고 있다.

"우리는 이 깨어짐 앞에서 어떻게 반응해야 할까요?" 헨리 나우웬은 그의 책 『이는 내 사랑하는 자요(Life of the Beloved)』에서 이렇게 질문한다. 그러면서 그는 인생의 고통스러운 측면을 신실한 헌신으로 전환하는 길을 제안한다. "저는 두 가지 길을 제안하고 싶습니다. 하나는 그 고통과 친해지는 것이고, 다른 하나는 그 고통을 축복 아래에 두는 것입니다."² 우리의 고통이 무엇이든, 우리의 마음은 다른 이들을 향한 연민과 공감의 저장소가 될 수 있다. 나우웬의 말처럼, 그 고통을 통해 우리는 받아들여지고 축복받고 부서진 뒤에 세상을 위한 선물로 다시 드려질 수 있다.

전반적으로 우리는 슬픔과 어떤 관계에 있는가? 아래에 표시해 보자.

너무 가까움 ──────── 편안한 거리 ──────── 너무 멀어짐

안드레아가 슬픔을 느낄 때 '유턴하기'를 하다

안드레아는 30대의 수학 교사로, 약혼자의 불륜 사실을 알게 된 지 몇 주 만에 나를 찾아왔다. 그녀의 밝은 미소 이면에는 깊은 슬픔이 숨어 있었다. 늘 명랑하고 '할 수 있다'는 태도로 알려진 유능한 여성이었던 안드레아는 슬픔을 느끼는 것을 몹시 싫어했다.

집중하고 친해지기

"저에게 무슨 문제가 있는 걸까요? 감정이 너무 복잡해요." 안드레아는 치마의 주름을 매만지며 말했다. "눈물이 계속 나다가도 어느 순간 분노가 치밀어요. 도대체 저 자신을 어떻게 해야 할지 모르겠어요."

"안드레아, 지금 느끼고 있는 당신 내면의 그 화난 부분에 잠시

집중해 볼 수 있을까요? 그 부분이 안드레아에게 어떤 이야기를 해주고 싶은지 들어보세요." 나는 그렇게 권했다.

안드레아는 잠시 멈춰 자신의 화난 부분에 귀를 기울였다. "슬픔이 저를 압도할까 봐, 제가 울음을 멈추지 못할까 봐 두려워하는 것 같아요." 그녀는 조심스럽게 털어놓았다.

나는 그녀의 분노가 슬픔에 잠긴 유배자를 보호하고 있다는 사실을 알아차렸다. 그래서 이렇게 물었다. "그 분노에게 말해줄 수 있을까요? 우리가 함께 있으니 슬픔에 압도되지 않도록 도와줄 수 있다고요. 우리는 그 슬픔을 이해하고 돌보고 싶다고요. 그리고 잠시만 그 슬픔과 시간을 보낼 수 있도록 공간을 내어줄 수 있겠냐고요."

안드레아는 잠시 생각에 잠겼다가 대답했다. "분노는 제가 조금만 울고, 곧바로 일상으로 돌아갈 거라는 걸 확신하고 싶어 해요."

"좋은 제안이네요. 분노가 보기에 어느 정도의 시간이 괜찮을까요?" 내가 물었다.

"이번 주말에 시간을 좀 떼어서 친구들과 이야기 나누고, 일기를 쓰는 걸로 시작하면 좋을 것 같아요."

"좋아요!" 내가 말했다. "그렇다면 오늘 상담 시간이 끝날 때까지 슬픔과 함께 있어도 분노가 괜찮을까요?"

"네, 분노도 그에 대해 괜찮다고 느껴요." 그녀는 진심 어린 목소리로 답했다. "선생님이 옆에 있으면서 이 감정의 바운더리를 지킬 수 있도록 도와줄 거라는 사실에 안도하는 것 같아요."

이제 안드레아의 슬픔이 우리의 돌봄을 받게 되자, 그녀가 억누르고 있던 눈물이 얼굴을 타고 흘러내리기 시작했다. 나는 그녀에게 슬픔이 그녀를 압도하고 있는지 물었고, 그녀는 그렇지 않다고 안심시켰다. "드디어 마음껏 울 수 있어서 좋아요." 그녀는 속마음을 털어놓았다.

"슬픔은 안드레아에게 어떤 이야기를 하고 있나요?" 내가 물었다.

"샘을 처음 만났을 때, 그는 제 인생에 내려온 천사 같았어요. 제 첫사랑이었죠. 아버지는 어릴 적 엄마와 저를 떠났지만, 샘은 제 곁에 있어 줬어요. 그는 사랑과 웃음이 넘치는 새로운 삶을 약속해 줬어요. 샘과 함께 있으면 안정감이 느껴졌어요. 하지만 지난 1년 사이 그는 변했어요. 이제야 그게 보이네요. 하지만 샘이 이 모든 것을 저버렸다는 사실이 아직도 믿기지 않아요."

초대하고 짐 내려놓기

안드레아는 한결 차분해졌지만, 여전히 눈물이 그녀의 뺨을 타고 흘렀다. "아직도 샘을 사랑해요. 말로 설명하기 어렵지만, 그가 없으면 저는 온전하지 못할 것 같아요."

"당신의 슬픈 부분이 '샘이 없으면 나는 온전하지 못하다'라는 신념의 짐을 짊어지고 있는 것 같아요. 제가 제대로 이해했을까요?"

"네," 그녀는 조용히 말했다. "최근 우리 관계가 어려워졌다는 걸 알지만, 제 안의 어떤 부분은 여전히 그가 없으면 살아갈 수 없을 것 같다고 느껴요."

"샘 없이는 살아갈 수 없을지도 모른다는 그런 현실적인 걱정을 나눌 때도 예수님이 가까이 계신다고 느껴지나요?" 내가 물었다.

안드레아는 조용히 고개를 끄덕이며, 예수님의 임재를 느낄 수 있다고 말했다. "그분은 샘이 변했고, 우리의 관계가 끝났다는 현실을 받아들이도록 이끌어 주세요. 하지만 우리 사이에 있었던 좋은 것들은 결코 사라지지 않을 거라고 상기시켜 주세요. 샘이 내게 보여준 사랑과 내가 엿본 친절함은… 그 안에서는 불완전했지만, 하나님 안에서는 항상 발견할 수 있는 것들을 반영하는 것이었어요."

안드레아는 성령의 인도하심을 받는 참자아로부터 '샘 없이는 온전할 수 없다'라는 잘못된 신념을 짊어진 그 슬픈 내면의 부분 곁으로 예수님을 **초대했다**. 예수님이 그 곁에 가까이 오시자, 안드레아는 자신을 온전하게 만드는 것은 샘의 사랑이 아니라 하나님의 사랑이라는 진리를 인식하게 되었고, 그 신념의 **짐을 내려놓았다**. 그녀는 여전히 슬퍼했을까? 물론이다. 그러나 동시에 그녀는 더 강하고, 더 자유로운 젊은 여성으로 앞으로 나아갈 힘도 얻었다.

통합하기

"안드레아, 방금 슬픔과 시간을 보내고 난 뒤, 그 분노하는 보호자는 어떻게 반응하고 있나요?" 내가 물었다.

"이제 훨씬 차분해졌어요." 그녀는 눈물을 닦으며 대답했다. 그녀의 말처럼 그녀의 얼굴에도 한결 부드러움이 묻어났다.

"그렇다면 이제 분노가 긴장을 풀었으니 새로운 역할을 맡고 싶어 하지 않을까요?" 내가 다시 물었다.

"앞으로 샘과 이야기할 때 저 자신을 옹호하는 데 분노가 도움이 될 수 있을 것 같아요." 그녀는 한참 생각한 끝에 말했다. "선생님이 슬픔이 저를 압도하지 않아도 된다고 말씀하셨을 때, 분노가 그 말을 마음에 들어 했어요. 분노는 슬픔의 마음을 대변하고 싶어 해요. 샘이 제게 얼마나 많은 상처를 줬는지 단호하게 말하는 데 도움을 주고 싶어 해요."

안드레아의 내면에서는 그동안 분노와 슬픔이 주도권을 놓고 다투고 있었다. 그러나 이제 그녀는 이 둘을 통합하면서 분노가 새로운 역할을 맡고자 한다는 사실을 알게 되었다. 이제 분노는 그녀의 옹호자가 되어 슬픔을 대신해 단호하게 말함으로써 그녀를 지켜주는 역할을 할 수 있게 되었다. 더 이상 그녀의 내면은 혼란스

안드레아의 '유턴하기' 요약

안드레아가 '유턴하기'를 시도하며 자신의 슬픔에 집중했을 때, 그녀 안의 분노하는 부분이 나서서 이를 막으려 했다. 그것은 안드레아가 슬픔에 압도되지 않도록 보호하려는 반응이었다. 그러나 성령의 인도하심을 받는 참자아의 인도 아래 안드레아는 분노와 협상하였고, 자신이 슬픔과 건강한 바운더리를 세울 것임을 분노가 이해하도록 도왔다. 그 과정에서 안드레아는 슬픔이 자신을 압도하려는 것이 아니라, 단지 정당하게 자신을 알아달라고 호소하고 있었음을 깨달았다. 자신의 슬픔에 대해 연민을 품게 된 안드레아는 그 감정으로부터 분화되면서 마음속에 부드러운 바운더리를 세울 수 있었다. 여리고 상처받은 아이와도 같은 이 슬픈 감정은 그녀의 따뜻한 존재와 사랑 안에서 느낄 수 있는 안전함을 필요로 하고 있었다. 이전까지 안드레아는 슬픔이 너무 커서 두렵게 느껴졌고, 그 때문에 그 부분을 밀어내곤 했었다. 그러나 역설적으로 그녀가 슬픔과 친해지고 그것을 조금 더 가까이 들여놓자, 슬픔은 더 이상 그녀를 압도하지 않았다. 오히려 그녀는 평온해졌다.

럽지 않았다.

나의 슬픔을 알아가기

지금 내 안에 있는 깊은 슬픔의 부분과 어떤 관계를 맺고 있는가? 슬픔이 너무 가까이 있다면, 외로움, 자기연민, 우울감에 사로잡힐 수 있다. 반대로 너무 멀리 있다면, 이 중요한 감정을 부정하거나 무시하고 있을 가능성이 높다. 안드레아의 경우처럼, 우리 안에는 슬픔을 억누르기 위해 애쓰는 분노의 보호자가 있을 수 있다. 그러나 슬픔은 돌봄이 필요한 감정이다. 성령의 인도하심을 받는 참자아로부터 호기심을 품고, 귀 기울이며, 친해지는 것이 필요하다.

> 슬픔은 돌봄이 필요한 감정이다. 성령의 인도하심을 받는 참자아로부터 호기심을 품고, 귀 기울이며, 친해지는 것이 필요하다.

혹시 지금 누군가의 상실 또는 어떤 꿈의 상실 때문에 애도하고 있는가? 사실 그 경험을 어떻게 다루느냐에 따라 우리의 삶 전체가 달라질 수 있다. 만일 그 고통의 경험이 자신의 정체성처럼 자리 잡고 있다면, 그것은 슬픔이 너무 가까이에 있는 상태일 수 있다. 그런 경우에는 우리 마음속에 고통을 위한 거룩한 공간을 마련해 보자. 그러면 그 고통은 그리스도를 닮아가는 여정에 쓰임 받을 것이다.

이점, 위험, 필요, 두려움

이제 슬픔이라는 감정이 지닌 이점, 위험, 필요, 그리고 두려움에 대해 살펴보자.

① 이점

고통스러운 상실은 존중받아야 하며, 하나님께 올려드려야 한다. 슬픔을 내 편으로 삼으면 다음과 같은 유익을 얻을 수 있다.

- 타인과 하나님 앞에서 자신의 필요를 보다 분명하게 인식하게 된다.
- 아직 다루지 않은 상실이나 내면의 짐을 인식하도록 돕는다.
- 자신의 마음 및 자신이 진심으로 사랑하는 것이 무엇인지 깊이 이해하게 된다.
- 고통받는 이들과 함께 걸을 수 있는 공감 능력을 키워준다.
- 자기 삶의 이야기 안에 있는 고난을 진실하게 드러내고 나눌 수 있게 된다.

② 위험

슬픔은 결국 드러나게 되어 있다. 문제는 언제, 어디서, 어떻게 표현되느냐에 있다. 모든 감정과 마찬가지로 슬픔도 억눌릴수록 더 커지고 왜곡되어 나타난다. 그것이 극단적으로 치달을수록 위험에 빠질 가능성도 커진다. 슬픔이 사랑 안에서 환영받지 못하면, 다음과 같이 건강하지 않은 방식으로 표출될 수 있다.

- '나는 존재감이 없다', '무가치하다', '사랑받을 자격이 없다'라는 감정
- 우울과 절망
- 소진과 만성적인 피로
- 고통스러운 기억에 대한 반복적이고 집착적인 생각
- 불안, 잘못된 죄책감, 지속적인 수치심

③ 필요

슬픔이 건강한 바운더리 안에 머물기 위해서는 다음과 같은 조건이 필요하다.

- 잃어버린 사람, 관계, 기회를 충분히 애도할 수 있는 안전하고 신뢰할 수 있는 공간
- 슬픔이라는 감정이 빨리 괜찮아지기를 기대하기보다 그 자체가 먼저 충분히 존중받고 받아들여지는 경험
- 내면 가족 안에서 자기 자리를 찾아 신실한 동반자로 통합될 수 있도록 도와주는 부드럽고 건강한 바운더리

④ 두려움

우리 내면의 다른 부분들과 마찬가지로, 아픈 기억이나 잃어버린 꿈을 간직한 내면의 슬픈 부분은 보호자들이 그 가치를 아직 이해하지 못하고 있더라도 중요한 목적을 가지고 존재한다. 슬픔이 내 편이 되어 적절한 바운더리 안에 머물 수 있도록 돕기 위해서는,

슬픔이 성령의 인도하심을 받는 참자아에게 주도권을 넘기기 어려워하는 이유에 대해 살펴봐야 한다. 예를 들면 다음과 같은 두려움들이다.

- '삶을 계속 살아가다 보면 애도하던 사랑하는 이들을 잊게 될지도 몰라.'
- '용서하게 되면 내가 겪은 고통이 일어나지 않았던 것처럼 생각될지도 몰라.'
- '내 슬픔을 드러내면 사람들이 나를 멀리할지도 몰라.'
- '내가 도움이 필요한 상태가 아니면 아무도 내게 관심을 주지 않을지도 몰라.'

어떤 사람이나 상황이 우리를 압도하려 할 때 '유턴하기'를 시도하자. 먼저 지금 관심과 돌봄이 가장 필요한 슬픔의 부분에 집중하자. 그것이 너무 가까이 있다면, 그 이야기에 귀 기울이며 잘 들어주고, 그 부분에게 정중히 한 걸음 물러나 달라고 요청해서 슬픔을 더 잘 이해할 수 있도록 하자. 반대로 슬픔이 너무 멀리 있으면, 더 가까이 다가오도록 초대하자. 그렇게 하면 그 슬픔을 더 잘 이해할 수 있게 된다. 자신의 슬픔이 성령의 인도하심을 받는 참자아의 돌봄과 리더십을 신뢰하게 될 때, 그 슬픔은 마치 길을 잃고 떠돌던 양처럼 마침내 선한 목자의 품에 안기는 경험을 하게 될 것이다. "나는 양의 문이라 … 내가 온 것은 양으로 생명을 얻게 하고 더 풍성히 얻게 하려는 것이라"(요 10:7-10).

슬픔을 잊고 지나가는 것과 슬픔을 안고 나아가는 것은 다르다. 우리는 상실을 완전히 잊지 못할 수도 있다. 그러나 슬픔과 친해질 때, 그 아픔을 안고서 풍성한 삶을 향한 여정을 계속해 갈 수 있다.

슬픔의 원인

슬픔의 원인은 다음 세 가지 범주로 나누어 생각해 볼 수 있다. 좋은 것을 잃었을 때 느끼는 슬픔, 나쁜 것을 잃었을 때 느끼는 슬픔, 그리고 일어날 수도 있었던 일을 잃었을 때 느끼는 슬픔이다.[3]

좋은 것을 잃었을 때 느끼는 슬픔

상실은 인간 존재 전체를 아우르는 주제다. 만약 누군가 상실을 경험한 적이 없다면, 아마도 그는 사랑도 경험한 적이 없을 것이다. 우리 대부분은 둘 다를 경험하며 살아간다. 사랑했던 도시나 친구들을 떠나야 했을 수도 있고, 끊어진 관계 혹은 끝나버린 관계를 애도하고 있을 수도 있다. 부모, 형제자매, 자녀를 잃고 조용히 슬퍼하고 있을 수도 있다.

내(Alison)가 20대였을 때, 부모님이 내가 자라온 집을 팔고 아주 멀리 이사하신 적이 있었다. 나는 어린 시절의 18년을 매일같이 그 집에서 보냈고, 그 집은 조부모님 댁에

> 내 안의 슬픔을 품은 부분이, 성령의 인도하심을 받는 참자아의 사랑 어린 관심을 통해 하나님을 신뢰하게 될 때, 마음속을 떠돌던 이 길 잃은 양 같은 부분은 선한 목자의 품 안에서 안식을 얻게 될 것이다.

서 몇 집 떨어지지 않은 곳에 있었으며, 교회와 학교도 모두 그 근처였다. 나에 대한 모든 것이 그 지역에 뿌리를 두고 있었던 셈이다. 처음엔 그 변화가 불가피하다고 생각했고, 그래서 '이제는 잊자'라고 넘겼다. 하지만 수년이 지나 30대가 되어 정착하고 싶은 마음이 들었을 때, 그제야 비로소 그동안 외면했던 이 슬픔이 나를 덮쳤다. 나는 어린 시절 살았던 집이 너무나 그리웠다. 이 감정을 미국의 컨트리 가수 미란다 램버트(Miranda lambert)는 〈나를 만든 집(The House That Built Me)〉이란 곡에서 절절하게 노래하기도 했다.[4]

다음 해 여름, 나는 수년 만에 고향으로 돌아가 예전의 우리 집 앞에 차를 세웠다. 내 안의 어떤 부분이 애도하길 원하고 있었다. 나는 그 집의 문을 두드렸고, 그러자 낯선 여인이 문을 열었다. 눈물이 고인 내 눈이 어떤 상황인지 다 말해주고 있었기에, 그녀는 아무 말 없이 집 안으로 나를 안내해 주었다. 나는 그 집의 모든 방을 돌아다니며 걸음마다 소중한 기억들을 되짚었다. 슬픔으로 가득 찬 시간이었지만, 그 집과의 이 아름답고도 쓸쓸한 작별은 내 영혼의 부분들과 다시 연결되게 해주었다. 나는 과거로 돌아갈 수 없었고 돌아가고 싶지도 않았지만, 그 집이 내게 의미했던 것을 미래의 삶 속으로 통합할 수 있었다. 지금도 내 가족은 여름마다 고향에 들러 산을 오르고, 삼촌의 목장에서 사슴을 쫓으며, 어릴 적 친구들과 만난다. 내 영혼을 압도했던 슬픔과 연결된 덕분에 내 삶은 더 깊고 풍요롭게 되었다.

우리는 슬픔에 기습당할 필요가 없다. 슬픔의 소리에 귀 기울이고, 그 부분을 자비롭게 이끌 수 있다. 우리는 대개 고통을 무디게 하려는 경향이 있다. 하지만 고통을 무디게 하면 기쁨도 함께 무뎌진다. 슬픔에 집중하고 그것과 친해지게 되면, 얼어붙어 있던 우리 내면의 부분들이 다시 살아나게 된다. 이는 우리를 새로운 희망으로 나아가도록 돕고, 삶에서 진정으로 중요한 것이 무엇인지 인식하고 그것과 연결된 상태로 살아가게 해준다.

> ### 기쁨과 슬픔: 동전의 양면
>
> 우리 영혼 안에는 기쁨과 슬픔이 함께 존재한다. 이 두 감정 모두 우리 전체의 선을 위해 존재하길 원한다. 기쁨은 우리가 웃을 수 있게 도와주고, 눈물 역시 생기 있는 삶에 없어서는 안 될 요소다. 이 감정들을 차단하면, 우리는 영혼의 소중한 부분들과도 단절된다. 반대로 슬픔을 기꺼이 받아들이면, 이 중요한 감정은 우리의 내면 가족 안에서 유익한 역할을 찾게 된다. 그렇게 되면 우리 마음은 타인의 고통에 공감할 수 있는 능력을 함께 기를 수 있다. 지혜로운 솔로몬 왕은 이렇게 말했다. "울 때가 있고 웃을 때가 있으며 슬퍼할 때가 있고 춤출 때가 있으며"(전3:4). 한편으로 진정한 기쁨을 누리면서도, 다른 한편으로 슬픔과 함께할 수 있다는 하나님의 창조 설계가 얼마나 놀라운 일인지 모른다!

나쁜 것을 잃었을 때 느끼는 슬픔

우리는 익숙해진 사람이나 방식에서 벗어나는 것을 종종 어려워한다. 설령 그것이 우리에게 해로운 것이었다 해도 말이다. 실제로 삶에서 망가진 무언가를 떠나는 것이 오히려 좋았던 것을 떠나는 것보다 더 아플 때가 있다. 건강한 이별은 좋은 기억을 남긴다. 우리는 그런 사람이나 장소를 떠올리며 따뜻하게 기억하고, 마음속에 간직한다. 그 관계가 끝났더라도, 그 안에서 좋았던 것은 마음에 간직한 채 계속 걸어갈 수 있다. 그러나 해로운 관계를 끝내는 이별은 종종 매우 고통스럽다.

예를 들어, 나(Alison)는 언젠가 총명하고 신실한 여성 마리아와 상담한 적이 있다. 그녀는 4년간 중독적이고 폭력적인 성향의 남성과 교제하고 있었다. 내가 그녀에게 "무엇이 그를 떠나지 못하게 하나요?"라고 묻자, 마리아는 한참을 망설이다가 솔직히 말했다. "그 아픔을 마주하는 게 두려워요." 그녀는 인생의 4년을 반복적으로 자신을 상처 입힌 사람을 사랑하는 데 바쳤다. 그녀 내면의 한 부분은 그 관계가 파괴적이었으며 결국 끝날 수밖에 없다는 사실을 인정하려 하지 않았다. 그래서 결국 그녀는 알고 있는 익숙한 고통을 붙잡고, 알지 못하는 낯선 고통을 피하려고 했던 것이다. 그러나 그러는 사이, 그녀는 자신의 삶을 앞으로 나아가게 할 기회를 놓치고 있었다.

과거의 실수나 잃어버린 시간과 마주하는 일이 두려울 수는 있지만, 그 두려움에 지배당할 필요는 없다. 만약 자신이 지금 깨어진 어떤 것을 떠나는 것이 힘겹게 느껴진다면, '유턴하기'를 하여 그 두려움의 실체를 들여다보자. 슬픔과 친해지고, 성령의 인도하심을 받는 참자아로부터 위로를 경험하면, 앞으로 나아갈 수 있고 새로운 삶을 시작할 수 있다.

꿈을 잃었을 때 느끼는 슬픔

인생에서 좋은 것을 잃은 슬픔과 나쁜 것을 끊어낸 슬픔 외에도, 우리는 더 이상 실현될 수 없는 꿈을 잃은 자기 내면의 부분에도 주의를 기울여야 한다. 예를 들어, 신체적 제약으로 인해 꺾인 인생이나, 한때 꿈꿨던 행복한 결말이 절대 실현될 수 없는 현실 앞에서 우리는 슬픔을 느낄 수 있다. 이렇듯 이루어지지 못한 꿈이나 기대에 대해 실망을 품고 있지 않은가? 자신이 바랐던 삶과 현실 사이에 간극이 존재하는가? 그렇다면 실현될 수도 있었던 가능성에 작별을 고하면서도 이 상실을 슬퍼하는 내면의 부분 곁에 온전히 머물러 보자.

슬픔을 내 편으로 만들기

우리 내면의 슬픔은 성령의 인도하심을 받는 참자아의 인도 아래 있을 때, 연민과 강함으로 변화될 수 있다. 고통이 우리를 하나님께 더 가까이 나아가 그분의 능력을 경험하도록 이끌 때, 그것은 치유로 이어진다. 사도 바울은 "육체의 가시"를 없애달라고 간절히 기도했지만, 하나님은 이렇게 말씀하셨다. "내 은혜가 네게 족하도다 이는 내 능력이 약한 데서 온전하여짐이라"(고후12:9). 바울은 하나님이 그에게 편안함을 주시기보다 그의 성품을 빚고 영적인 열매를 맺게 하고자 하신다는 사실을 깨달았다. 우리가 우리 내면의 슬픈 부분과 친해지면, 하나님은 그 고통을 사용하여 우리 영혼 안에 온유함을 형성하신다. 자신에게 온유할수록 타인에게도 온유할 수 있고, 결국 그리스도를 더욱 닮아가게 된다.

만일 상실의 슬픔을 겪고 있다면, 삶 속에 애도할 공간을 마련하자. 시편의 약 3분의 1이 탄식으로 구성되어 있는 것은 우연이 아니다. 탄식은 믿음 없음의 표현이 아니라, 오히려 믿음을 끝까지 붙드는 표현이다. 그러니 다음과 같이 스스로에게 약속해 보자. 내가 고통을 느낄 때마다 내 슬퍼하는 부분을 주의 깊게 살피고, 그 곁에 예수님을 초대하겠다고 말이다. 이 연결이야말로 지금 이 순간 무엇보다도 소중하다. 왜냐하면 그 슬퍼하는 부분이 하나님의 인자하심을 새롭게 경험하게 될 것이기 때문이다. "애통하는 자는 복이 있나니 그들이 위로를 받을 것임이요"(마5:4).

자신이 겪은 전신 마비라는 고통을 전 세계 수많은 사람들을 섬기는 사역으로 바꾼 조니 에릭슨 타다(Joni Eareckson Tada)라는 작가는 이렇게 말했다. "내면의 고통은 우리를 하나님께로 이끕니다. 간절하고 절박하게 하나님을 찾게 만듭니다. 우리의 마음이 아플 때, 하나님은 그 어느 때보다 가까이 계십니다."[5] 자신의 슬픔이 구주와의 더 깊은 연합으로 우리를 이끌도록 하자. 그분과 함께 십자가에 못 박힐 때, 우리는 세상을 위한 치유의 통로가 될 수 있다. "그러므로 하나님의 능하신 손 아래서 겸손하라 때가 되면 너희를 높이시리라 너희 염려를 다 주께 맡기라 이는 그가 너희를 돌보심이라"(벧전5:6-7).

예수님의 십자가와 부활을 통해, 하나님은 우리 삶의 모든 고통스러운 경험을 치유하시는 놀라운 사역으로 우리를 초대하신다. 우리가 그 회복의 날에 이를 때까지 성령께서 우리를 위해 간구하신다. "이와 같이 성령도 우리의 연약함을 도우시나니 우리는 마땅히 기도할 바를 알지 못하나 오직 성령이 말할 수 없는 탄식으로 우리를 위하여 친히 간구하시느니라"(롬8:26). 우리가 무엇을 기도해야 할지 모를 때조차 성령께서 우리를 위해 대신 기도하신다. 이 깨어짐과 아름다움이 공존하는 인생의 여정 속에서 우리의 슬픔이 예수님의 변함없는 자비를 경험하며, 우리 영혼 안에서 가장 존귀한 부분 중 하나가 되기를 소망한다.

12장

시기심과 욕망

"그녀의 아름다움과 달빛이 당신을 압도했지."

_레너드 코헨(Leonard Cohen), "할렐루야(Hallelujah)"

"내 영혼아 여호와를 송축하며 그의 모든 은택을 잊지 말지어다 … 좋은 것으로 네 소원을 만족하게 하사"

_시편 103편 2, 5절

시기심(evny)
다른 사람이 누리는 이점을 고통스럽거나 억울한 마음으로 의식하면서 그 이점을 자신도 갖고 싶어 하는 감정[1]

욕망(desire)
무언가를 갖거나 어떤 일이 일어나기를 간절히 바라는 강한 마음[2]

만일 나의 시기심이 하나님이 내게 주신 가능성을 깨닫게 하는 길잡이가 될 수 있다면 어떨까? 누구나 한 번쯤 울타리 너머에 있는 이웃의 잔디밭이 더 푸르게 보인다고 느껴본 적이 있을 것이다. 하지만 만약 성령의 인도하심을 받는 참자아가 내 안의 시기심을 이끌지 못한다면, 그 시기심은 결국 내 잔디밭은 물론 남의 잔디밭까지 망가뜨리게 될 것이다.

나는 어떤 상황에서 시기심을 느끼는가? 누구의 잔디밭이 내 것보다 더 좋아 보이는가? 아니면 아예 내 잔디밭이라 부를 수 있는 것조차 없다고 느끼는가? 어떤 경우든 시기심은 마치 관리자처럼 우리 안에 묻혀 있는 소망과 꿈의 고통을 미리 피하도록 하거나, 혹은 소방관처럼 그 감정에 무감각하게 하여 우리를 보호하려고 한다.

창세기 37장에 등장하는 요셉의 이야기를 떠올려 보자. 요셉의 형제들은 요셉이 아버지 야곱에게 가장 사랑받는 아들이었기 때문에 그를 시기했다. 요셉은 장차 자신이 권세를 가지게 될 미래를 꿈꾸었고, 하나님도 그를 특별히 돌보시는 것처럼 보였다. 하나님은 그 꿈을 통해 요셉에게 미래를 암시하셨다. 누구라도 자신의 아버지에게 소중히 여김을 받고, 하나님으로부터 위대한 비전을 받고 싶지 않겠는가? 하지만 요셉의 형들은 자신들도 사랑받고 싶은 그 내면의 욕망을 마주하기보다, 그 안에 시기심이 점점 자라나도록 내버려두었다. 결국 그들은 요셉을 죽이기로 모의했다. 그러나 맏형인 르우벤이 죄책감을 느껴 요셉을 죽이기보다는 노예로 팔자고 제안했고, 다른 형제들도 이에 동의했다. 그 결과 아버지 야곱은 깊은 상심에 빠졌다.

요셉의 형제들이 느꼈던 시기심과 같은 감정을 느끼는 부분이 우리에게도 있는가? 누군가의 성공을 바라보며 우리 영혼이 흔들릴 때가 있는가? 그렇다 해도 낙심하지 말자. 우리는 그 시기심에 **집중하고**, 그것과 **친해질** 수 있다. 그리고 그렇게 할 때 그 감정은 오히려 우리가 진정한 자신으로 살아가는 데 도움을 줄 수 있다.

우리 자신과 우리 안의 시기심 및 욕망과의 관계를 살펴보자. 전반적으로 우리는 그 감정들과 어느 정도의 거리에 있는가? 아래에 표시해 보자.

너무 가까움 ──────── 편안한 거리 ──────── 너무 멀어짐

이제 한 내담자가 자신이 가질 수 없는 여성에게 느낀 욕망을 어떻게 다뤘는지, 그리고 그 시기심이 어떻게 그를 더 만족스러운 관계로 인도했는지를 살펴보자.

호세가 시기심을 느낄 때 '유턴하기'를 하다

호세는 사랑했던 여인이 다른 남자와 결혼한다는 사실을 받아들일 수 없어서 나(Kimberly)를 찾아왔다. "저는 수년 동안 아멜리아와 사귀어왔어요. 물론 그녀는 몰랐지만요." 호세는 수년간 이루어질 수 없는 사랑의 감정에 압도되어, 시기심과 충족되지 않은 욕망의 소용돌이 속에 빠져 있었다.

보호자 부분에 집중하고 친해지기

상담이 시작되고, 나는 호세에게 아멜리아와의 관계에 대해 좀 더 자세히 물었다.

"대학 마지막 학기에 영어 수업에서 만났어요. 우리는 읽고 있던 책들에 대해 오래 이야기했죠. 그렇게 깊이 통하는 사람은 처음이었어요. 아멜리아에게 남자친구가 있다는 걸 알았지만, 마치 저에게 마음이 있는 것처럼 느껴졌어요. 마지막 수업 날, 아멜리아가 저와 함께한 시간이 정말 즐거웠다고 했어요. 그 후로도 편지를 보내오고, 심지어 저를 찾아오기도 했어요. 우리는 서로 특별한 연결이 있다고 믿었어요. 그런데 아멜리아가 결혼하다니 믿을 수가 없어요."

"그러니까, 호세 씨 안의 어떤 부분은 아멜리아가 남자친구가 있음에도 불구하고 그녀와 관계가 더 깊어질 수 있다고 믿었던 거군요?" 내가 물었다.

"맞아요." 호세가 대답했다. "어쩌면 아멜리아가 매튜와 사귄다는 사실 때문에 오히려 더 간절히 원했던 것 같아요. 저는 매튜가 가진 걸 갖고 싶었어요."

"매튜를 시기하는 호세 씨 안의 그 부분에 대해서는 어떻게 느끼시나요?" 내가 다시 물었다.

"그 부분이 싫어요." 그가 대답했다. "왜 저는 아직도 그녀를 잊지 못하고, 다른 관계로 나아가지 못하는 걸까요?"

"호세 씨, 좋은 의도를 가진 그 내면의 비판자에게 따뜻한 연민을 보내줄 수 있을까요?" 내가 제안했다. "그 비판자도 결국 호세

씨를 돕고 싶어 하는 마음에서 그런 거니까요. 우리가 호세 씨 안의 시기심을 좀 더 잘 이해하게 되면, 호세 씨가 더 만족스러운 관계를 맺는 데 도움이 될 거라고 그 비판자에게 알려주세요."

비난하는 대신 이해하려고 하자, 호세의 시기심은 긴장을 풀기 시작했다. 계속해서 그 시기심에 집중하고 친해지기 시작하면서, 호세는 그 시기심이 실제로는 자기 안에서 끊임없이 다른 사람들과 비교하게 만들며, 자신의 마음을 산만하게 하는 역할을 해왔다는 사실을 깨닫게 되었다. 그리고 우리는 곧 이 시기심이 호세 안의 상처 입은 유배자 부분이 느끼는 고통을 무디게 만들기 위해 오래도록 애써왔음을 알게 되었다.

유배자 부분에 집중하고 친해지기

다음 상담 시간에 호세는 아멜리아를 마지막으로 만났다고 말했다.

"아멜리아가 저를 사랑해 주길 바라는 제 안의 그 부분을 이해하고 싶어요. 아멜리아가 저를 사랑하지 않는다는 걸 알면서도 말이에요." 그가 말했다.

"호세 씨, 그 욕망의 부분에 집중해 볼 수 있을까요?" 내가 물었다. "그 간절한 마음을 지닌 부분에 대해 어떤 감정이 드시나요?"

"연민이 느껴져요." 그가 말했다. "그 부분은 나를 할머니 댁에 맡기고 돌아오지 않았던 엄마를 떠올리게 해요."

호세는 성령의 인도하심을 받는 참자아로부터 자신의 욕망하는 부분과 연결되어 친해지기 시작했다. 그리고 마침내 그가 가진 가장 큰 문제는 아멜리아가 아니라는 사실을 인식했다. 사실 그가 사로잡혀 있던 것은 사랑받고 싶은 욕망이었다. 그것은 초등학생 시절에 중독 문제로 자신을 떠났던 엄마에 대한 상처에서 비롯된 욕망이었다. 호세는 그 시절에 새겨진 익숙한 상처를 무의식적으로 반복하며, 여전히 다가갈 수 없는 여인을 좇고 있었던 것이다.

초대하고 짐 내려놓기

호세는 그 유배된 욕망의 부분이 떠올리게 해주는 기억들을 계속해서 나눴다. 그는 자라오며 어머니의 존재를 간절히 원했다. 이 이야기를 듣고 난 후, 나는 그에게 예수님이 이 과거의 고통 속에 갇힌 부분 가까이에 계신다고 느껴지는지 물었다.

호세는 잠시 멈추더니 말했다. "예수님을 가까이 초대하면, 엄마를 놓아줘야 할까 봐 두려워요. 언젠가 엄마와 다시 가까워질 수 있으리라는 소망까지도 내려놔야 할 것 같아요."

"그 부분은 예수님으로부터 무엇을 원하나요?" 내가 물었다.

"내가 얼마나 사랑받고 싶어 했는지, 엄마의 부재가 얼마나 아팠는지를 예수님이 알아주셨으면 해요." 호세는 그 유배된 부분을 느끼며 말했다. "오랫동안 엄마를 기다려온 이 어린 부분 위로 빛이 스며드는 게 느껴져요. 예수님이 지금 이 부분 곁에 계세요." 그는 잠시 후 말했다. "예수님은 이해하고 계세요."

그 후 호세는 이 내면의 부분을 위해 기도하기 시작했다고 말했다. 기도하면서 상상력을 활용한 그는 어두운 곳에 숨어 있던 이 내면의 부분이 용기 있게 빛 속으로 나아오는 모습을 그려보았다.

호세는 예수님을 가까이 초대하여 자신이 중요하지 않다는 거짓된 신념을 내려놓고, 자신이 하나님께 사랑받는 존재라는 진리를 받아들였다. 그는 삶의 기쁨을 다시 느끼기 시작했고, 새로운 꿈이 솟아오르는 경험을 했다.

통합하기

"이제 호세 씨의 욕망이 하나님의 임재 안으로 나아가는 법을 배우고 있는 만큼, 호세 씨의 시기심도 새로운 역할을 맡고 싶어 하지 않을까요?" 내가 물었다.

그의 대답은 바로 나왔다. "제가 또 다시 과거에 머물러 있을 때, 그 시기심이 저를 일깨워주고 싶어 하는 것 같아요."

몇 달 후, 호세는 새로운 사람을 만났다고 전해왔다. 그는 인생에서 처음으로 의미 있는 관계를 향해 한 걸음씩 나아가고 있었다.

호세의 '유턴하기' 요약

호세가 자신의 시기심에 집중하고 그 부분과 친해지기 시작하자, 시기심도 안정을 찾기 시작했다. 이전에는 너무 가까이 있었지만, 호세의 연민 어린 관심을 받자 성령의 인도하심을 받는 참자아로부터 편안한 거리를 유지하게 되었다. 이후 호세는 자신의 시기심이 보호하고 있던 유배된 욕망의 부분에 접근할 수 있게 되었다. 그는 이 유배자와도 친해졌고, 그 곁에 예수님을 **초대했다**. 그러자 이 내면의 부분은 예수님의 사랑을 경험하고, 고통스러운 신념을 **내려놓을** 수 있게 되었다.

그 결과 호세는 더 이상 가질 수 없는 사람을 향한 갈망을 멈추었다. 대신에 그의 시기심은 이제 과거에 남아 있는 더 많은 슬픔을 다룰 필요가 있다고 알려주는 신호가 되었다. 드디어 그는 접근 불가능한 여성들을 쫓는 일을 멈추고 진정한 사랑을 향해 자신의 마음을 건강하게 열 수 있게 되었다. 성령의 인도하심을 받는 자리에서 그는 비로소 하나님께서 주신 가능성을 따라 살아가기 시작했다.

호세처럼 우리도 영혼의 어떤 부분이 우리를 보호하기 위해 선택한 전략이 실패했을 때, 그 부분으로부터 배울 수 있다. 충족되지 않는 삶의 선택을 반복하는 대신, 우리 안의 시기심과 그것이 오랫동안 보호해 온 충족되지 못한 욕망과 건강한 관계를 맺을 수 있다.

시기심 알아가기

시기심은 우리 안의 유배된 부분들을 보호하려고 충직하게 노력해 왔음에도 불구하고 종종 나쁜 평판을 받아 왔다. 그러나 조금만 관심을 기울이면 시기심은 우리 편이 되어, 예수님을 초대하고 그분께서 우리의 욕망을 돌보시며 바른 방향으로 인도하시도록 이끌 수 있다. 성령의 인도하심을 받는 참자아가 연민 어린 마음으로 시기심을 돌보는 순간, 이전에는 압도적으로 느껴졌던 이 부분도 점차 우리의 리더십을 신뢰하게 될 것이다. 성령의 인도하심을 받는 참자아로부터 리더십을 실천할수록, 우리 안의 시기심은 유배자들을 대변하면서 우리로 하여금 그 부분들과 친해지도록 도울 수 있다.

그렇게 되면 우리는 시기심이 오랫동안 충성스럽게 지켜온 채워지지 않은 욕망을 마주하게 될 것이다. 그리고 그 욕망을 자세히 들여다보기 시작하면, 그 과정에서 때로는 상실이나 후회의 감정을 지닌 또 다른 내면의 부분들을 만나게 될 수도 있다. 욕망을 알아가고자 할 때, 그 안에 깃든 슬픔도 함께 환영해 주자. 우리가 그 슬픔을 받아들이고 잘 돌보면, 욕망의 에너지를 삶의 중요한 선택을 이끄는 힘으로 사용할 수 있게 된다. 더 이상 남의 푸른 잔디밭을 부러워할 필요 없이, 내 앞에서 자라고 있는 아름다움을 즐기고 내 삶의 잔디밭을 정성껏 가꿔갈 수 있을 것이다.

비교하고 싶은 마음이 올라올 때, 시기심이 유익하게 작동될 수 있도록 도와주자. 시기심에 **집중하고 친해지며**, 그 안에 담긴 선한 의도를 인정하자. 예수님을 **초대해** 시기심과 함께하시며 그 부분이 지닌 거짓된 신념을 **내려놓도록** 도와달라고 하자. 그리고 다섯 단계의 과정을 통해 시기심이 보호하고 있는 욕망을 돌본다면, 이 귀중한 내면의 두 부분인 시기심과 욕망이 내면의 한 팀으로 통합될 수 있을 것이다.

이점, 위험, 필요, 두려움

시기심이라는 감정이 지닌 이점과 위험, 필요 그리고 두려움을 함께 살펴보자.

① 이점

시기심은 우리의 삶에서 관심을 기울여야 할 영역이 어디인지 알려주는 이정표가 될 수 있다. 이 감정의 존재는 우리 영혼의 상태를 알려주고, 성장의 기회를 포착하게 해준다. 다른 감정들과 마찬가지로 시기심 역시 무시당하기보다 귀 기울이고 이해해 주기를 바란다. 내 편으로 대할 때, 시기심은 다음과 같은 역할을 할 수 있다.

- 자신이 억눌렀거나 외면해 온 소망을 일깨워준다.
- 무시당했다고 느끼는 영혼의 취약한 부분을 드러낸다.
- 자신의 한계를 현실적으로 인식하게 하여 실제적인 목표를 향해 나아가도록 돕는다.
- 자신 안에 잠재하는 가능성을 일깨워준다.
- 타인의 성공에서 배울 수 있도록 이끌어준다.

② 위험

소중히 여기는 것에 대한 감사를 가장 빨리 잃는 방법은 그것을 더 좋아 보이는 것과 비교하는 것이다. 시기심이 마음을 지배하게 되면 큰 피해를 초래할 수 있다. 시기심은 반드시 어떤 식으로든 표출된다. 문제는 그것이 언제, 어디서, 어떻게 표현되느냐에 있다. 내면의 건강한 바운더리가 없다면, 시기심은 다음과 같은 방식으로 해로운 결과를 가져올 수 있다.

- 왜곡된 시각, 분노, 괴롭힘, 타인에 대한 증오
- 타인의 행복을 방해하거나 훼손하려는 시도 또는 욕구
- 정직하지 못한 행동이나 기만적인 행동

- 삶의 본질적 목적에서 벗어나게 함
- 정당한 욕망을 인정하지 못함
- 고립되어 타인을 섬기고 공동체를 세울 기회를 놓침

③ 필요

시기심이 건강한 바운더리 안에 머물기 위해서는 다음과 같은 도움이 필요하다.

- 명확한 관점을 가질 수 있도록 일정한 거리두기를 배우기
- 억울함을 하나님께 솔직히 내어놓고, 자신의 욕망을 그분의 뜻 안에서 다듬어달라고 요청하기
- 성령의 인도하심을 받는 참자아를 신뢰함으로 내면 가족 안에서 더 유익한 역할을 맡을 수 있도록 돕기

④ 두려움

우리 안의 다른 모든 부분과 마찬가지로 시기심 역시 우리를 도우려는 선한 의도를 가지고 있다. 비록 그 방식이 때로는 잘못되었을 수 있지만 말이다. 시기심이 건강한 바운더리 안에 머물면서 내면 가족의 유익한 구성원이 되도록 돕기 위해서는, 성령의 인도하심을 받는 참자아가 앞장서는 것에 대해 시기심이 느끼는 두려움을 이해해야 한다. 예를 들어, 시기심은 이렇게 느낄 수 있다.

- '마음의 상처에서 벗어날 수 없을 것만 같아.'

- '나의 욕망은 결국 잊히거나 무시될 거야.'
- '나는 영원히 불행할 거야.'
- '내가 원하는 것을 얻지 못하면, 인생이 지루해질 거야.'

우리가 시기심에게 연민을 보이기 시작할 때, 시기심은 우리에 대한 지배력을 잃게 된다. 그러면 시기심 아래 감춰진 진짜 욕망을 알아차릴 수 있게 되며, 그 에너지를 고귀한 꿈을 향해 전환시킬 수 있게 된다. 시기심이 성령의 인도하심을 받는 참자아를 신뢰하게 되면, 내면의 조력자로 변화되어 우리로 하여금 삶의 목적에 집중하도록 도울 것이다.

시기심 vs. 질투심

시기심과 유사한 감정 중 하나로 질투심이 있는데, 이 감정도 언제나 잘못된 것만은 아니다. 시기심은 자신에게 속하지 않은 것을 탐내는 것이고, 질투심은 자신에게 속한 것을 지키려는 열망이다.[3] 예를 들어, 남편이 외도할 때, 아내가 질투심을 느끼는 것은 지극히 자연스러운 반응이다. 하나님 역시 그분의 백성인 이스라엘이 반복해서 그분을 저버릴 때 질투심을 느끼셨다.[4] 성경은 이렇게 말한다. "너는 다른 신에게 절하지 말라 여호와는 질투라 이름하는 질투의 하나님임이니라"(출34:14).

이스라엘 백성이 그들의 마음을 우상에게로 돌렸을 때, 하나님은 단지 질투하셨을 뿐만 아니라, 그 에너지를 사용해 그들로 하여금 다시 그분께로 마음을 돌이키게 하셨다. 하나님은 예수님의 죽음을 통해 새로운 자녀들을 입양하는 길을 여셨으며, 그들에게 풍성한 사랑을 부어주심으로써 그분의 첫 자녀들인 이스라엘 백성에게 그분의 선하심을 다시 일깨워주셨다. 하나님의 목적은 이스라엘을 벌주시려는 것이 아니라, 그들이 잃어버린 것이 무엇인지 보여주심으로써 그들로 하여금 다시 하나님께 돌아오도록 하려는 데 있었다. "그러므로 내가 말하노니 그들이 넘어지기까지 실족하였느냐 그럴 수 없느니라 그들이 넘어짐으로 구원이 이방인에게 이르러 이스라엘로 시기나게 함이니라"(롬 11:11). 이처럼 하나님이 그분의 질투하시는 마음을 선한 방향으로 이끄셨듯이, 우리 역시 질투심을 더 높은 목적을 위해 사용할 수 있다.

그러므로 시기심과 질투심, 그리고 이 감정들 아래에 깔린 동기를 구분하는 것이 중요하다. 예를 들어, 시기심은 신앙의 위기, 낮은 자존감, 실패나 상실에 대한 깊은 두려움에서 비롯될 수 있다. 그러나 이런 시기심과 친해지면, 그것은 다른 사람에 대한 깊은 존중과 감탄으로 전환될 수 있다.

마찬가지로 질투심을 들여다보고 이해하는 일도 우리의 내면 가족에게 유익하다. 자신의 질투심이 내면의 유배된 부분이 품은 불안감에서 비롯된 것인지, 아니면 정말 소중한 무언가를 지키고자 하는 건강한 욕구에서 나온 것인지 살펴보자. 확신이 서지 않는다면, '유턴하기' 다섯 단계를 따라가며 확인해 볼 수 있다. 자신의 갈망을 존중하고, 충족되지 않은 욕망을 새로운 방향으로 이끌어가자. '유턴하기' 과정을 통해 이런 강력한 감정들과 친해지고, 그것들을 가장 든든한 내 편으로 만들어갈 수 있다.

> **주의: 특권 의식 작동 중!**
>
> 우리 안의 어떤 부분들은 자신이 원하는 것을 당연히 가져야 한다고 믿는다. '나는 멋진 배우자를 만날 자격이 있어', '나는 잘된 자녀를 가질 자격이 있어', '나는 성공할 자격이 있어.' 이런 신념을 가진 시기심의 이야기를 들어주며 예수님을 그 감정 가까이에 초대하자. 그리고 마음 깊은 곳에서 알고 있는 진리를 조용히 상기시키자. 즉 사실 나는 그 어떤 것도 당연하게 누릴 자격이 있는 존재가 아니며, 지금 내 삶에서 누리는 모든 좋은 것은 하나님께서 은혜로 주신 선물이라는 진리 말이다. 그런 다음 시기심의 에너지를 활용해 하나님과 함께 내 꿈을 새롭게 조율해 보자. 그러면 하나님께서 내 삶에 펼치실 놀라운 계획을 직접 경험하게 될 것이다.

시기심의 원인: 충족되지 않은 욕망

시기심은 어디서 비롯되는가? 앞서 이야기했듯이, 그 근원에는 시기심이 보호하고 있는 연약하고 충족되지 못한 욕망이 있다. 따라서 시기심을 직면하면, 그 밑에 감춰진 가장 깊은 욕망과 마주하게 될 것이다. 이 욕망은 양날의 검과 같다. 한편으로는 놓쳐버린 기회들을 떠올리게 하며 후회와 슬픔으로 우리를 이끌 수 있지만, 다른 한편으로는 의미 있는 열정과 관계, 더 큰 만족을 향해 우리를 움직이게 할 수도 있다.

예를 들어, 나(Alison)는 대학원 시절에 함께 일하던 여성 지도자에게 시기심을 느낀 적이 있다. 그분은 다정하고 친절했기에 내 안에 있는 그런 감정이 싫었다. 하지만 그 감정을 솔직하게 직면하게 되자, 내 안에 아직 인식하지 못했던 갈망이 있다는 사실을 알아차렸다. 시간이 흐르면서 나는 내면의 여러 부분을 재정렬하여 감추어져 있던 나의 욕망을 따를 수 있도록 도왔다. 그 결과 시기심은 오히려 그녀에게서 배울 수 있는 것이 많음을 깨닫는 마음으로 변화되었다.

욕망은 때로 고통스럽고 위험하게 느껴진다. 그것을 받아들이는 것은 상실과 후회에 노출되는 취약한 존재가 된다는 뜻이기 때문이다. 그래서 우리는 욕망을 멀리하고, 대신 시기심에 기대려는 경향이 있다. 그러나 욕망은 우리를 더 풍요로운 삶으로 이끌 수 있는 원동력이 되기도 한다. 욕망이 없다면, 누가 아침에 침대에서 일어나고 싶겠는가? 온전한 삶을 살고 싶다면, 내 안의 욕망에 마음을 열고 그것을 하나님 앞에 부드럽게 이끌어가야 한다.

내(Kimberly)가 어릴 적 여름 캠프에 갔을 때 혼자서 외롭기도 하고 엄마도 보고 싶어서 엄마에게 편지를 쓴 적이 있다. 캠프에 처음 도착했을 때는 친구가 하나도 없었고, 그래서 달력의 날짜를 지워가며 엄마를 만날 날만 기다렸다. 그때 엄마는 편지를 보내 이렇게 조언해 주셨다. "너도 외로워 보이는 친구를 찾아가 재미있는 활동을 함께 해보렴." 나는 그 조언을 따랐고, 곧 새로운 친구들과 함께 숙소 지붕 위에 앉아 시간을 보낼 수 있었다. 그때 재밌는 선생님이 몰래 껌을 나눠주셨고, 우리는 별을 바라보며 라디오에서

흘러나오는 음악을 함께 들었다. 그 순간 나는 이렇게 생각했다. '지금 이곳이야말로 최고의 파티구나!'

하나님은 우리가 원하는 것을 반드시 주겠다고 약속하신 적은 없다. 하지만 하나님은 우리가 만족하기를 원하신다. 사실 우리 안에 열망을 심으신 분은 바로 하나님이시다. 그분은 궁극적으로 우리의 열망을 채워주고자 하신다. 따라서 우리가 하나님께 우리의 꿈을 내어드린다면, 이루어지지 않은 욕망으로 인한 아픔은 점차 그 무게가 가벼워질 것이다. 하나님은 우리의 상실을 존중하시며, 새로운 꿈을 설계할 수 있도록 우리의 마음을 부드럽게 인도하신다. 성령의 인도하심을 따를 때, 우리는 고립된 불안에서 벗어나 목적 있는 연결로 나아가는 여정을 시작할 수 있다. 리처드 슈워츠는 다음과 같은 희망의 메시지를 전했다. "가령 누군가가 상처 준 일에 대해 분노하며 속을 끓이거나, 이상적인 짝을 꿈꾸며 공상하는 데 에너지를 써왔다고 해보자. 만약 그 모든 에너지를 현재 이 순간에 쏟을 수 있다면, 그리고 지금 하고 있는 일을 온전히 즐기는 데 집중할 수 있다면 우리의 삶은 얼마나 달라질 수 있겠는가?"[5]

내가 꿈꾸는 삶을 창조하자

C. S. 루이스는 그의 가장 유명한 설교 중 하나인 "영광의 무게"(1941년 6월 8일)에서 욕망의 가치를 생생하게 묘사하며, 하나님께 자신의 욕망을 맡기면 인생이 우울하고 무의미해질 것이라는 오해를 정면으로 뒤집는다. 오히려 그는 하나님께서 우리의 욕망을 이

루어주시길 원하신다고 말한다.

> 우리는 예수님을 따르기 위해 자기를 부인하고 십자가를 지라고 배웁니다. 그런데 우리가 예수님을 따를 때 결국 얻게 될 것이 무엇인지에 대한 거의 모든 설명에는 욕망에 대한 호소가 담겨 있습니다. … 주께서는 우리의 욕망이 너무 강하다고 여기시는 것이 아니라, 오히려 너무 약하다고 보십니다. 우리는 미완성된 존재들입니다. 술과 성적 쾌락, 야망에 빠져 허비하면서, 정작 우리에게 허락된 무한한 기쁨의 가치는 깨닫지 못합니다. 마치 바닷가로 휴가를 가는 것이 무엇인지 상상조차 할 수 없어서, 빈민가에서 진흙 파이를 만들며 노는 것을 고집하는 무지한 아이와도 같습니다. 우리는 너무 쉽게 만족해 버리는 존재들입니다.[6]

만약 자기 안에 있는 욕망의 부분이 마치 탕자처럼 방황하며 진흙탕에 빠져 있다면, 그에게 절실히 필요한 유능한 리더가 되어주자. 그 욕망을 품고 사랑으로 돌보며 인도하자. 그리고 예수님을 그 욕망 곁으로 초대하자. 두려움과 후회의 짐을 주님께 내려놓고, 그분으로부터 새로운 선물과 새로운 꿈을 받자. 그 모든 선물 중 가장 귀한 것은 예수님의 임재 그 자체일 것이다.

시기심과 욕망을 최고로 유익하게 활용하자

시기심은 우리 안에 충족되지 않은 욕망이 있다는 신호를 보내면서 지금 우리의 삶에서 놓친 것이 무엇인지 돌아보게 해준다. 시기심과 욕망은 우리 내면에서 새로운 꿈을 지지하는 동반자가 될 수 있다. 갖고 싶은 자질이 있다면, 그것을 어떻게 길러갈 수 있을까? 시기심과 욕망은 바로 그 방향으로 삶을 설계하고, 자신만의 창의적인 길을 열어갈 수 있도록 우리에게 동기를 부여한다.

욕망과 정직하게 마주하는 일은 결코 쉬운 일이 아니다. 하지만 두려워할 필요는 없다. 하나님은 우리를 위해 그분이 원하시는 좋은 것을 예비해 두셨고, 그로써 우리의 욕망과 갈망을 채우실 수 있는 분이기 때문이다. 우리가 자신의 꿈을 하나님께 맡길 때 일어나는 일들은 참으로 놀랍다.

• 13장

죄책감과 수치심

"우리가 자신을 껴안고 사랑하려면, 인생 속에서 오랫동안 고아처럼 방치했던 내면의 부분들을 되찾고 다시 연결되어야 한다."
_브레네 브라운(Brené Brown), 『라이징 스트롱(Rising Strong)』

"주를 바라는 자들은 수치를 당하지 아니하려니와"
_시편 25편 3절

죄책감(guilt)
도덕적 혹은 개인적인 기준을 어겼다고 느낄 때 경험하는 고통스러운 감정[1]

수치심(shame)
자신의 생각, 행동, 환경 혹은 경험으로 인해 자신이 무가치하며, 사랑과 존중을 받을 자격이 없다고 느끼게 만드는 고통스러운 감정[2]

수치심을 기쁨과 창조적인 삶으로 전환할 수 있다면 얼마나 좋을까? 수치심의 짐을 내려놓는 일은 생각보다 훨씬 쉽게 다가갈 수 있다. 지금부터 그 방법을 알아보자.

에덴동산에서 아담과 하와는 부끄러움이 없었다. "아담과 그의 아내 두 사람이 벌거벗었으나 부끄러워하지 아니하니라"(창2:25). 그러나 죄가 들어오면서 수치심도 함께 들어왔다. 이후 오늘날까지 모든 사람은 이 고통스러운 감정을 마주하게 되었다. 수치심의 짐은 마귀, 타인, 그리고 내면의 비판자로부터 비롯된다. 마귀는 자신이 사랑받고 있음을 아는 것으로부터 오는 자유를 빼앗으려 한다. 사람들은 그들의 행동, 냉소적인 말, 무시하는 눈빛이나 찌푸린 얼굴로 우리에게 상처를 준다. 그리고 수치심을 유발하는 내면의 보호자들은 무심코 그 유혹에 빠져 우리를 더욱 깊은 정죄와 고립으로 몰아간다.

그렇다면 자기 파괴적인 수치심의 삶에서 벗어나, 인간적인 한계와 하나님이 주신 가능성을 있는 그대로 받아들이는 평안한 삶으로 나아가려면 어떻게 해야 할까? 이 장에서는 선함, 창조성, 진실한 관계로 나아가기 위한 전환을 어떻게 이루어낼지 살펴본다. 우리는 잘못 인도된 내면의 비판자를 새로운 방향으로 이끌 수 있고, 죄책감과 수치심의 짐을 짊어진 지친 내면의 부분들과도 친해질 수 있다. 그러니 굳게 닫힌 문을 열고, 우리 영혼을 사랑하시는 예수님이 우리 삶에 가득 채우길 원하시는 축복을 받아들이자.

우리는 지금 아래의 선을 기준으로 어느 쪽에서 살아가고 있는가?

자기비난

자기수용

줄리가 수치심을 느낄 때 '유턴하기'를 하다

"너무 아파서 숨도 제대로 못 쉬겠어요." 줄리는 두 손을 꼭 쥔 채 말했다. "비난이 가슴을 후벼 파듯이 아파요. 아무리 열심히 해도 점점 뒤처지기만 해요. 저는 정말 형편없는 사람인가 봐요."

줄리는 직장 상사 제프와의 긴장된 관계를 어떻게 헤쳐 나가면 좋을지 도움을 받고자 내(Alison)게 상담받으러 왔다. 제프는 중요한 프로젝트에서 줄리가 역할을 제대로 해내지 못한다고 비난하고 있었다. 줄리의 남편은 다른 여성과 함께하기 위해 이혼을 요구했고, 아들은 직장을 잃고 다시 집으로 돌아오려 하는 중이었다. 줄리가 이런 형편을 설명하자 제프는 더 날을 세우며 공격했고, 그녀를 '믿을 수 없는 사람'이라 부르며 자신이 그녀 대신 얼마나 많은 야근을 했는지 계속 불평했다.

악몽에 시달리던 줄리는 자주 잠에서 깼다. 잠에서 깬 후에는 다시 잠을 자지 못한 채 몇 시간을 뒤척였다. 다음 날에는 겨우 출근하여 분 단위로 퇴근 시간을 세며 버텼다. 감정적으로 마비된 상태에서 줄리는 이 고통으로부터 벗어나고 싶었다. '차라리 내가 존재하지 않는 게 더 나을 텐데'라는 생각에까지 이르자 스스로도 깜

짝 놀랐다. 하지만 이런 참담한 생각은 그녀에게 무가치하다는 느낌만 더욱 증폭시킬 뿐이었다.

줄리와 이야기하면서 나는 그녀가 상황을 객관적으로 보려 애쓰고 있다는 것을 알 수 있었다. 줄리는 제프가 자기 때문에 일을 대신 맡게 된 것에 화가 날 수 있다는 점도 이해하고 있었다. 하지만 제프에게는 그런 연민이 없었다. "저는 몇 년간 신뢰받는 직원이었어요. 지금은 인생에서 가장 힘든 시기를 보내고 있는데, 제프는 그런 저를 비난하면서 더 열심히 일하라고만 하네요." 줄리는 울먹였다. 아무리 긍정적으로 생각하려 해도, 제프의 비난이 줄리의 마음 깊숙이 박혀버린 상태였다.

집중하고 친해지기

상담을 계속 이어가며 나는 줄리에게 그녀의 수치심을 이미지로 떠올릴 수 있는지 물었다. 눈을 감고 기도하며 상상력을 활용한 줄리는 가슴을 꿰뚫는 화살 이미지가 떠오른다고 말했다. 그녀가 그 이미지에 집중하고 있을 때, 나는 그것에 대해 어떤 감정이 드는지 물었다. 그러자 줄리는 자신 안에 비판하는 또 다른 한 부분이 있다는 걸 알아차렸다고 대답했다. 그 부분은 마치 화살을 쏘는 존재처럼 보였다. 그 내면의 비판자는 제프가 쏘았던 화살을 마음속에 되살리면서, 그녀에게 '넌 쓸모없는 존재야'라고 말하며 수치심을 더하고 있었다.

"제프가 매정한 인간이라고 스스로에게 말해보기도 했어요." 줄리는 말했다. "그런데 그 화살을 다시 제프에게 겨눈다고 해서 도움이 되지는 않았어요. 오히려 기분만 더 나빠지거든요. 아마 제 안에 있는 이 비판자는 제가 수치심을 느끼는 게 차라리 낫다고 생각하는 것 같아요."

나는 줄리에게 제프의 차가운 말들을 계속 머릿속에서 되뇌는 것이 도움이 되느냐고 물었다. 줄리는 "아니요"라고 대답했지만, 그 내면의 비판자는 그것밖에 할 줄 몰랐다. 그러나 그녀가 이 수치심을 주는 부분에 호기심을 가지고 집중하자, 그 부분은 조금씩 부드러워지며 한 걸음 물러섰다.

"지금은 마음이 좀 진정된 것 같아요." 줄리는 말했다. 이는 그녀 안에서 성령의 인도하심을 받는 참자아가 주도권을 잡기 시작했음을 보여주는 신호였다.

초대하고 짐 내려놓기

나는 줄리에게 예수님이 그녀의 아픔을 돌보실 수 있음을 신뢰하며, 그분을 가까이 초대하고 싶은 마음이 있는지 물었다.

줄리는 다시 눈에 눈물이 고이면서 "네"라고 대답했다. "예수님이 저에게 다른 길이 있을 수 있다고 말씀하시는 것을 들었을 때, 상처받은 아기 하나가 떠올랐어요. 제 안에 있는 이 어린 부분은 누군가가 자신과 함께 있어 주기를 바라고 있어요. 이 부분은 자신이 너무 무가치하다고 느끼고 있거든요. 그래서 예수님을 찾아 헤매고 있어요. 그분이 이 감정을 어루만지시고 치유하실 수 있다는 걸 알고 있기 때문이에요. 지금은 예수님이 그 아기를 품에 안으시면서 '너는 소중해. 나는 너와 함께 있고 싶단다'라고 말씀해 주고 계세요."

"그 어린 부분이 예수님께 바라는 것이 있나요?" 내가 물었다.

"그분의 평안이요." 줄리는 나직이 말했다. "이제 그 아기가 드디어 그분 안에서 평안을 느끼고 있어요."

> ### 줄리의 '유턴하기' 요약
>
> 줄리는 자신에게 수치심을 주는 내면의 비판자에게 **집중하고, 친해지며,** 예수님을 가까이 **초대했을** 때, 이 비판자가 보호하고 있는 고통의 근원이었던 유배자 부분을 발견할 수 있었다. 줄리는 자신 안에 있는 이 어린 부분을 돌보기 위해 예수님의 위로와 임재를 간구했다. 그녀는 이 유배된 어린 부분을 외롭고 무가치하다고 느끼는 아기의 모습으로 상상했고, 기도 중에 그 존재를 떠올리며 예수님의 돌보심을 구했다. 그녀는 예수님께 **짐을 내려놓았고,** 예수님이 이 연약한 유배자를 따뜻하게 품으시는 것을 느끼며 내면의 힘을 회복했다. 이제 줄리는 스스로를 수치심으로 억누르거나 쓸모없다고 여기지 않게 되었고, 자신을 돌보기 위한 계획을 세울 수 있었다. 줄리는 회복의 시간을 갖기 위해 휴직을 요청했고, 이는 오랫동안 자신을 지켜온 보호자 부분이 내면 가족 안에서 보다 건강하고 건설적인 방식으로 통합되었다는 증거였다.

수치심 이해하기

줄리의 이야기에서 볼 수 있듯이, 수치심은 내면의 연약한 유배자가 수치심을 주는 내면의 비판자가 던지는 상처 입히는 메시지, 즉 '넌 감당할 수 없어', '넌 나쁘고, 사랑받을 자격이 없어' 등의 말들을 믿게 될 때 생기는 지속적인 감정의 짐이다. 수치심을 짊어진 이 연약한 부분은 자신이 중요하지 않다거나 소속감을 가질 자격이 없다고 믿는다. 흔히 세상을 흑백논리로 바라보며, 부정적인 메시지를 망가진 녹음기처럼 반복 재생한다. 과거를 잊고 앞으로 나아가고 싶어도, 그 고통은 사라지지 않고 끊임없이 자신을 짓누른다. 이러한 수치심의 짐을 짊어지고 살아가는 것은 자존감을 갉아먹고, 영혼을 마비시키며, 기쁨을 빼앗는 일이다.

하지만 이 두 부분, 곧 수치심을 주는 내면의 비판자와 그 짐을 짊어지고 있는 유배자가 결국에는 내 편이 되어줄 수 있다면 어떨까? 충분한 시간과 관심을 기울인다면, 실제로 그렇게 될 수 있다. 치유는 이 두 부분에 부드러운 마음으로 집중하고, 그들의 이야기에 귀 기울이는 데서 시작된다. 이 내면의 비판자와 짐을 짊어진 유배자의 수고를 인정하고, 그들을 더 깊이 이해하자. 그리고 그들이 성령의 인도하심을 받는 참자아 안에서 안식을 누릴 수 있도록 도와주자. 다음은 저자(KImberly)의 실제 경험에서 비롯된 이야기다.

한계로부터 얻은 교훈

어느 날 친구들과 한계로부터 배우는 것에 관해 이야기하다가, 나는 내가 겪었던 어두운 이야기를 나누게 되었다. 다음 날 아침, 나는 브레네 브라운(Brené Brown)*이 표현한 것처럼 수치심이 몰려오

---

* 미국 사회복지학 연구자이자 베스트셀러 작가. 『마음 가면(Daring Greatly)』(웅진지식하

는 "숙취 상태(hung over)"로 눈을 떴다. 온몸이 민낯으로 드러난 느낌이었다. 가슴은 조이고 속은 메스꺼웠다. 후회의 쓰나미에 휩쓸린 채 나는 이렇게 생각했다. '저 사람들이 날 다시 볼까? 내가 너무 과했던 걸까? 왜 굳이 그런 얘길 꺼냈을까? 어떻게 해야 이 아픔을 없앨 수 있을까?' 다행히도 그러다 문득 생각났다. '아 맞다, 나는 유턴하기를 할 수 있지!'

나는 내 감정에 집중했고, 동시에 내 머릿속에서 내게 분노하는 목소리를 들었다. 그 목소리는 내게 무자비하게 욕설을 퍼붓고 있었다. 나는 속으로 생각했다. '와, 아무도 내 생각을 들을 수 없어서 정말 다행이다!'

'널 이해해'라고 나는 성령의 인도하심을 받는 참자아로 반응했다. 그러자 즉시 내 안의 비판자는 부드러워졌다. '이게 효과가 있네.' 나는 미소 지으며 생각했다.

나는 계속해서 성령의 인도하심을 받는 참자아로부터 의도적으로 계속 귀를 기울였다. 그러자 수치심은 가라앉았다. '이제 집중하고 친해졌으니, 다음은 뭐더라? 아, 초대하기지.' 그리고 나는 예수님께 내 지친 내면의 비판자에게 다가와 달라고 초대했다. 예수님은 이렇게 말씀하셨다. "나는 너를 사랑한다. 네가 자랑스럽단다. 너는 누군가에게 줄 수 있는 귀한 것을 참 많이 지녔구나." 이러니 어찌 예수님을 사랑하지 않을 수 있겠는가. 그분은 참으로 선하신 분이다.

우스, 2023), *The Gifts of Imperfection* 등을 지음 - 역주.

그러자 내 안의 분노한 비판자는 예수님께 자신의 분노를 내려놓았고, 나의 유배자도 수치심의 짐을 그분께 맡겼다.

예수님과 성령의 인도하심을 받는 참자아가 내 안에 자리하게 되자, 내 안의 비판자는 나를 책망하던 일에서 물러났다. 대신 남은 것은 호기심이었다. '내가 적절하게 나눈 걸까? 내 고통스러운 경험을 나누지 말았어야 했나?'

사람은 누구나 신뢰할 수 있는 조언자의 의견을 통해 자신의 바운더리를 점검할 때 많은 도움을 받는다. 나는 앨리슨에게 전화를 걸어 내가 나눈 이야기가 도움이 되었는지를 물었다. 그녀는 "물론이지, 아주 도움이 되었어"라고 말했다. 나도 모르게 웃음이 나왔다. 내가 적절하게 나눈 것에 대한 안도감도 있었지만, 무엇보다도 내가 '유턴하기' 과정을 통해 스스로를 돌볼 수 있었다는 사실에 감사했다. 나는 내 상처 입은 내면의 부분을 스스로 돌봤고, 친구에게 회복의 책임을 떠넘기지도 않았다. 그리고 하나님께 이미 들었던 확신의 말씀을 친구를 통해 다시금 확인하며 감사했다.

이점, 위험, 필요, 두려움

수치심이라는 감정이 지닌 이점, 위험, 필요 그리고 두려움을 함께 살펴보자.

① 이점

수치심은 우리 삶에 변화가 필요하다는 신호일 수 있다. 이 감정은 다음과 같은 유익을 줄 수 있다.

- 내면에서 돌봄이 필요한 부분을 지목해 준다.
- 자신이 현재 감당할 수 있는 한계를 넘어서려 하고 있음을 경고해 준다.
- 용기와 창의성으로 나아가라고 초대할 수 있다.
- 정서적으로 위험한 상황에 대해 경고해 준다.
- 자신의 진정한 정체성을 발견하도록 동기를 부여한다.

② 위험

수치심은 언젠가는 반드시 드러난다. 문제는 언제, 어디서, 그리고 어떻게 표현되느냐에 있다. 해결되지 않은 수치심은 다음과 같이 건강하지 않은 방식으로 표출된다.

- 자신이 충분하지 않다거나 본질적으로 뭔가 잘못되었다고 느낌
- 창의성을 발휘하지 못하고, 새로운 시도를 두려워하게 됨
- 방어적 태도, 거절에 대한 두려움, 타인과의 단절 경향
- 거짓말, 남 탓하기, 조작, 타인을 기쁘게 하려는 태도
- 극심한 불안, 혼란, 자살 충동

③ 필요

어쩌면 다른 어떤 감정보다도 수치심을 지닌 내면은 더 많은 관심을 바랄 것이다. 이 부분은 다음과 같은 것들을 필요로 한다.

- 자신의 연약함을 드러내는 법을 배우고, 성령의 인도하심을

받는 참자아가 베푸는 연민을 경험하기
- 더 이상 자신을 학대하지 않아도 된다는 새로운 관점을 배우기
- 수치심을 야기한 상처를 예수님의 돌보심에 맡기기
- 이 수치심을 믿고 나눌 수 있는 정서적으로 안전한 사람을 신중히 선택하고, 자신을 상처 입히고 수치심을 주는 사람에게는 더 이상 나누지 않겠다고 다짐하기
- 하나님의 진리와 사랑의 음성을 듣는 연습하기

④ 두려움

우리 영혼의 다른 모든 부분들과 마찬가지로 수치심을 지닌 부분도 사실은 우리를 돕고 싶어 한다. 비록 그 방식이 유익하지 않을 수 있지만 말이다. 이 부분이 왜 성령의 인도하심을 받는 참자아에게 주도권을 넘기는 것에 저항하는지 이해할 필요가 있다. 이 수치심이 지닌 일반적인 두려움은 다음과 같다.

- '내가 바보처럼 보일까 봐 두려워.'
- '내가 사기꾼으로 드러날까 봐 두려워.'
- '거절당하거나 고립되고, 관계에서 단절될까 봐 두려워.'

우리의 삶 속에서 수치심이라는 감정이 느껴질 때, '유턴하기' 과정을 통해 그 짐을 짊어지고 있는 관심이 필요한 부분에게 집중하자. 만약 그 부분이 자신에게 너무 가까이 다가와 있다면, 먼저 그 부분과 함께 머물며 그 이야기에 귀를 기울이자. 그러면 그 부

분은 저절로 한 걸음 물러설 것이다. 이후 수치심을 지닌 그 부분이 성령의 인도하심을 받는 참자아를 신뢰하게 되면, 자신이 누구인지 새롭게 이해하게 될 것이다.

수치심 게임의 등장인물

수치심을 주는 내면의 비판자 외에도, 우리는 과도하게 죄책감을 느끼는 양심이나 완벽주의 같은 보호자를 경험할 수도 있다. 이런 보호자가 어떤 형태로 나타나든, 그 부분에 집중하고 친해져서 그 부분이 보호하고 있는 짐을 짊어진 부분을 알아가야만, 비로소 우리는 자유로워질 수 있다. 이제 이 까다로운 수치심 게임을 주도하는 관리자들을 더 자세히 살펴보자.

수치심을 주는 내면의 비판자

이 관리자는 우리를 더 나아지게 만들려는 의도가 있지만 그 방식이 적절하지 않다. 수치심을 주는 내면의 비판자는 우리가 부족하다는 점을 끊임없이 상기시킨다. 그 결과 유배자는 그런 잘못된 메시지를 마음에 품게 된다. 하지만 성령의 인도하심을 받는 참자아는 무엇이 진실인지 더 잘 알고 있으며, 그것을 바로잡을 수 있다.

대개 줄리의 경우처럼, 다른 사람이 던진 비난의 말이나 비판적인 태도로 인해 수치심을 주는 내면의 비판자가 작동하게 된다. 그 비난은 개인적인 것이거나 현재의 갈등과 연결되어 있을 수 있다. 또는 오래전 양육자나 권위자가 했던 말이나 침묵에 뿌리를 두고 있을 수도 있다.

　어떤 경우든 이러한 비난의 말이나 비꼬는 암시, 비판적 태도는 수치심을 주는 내면의 비판자를 자극한다. 이 비판자는 우리를 돕고 있다고 믿지만 실제로는 우리를 비난하며, 결국 수치심의 짐을 짊어진 유배자가 그 대가를 치르게 된다. 저자인 우리가 발견한 효과적인 접근은 이 비판자에게 **집중하고, 친해져서**, 예수님을 **초대하여** 가까이 오시도록 한 뒤, 그 **짐을 내려놓게** 하는 것이다. 그러면 이 비판자는 하나님이 있는 그대로의 나를 사랑하신다는 진리를 받아들일 수 있게 된다. 그런 다음 이 변화된 비판자를 자신의 내면 가족 안에 **통합시키고**, 그에게 하나님의 강력한 사랑을 상기시켜 주는 새로운 역할을 맡기면 된다.

　수치심을 주는 내면의 비판자를 이해하려고 하다 보면, 그 결과로 수치심의 짐을 짊어지고 있는 유배자와 마주하게 된다. 이 어린 부분은 자신이 거절당하거나 고립감을 느꼈던 고통스러운 기억을 간직하고 있을 수 있다. 어릴 적 학대를 받았거나, 폭력을 경험했거나, 중독이나 정신질환에 노출된 환경에서 자랐거나, 실수로 인해 창피한 일을 겪었을 수도 있다. 이러한 경험들은 현재의 삶에도 영향을 미친다. 때로는 현재의 어려움이 수치심을 더욱 느끼게 만들기도 한다. 예를 들어, 줄리 내면의 비판자는 그녀가 일에서 뒤처졌다는 이유로 그녀를 나무랐다. 그 기원이 어디에 있든, 수치심의 짐은 우리의 기쁨을 억누르고 우리 안에 있는 빛을 가로막는다.

　수치심을 지닌 유배자와 일하기 위해서는, 먼저 성령의 인도하심을 받는 참자아로부터 그 유배자에게 집중하는 것에서 시작해야 한다. 이 유배자는 몸을 숨기고 싶거나, 그 자리에 있고 싶지 않은 강렬한 충동으로 다가올 수 있다. 아니면 '나는 충분하지 않아' 또는 '나는 형편없는 사람이야'라는 생각으로 나타날 수도 있다. 이 수치심을 지닌 유배자와 함께 머물며, 호기심과 연민이 생겨날 때까지 기다려보자. 그다음에는 예수님을 그 곁에 초대하자. 수치심의 짐은 하나님의 임재 안에서 그 힘을 잃게 된다. "예, 하나님은 좋은 분이십니다. 그러나 결코 만만한 분은 아니십니다. 하나님이 좋은 분이라는 말은, 우리 손을 꼭 붙잡고서 우리를 근본적인 삶의 변화 속으로 이끌어 주신다는 말입니다."(롬 2:4, 『메시지』).

줄리 안의 수치심을 지닌 유배자는 그녀를 압도하고 있었으며, 돌봄을 받지 못한 채 방치되어 있었다. 그래서 직장에서 제프가 그녀를 비난하기 시작하자, 그 수치심은 순식간에 감당할 수 없을 만큼 커졌다. 제프의 말은 돌봄이나 관심에서 비롯된 것이 아니었지만, 하나님은 결국 그 경험을 줄리의 삶에서 선한 방향으로 바꾸어 사용하셨다. 이 경험을 통해 줄리는 하나님의 눈에 비친 자신의 정체성과 내면의 가치를 더 깊이 깨달을 수 있었다. 또한 자신을 대변하면서 필요한 것을 요청하는 능력이 자라났다. 고통과 마주한 줄리는 자신의 상처와 상실을 드러내는 것이 오히려 치유에 도움이 된다는 사실을 깨달았다. 그리고 완벽을 추구하기보다, 자신의 연약함이 오히려 사람들과 더 가까워지게 하고, 공감될 수 있고, 그녀를 더 아름답게 만든다는 사실도 이해하게 되었다.

죄책감을 느끼는 양심

유혹의 영역에서 죄책감을 느끼는 우리 내면의 양심 부분은 마치 전사처럼 싸운다. 이 용감한 부분은 우리 영혼의 다른 부분들과 씨름하며 옳은 일을 하려고 한다. 만약 이 부분이 없다면, 우리의 소방관들은 끊임없이 파괴적인 쾌락을 추구함으로써 우리의 삶을 완전히 망가뜨릴 수도 있다. 그러니 우리를 생명의 길로 인도하기 위해 애쓰는 이 내면의 관리자의 말을 들어보자. 이 관리자는 우리에게 중요한 조언자가 되어줄 수 있다.

다윗 왕은 밧세바를 불러들이고 그녀의 남편을 죽이려는 계획을 세울 때, 자신의 죄책감과 너무 멀리 떨어져 있었다. 마찬가지로 그는 반역을 일삼는 아들들을 징계하지 않았을 때도 죄책감으로부터 너무 멀리 떨어져 있었으며, 결국 이로 말미암아 자녀들의 타락과 죽음까지 초래하게 되었다. 하지만 나중에 그는 시편 51편에서 자신이 죄를 지었다고 고백하며 죄책감을 소중히 여기는 마음을 드러냈다. 그의 이야기는 우리에게 경각심을 준다.

반대로 때론 죄책감이 너무 가까이 있어 극단적인 형태가 되기도 한다. 이럴 경우에 우리의 양심은 죄책감을 일으키는 비판자가 되어, 작은 실수조차 집요하게 되뇌도록 만든다. 죄책감이 우리를 사로잡게 되면, 용서를 구하고 잘못을 바로잡기까지 했음에도 불구하고, 여전히 실패자처럼 느끼게 될 수 있다. 이처럼 건강한 거리에서의 죄책감은 고백, 회개, 회복으로 이어지지만, 너무 가까이 다가온 죄책감은 우리 영혼의 유배된 부분을 억압하고 짓누른다. 잘못한 일이 없는데도 자신을 탓하게 만든다. 이 죄책감은 우리가 인간으로서 겪는 자연스러운 한계를 받아들이지 못하게 하고, 느껴야 할 슬픔조차 느끼지 못하게 만든다. 더 나아가 끊임없이 자신을 질책하지 않으면 하나님께 사랑받지 못할 것이라는 거짓된 신념을 심어줄 수도 있다. 하지만 예수님의 십자가 사역은 그런 거짓을 진리로 바꾸기에 충분하다.

우리의 죄책감을 자세히 들여다보면 실제로 고백해야 할 잘못이 있을 수도 있지만, 때로는 거짓된 죄책감을 짊어지고 있을 수도 있다. 그런 경우에는 어쩌면 우리가 자신을 실제보다 더 강력한 존재라고 착각하고 있었던 것인지도 모른다. 그러나 하나님이 모든 것을 주관하신다는 진리 안에서 우리는 참된 쉼을 누릴 수 있다.

완벽주의 부분

사랑과 의미, 안정감을 추구하는 여정 속에서 완벽주의라는 내면의 관리자는 우리의 가치를 증명하려고 쉼 없이 노력한다.[3] 예를 들어, 나(Alison)의 어머니는 결혼 초기에 그녀의 완벽주의를 아버지와 어떻게 맞추었는지 그에 대한 일화를 자주 이야기해 준다. 베트남에서 돌아온 지 얼마 안 된 아버지가 고향으로 돌아와 두 분이 함께 첫 집을 임대했을 때의 이야기다. 어린 시절 행복한 가정을 경험하지 못했던 어머니는 자신도 행복한 가정을 만들지 못할까 봐 두려워했다. 그래서 어머니의 완벽주의 관리자는 행복한 가정을 깔끔한 집안일로 실현할 수 있다고 여겼고, 이에 어머니는 작은 임대 주택을 완벽하게 정리하는 데 전력을 다했다.

어머니는 매일 카펫을 진공청소기로 꼼꼼히 청소했고, 카펫 위에 막 청소한 자국이 또렷하게 남도록 신경 썼다. 결혼 후 몇 주가 지난 어느 날 저녁 아버지가 퇴근해 돌아오자 어머니는 문 앞에서 아버지를 맞으며, 카펫 위의 청소한 자국은 밟지 말고 돌아서 걸어가 달라고 정중히 부탁했다. 그러자 아버지는 자신은 이 집에서 편하게 살고 싶다면서 그 부탁을 거절했다.

그 순간 어머니의 완벽주의 관리자는 행복한 가정을 만드는 데 다른 관점을 지닌 아버지의 한 부분과 충돌했다. 다행히도 아버지에 대한 사랑이 어머니 안의 그 관리자를 누그러뜨리고 전략을 조정하게 했다. 카펫의 선을 고수하지 않기로 한 이 단순한 결정이 두 분의 결혼 생활에 변화를 가능하게 했다. 이후 거의 50년에 이르는 결혼 생활 동안, 부모님은 메들렌 렝글(Madeleine L'Engle)이 말한 "이중 악장(two-part invention)"과 같은 조화를 이루었다. 이는 서로 다른 두 선율이지만 서로를 의존하며 조화를 이루는 동반자 관계를 의미한다.[4] 어머니는 여전히 집을 따뜻하게 만들기 위해 노력하지만, 이제 그 완벽주의 부분은 사랑이 담긴 환대의 방식으로 표현된다. 그리고 아버지의 명랑하고 외향적인 부분은 가족과 이웃, 친구들과 함께하는 공동체의 기쁨을 이 집에 불러들이는 역할을 한다.

우리 안에도 완벽주의 부분이 있다면, 이는 수치심을 느끼지 않도록 우리를 보호하고자 하는 것이다. 내 어머니의 경우처럼 성장 과정 중에 이 부분이 형성되었을 수 있다. 가령, 완벽하게 해내야만 인정받고 사랑받을 수 있다는 메시지를 들으며 자랐거나, 부모의 기대와 꿈이 모두 자신에게 쏠려 있다고 느끼며 자랐을 수 있다. 또는 중독, 학대, 폭력 등 가족 내 비밀을 경험하며 자랐을 수도 있다. 성인이 된 지금도 이 완벽주의 부분은 과거의 상처를 회피하려는 마음에서 비롯되어 여전히 과도하게 일할 수 있다. 그리고 '내가 완벽하게 해낸다면 아픔은 사라질 거야'라는 메시지를 믿고 있을지도 모른다.

브레네 브라운(Brené Brown)은 TED 강연 "연약함의 힘(The Power of Vulnerability)"에서 온전한 삶을 사는 사람들은 타인과 자신 앞에서 자신의 불완전함을 드러낼 용기를 가진 사람들이라고 말한다. 그들은 자신이 어떤 사람이 되어야 한다는 기대를 내려놓고 있는 그대로의 자신이 되는 길을 기꺼이 선택한다.[5] 영어 단어 'courage(용기)'는 '심장, 마음'을 뜻하는 라틴어 'cor(코르)'에서 유래했다. 자신의 진실한 이야기를 하는 데는 마음에서 나오는 용기가 필요하다.

만약 내면의 비판자, 과도하게 죄책감을 느끼는 양심, 혹은 완벽주의 부분과 씨름하고 있다면, 이들을 향해 **집중하고, 친해지고**, 예수님을 그 곁에 **초대해 보자**. 이 선한 의도를 지닌 보호자들은 오랫동안 일해 왔고, 이제는 쉴 자격이 충분하다.

자신의 이야기를 다시 쓰기

자신을 나쁘게 느끼는 감정은 자기 영혼 안의 각 부분을 서로 분리시킬 뿐 아니라 타인과의 관계에서도 자신을 고립시킨다. 『수치심의 영혼(The Soul of Shame)』의 저자이자 정신과 의사인 커트 톰슨(Curt Thompson)은, 수치심의 힘은 대부분 "마음 안에서 각 부분을, 그리고 사람들 마음과 마음 사이를 고립시키는 능력에 있다"라고 말한다.⁶ 고립은 고통을 낳고 창조성을 질식시킨다.

하지만 자신이 나쁘다는 신념을 짊어진 이 수치심의 짐은 진실과는 거리가 멀다. 성령께서는 나를 부르시어 다시 연결되게 하시며, 지금의 모습 그대로 내가 사랑받고 있다는 사실을 믿게 하신다. 지금까지의 경험을 나는 어떻게 해석하고 있는가? 과거의 상처가 내 안의 일부를 숨어 있게 만들고, 다른 사람들과의 관계를 끊어놓고 있지 않는가? 톰슨은 수치심에 대응하는 방법은 하나님이 자신을 얼마나 사랑하는지를 보여주는 성경 이야기의 관점에서 자신의 개인적인 이야기를 다시 써 내려가는 것이라고 말한다.⁷

그렇다면 수치심을 짊어진 이 부분이 믿고 있는 이야기를 어떻게 새롭게 쓸 수 있을까? 먼저 그 부분에 대해 알아가는 것부터 시작하자. 톰슨은 예수님이 광야에서 마귀와 정면으로 마주하신 것처럼, 우리도 내면의 한 부분이 마귀의 거짓말을 믿으며 반복적으로 되뇌는 말을 정면으로 마주해야 한다고 권고한다. 그리고 하루에 몇 번이나 수치심을 느끼는지를 기록하는 수치심 목록을 만들어보라고 제안한다. 이는 수치심을 만드는 뇌신경의 경로를 방해하고, '자신이 무엇에 주목하고 있는지를 주목하기' 위함이다.⁸ 그런 다음 하나님이 나를 소중히 여기고 사랑하신다는 사실에 비추어 자신의 이야기를 다시 써 내려가자. '나는 중요하지 않다'라는 낡은 신념 대신, '나는 하나님께 속했고, 진짜 나답게 살아갈 수 있다'라는 진실을 자신에게 말해주자. 이 새로운 이야기를 마음에 믿으며 살아가기 시작할 때, 내면의 아픈 부분들은 점차 성령의 인도하심을 받는 참자아를 신뢰하게 될 것이다. 또한 내면의 비판자와 유배자를 통합하여, 이제는 그들을 한 팀이 된 (이전의) 경쟁자들로 만들 수 있게 될 것이다.

수치심의 짐 내려놓기

한때 수치심의 목소리를 내던 내면의 부분은 성령의 인도하심을 받는 참자아가 함께하면서 변화될 때, 투명함(transparency)을 옹호하는 존재가 될 것이다. 이 부분은 이제 스스로의 방어를 내려놓고 인간적인 한계를 받아들이는 것이 얼마나 귀하고 가치 있는 일인지 일깨워줄 것이다. 한때는 우리를 무력하게 만들던 이 부분이 이제는 우리의 내면 가족과 타인을 위해 따뜻하고 환영하는 공간을 만들어낼 것이다. 우리가 회복력 있는 존재로 성장할수록, 더 많은 이들을 이 진정성의 자리로 초대하게 될 것이다.

수치심의 짐이 나를 규정하지 않는다. 수치심은 내가 중요하지 않다고 거짓말하지만, 하나님은 내가 분명히 잘 알려져 있으며, 깊이 사랑받는 존재라고 말씀하신다. 나는 하나님께 속한 사람이기에, 진짜 나로 살아갈 수 있다. 나는 세상의 빛이며, 수치심은 그 빛 안에 설 자리가 없다.

• 14장

타인의
불편한 감정들

"우리가 이 관계에서 꿈꾸는 모습을 온전히 실현할 수 있을지는 완벽한 짝을 만날 수 있는 능력이 아니라, 우리 안에 감춰진 부분들을 기꺼이 배우려는 의지에 달려 있다."

_하빌 헨드릭스(Harville Hendrix), 『내가 원하는 사랑을 얻는 법(Getting the Love You Want)』

"만약 우리가 원수의 숨겨진 삶의 이야기를 알 수 있다면, 그 안에 크나큰 슬픔과 고통이 있었음을 깨닫고 모든 적대감을 내려놓게 될 것이다."

_헨리 워즈워스 롱펠로우(Henry Wadsworth Longfellow)

"테드가 더는 나를 사랑하지 않는대." 친구 이사벨의 결혼 생활에 문제가 있다는 건 알고 있었지만, 그녀가 보낸 다급한 문자를 받고 나(Kimberly)는 가슴이 철렁 내려앉았다. 나는 부엌에서 팬케이크를 굽고 있다가 이사벨의 삶이 머릿속을 스쳐 지나가는 걸 느꼈다. '이건 그녀의 두 번째 결혼이야. 그런데 이제 끝이라고?'

친구의 아픔을 떠올리며 마음이 무거워진 나는 잠시 멈춰서 '유턴하기'를 하기로 했다. 괴로워하는 내 부분을 진정시키기 위해서였다. 그리고 그 순간 문득 이렇게 깨달았다. '테드는 지금 자기 내면의 한 부분에 휘둘려 말하고 있는 거야.'

다행히도 이사벨은 성령의 인도하심을 받는 참자아 리더십과 영혼 안의 여러 부분에 대해 배우는 중이었다. 그래서 나는 내가 전하는 격려의 말에 그녀가 잘 반응할 거라 확신할 수 있었다. 분명 테드는 보호적이지만 선한 의도를 지닌 어떤 부분의 영향 아래 말하고 있었고, 나는 이사벨이 그 말에 즉각 반응하지 않기를 바랐다. 우리는 둘 다 알고 있었다. 테드의 마음 깊은 곳에서는 여전히 이사벨을 사랑하며, 그들의 결혼을 지키고자 한다는 것을.

"테드 안에 있는 어떤 부분이 힘들어하고 있는 건 아닐까?" 나는 문자로 답을 보냈다.

"네가 그렇게 말하니까, 정말 그런 것 같아." 이사벨은 금세 이렇게 답장을 보냈다.

나중에 이사벨은 말했다. 테드가 자신 안의 고통스러운 부분에 휘둘려 말하고 있었다는 걸 깨달은 것이 "모든 걸 바꾸었다"라고 말이다. 처음엔 절망에 빠졌지만, 그의 말을 새롭게 바라보게 되면서 시야가 트이고 마음이 차분해졌다고 했다. 결국 이사벨은 상황을 과장해서 받아들이지 않았고, 테드와 함께 이 위기를 헤쳐 나갈 방법을 찾아갔다.

예전 같았으면 나는 이사벨의 문자에 이렇게 반응했을지도 모른다. "세상에! 그런 말을 하다니 말도 안 돼!" 혹은 "그 사람, 너한테 그럴 자격 없어!" 이런 반응은 비록 선한 의도에서 나온 것이라 해도, 오히려 친구의 절망을 더 키우고 갈등을 악화시켰을 수도 있다. 지금은 더 나은 길을 배우고 있다는 사실이 참 감사했고, 무엇보다 내 안의 비판자 부분이 '부분 탐지기(parts detective)'로 성장하고 있다는 사실에 감사했다.

내면의 비판자를 부분 탐지기로 바꾸기

잘 훈련된 내면의 '부분 탐지기'는 어떤 사람이 지금 주도권을 쥔 보호자 부분이나 압도된 유배자 부분으로부터 말하거나 행동하고 있는지를 파악할 수 있다. 즉, 분노나 두려움, 혹은 다른 감정이 그 사람 안에 있는 성령의 인도하심을 받는 참자아를 가리고 있는 때를 알아차리는 것이다. 이럴 때 우리의 부분 탐지기는 그 사람의 그 부분과 직접 맞서기보다, 호기심을 품고 다음과 같이 질문하도록 이끈다. "왜 저 사람이 저렇게 행동하는 걸까?" 또는 "저 분노 밑에는 어떤 고통이 숨어 있을까?" 이런 접근은 긴장을 완화하고 외적 바운더리를 설정하며, 더 깊은 연결의 기회를 만들어 준다.

비판적인 부분을 부분 탐지기로 바꾼다고 해서, 어떤 사람이 반항적인 내면의 부분에 장악되어 있다고 무턱대고 지적할 권한이 생긴다는 것은 아니다. 그보다 상처를 주는 행동 이면에 선한 의도를 지닌 부분이 작동하고 있음을 이해하는 능력을 기른다는 것이다. 어떤 사람이 자신에게 힘들게 느껴질 때, 자신의 부분 탐지기를 지혜롭고 은밀하게 작동시켜 보자. 그 통찰을 남용하지 말고, 이해심 깊은 사람이 되자.

앞의 장들에서는 내면에 건강한 바운더리를 세우는 법을 살펴보았다. 이제 이 마지막 장에서는 그러한 내적 바운더리가 타인과의 관계에서 어떻게 건강한 바운더리를 형성하는 데 도움이 되는지 살펴볼 것이다. 특히 다음과 같은 주제를 다룰 것이다.

- 도움이 필요한 타인에게 어떻게 반응할 것인가?
- 갈등을 어떻게 해결할 것인가?
- 내면의 부분이 변화의 과정에 있는 사람들을 어떻게 사랑할 것인가?
- 더 깊은 연결과 만족스러운 관계를 어떻게 만들어갈 것인가?
- 타인의 위험한 부분으로부터 어떻게 건강한 거리를 유지할 것인가?

도움이 필요한 타인에게 반응하기

우리는 타인을 잘 돌보고 싶어 한다. 그러나 안타깝게도 사랑하는 사람이 힘들어할 때 우리 안에 있는 불편한 감정들이 자극되어 진정으로 도움 되는 방식으로 반응하기가 어려워질 수 있다. 누군가가 고민을 털어놓을 때 우리는 어떻게 반응하는가?

타인이 자신의 필요나 좌절을 이야기할 때, 흔히 나타나는 도움이 되지 않는 반응에는 다음과 같은 네 가지 유형이 있다. 우리는 이중 어떤 반응에 익숙한가?

1. **동조하기**(Agreement): 상대의 감정을 강화하며 함께 누군가를 비난한다.

    "어떻게 걔가 너한테 그런 짓을 할 수가 있어!"

2. **긍정으로 덮기**(Pep Talk): 상대의 감정을 무시한 채 긍정적인 말로 덮으려 한다.

    "넌 정말 멋진 사람이잖아! 너무 신경 쓰지 마."

3. **축소하기**(Minimizing): 문제를 작게 여기고 아픈 현실을 회피한다.

    "그래도 이 정도면 괜찮은 거야."

4. **해결하려 들기**(Fixing): 복잡한 문제에 대해 즉각적인 해결책을 제시한다.

    "그냥 잊어버려!"

이러한 반응들이 도움 되는 시기와 장소가 있을 수 있지만, 우리는 그보다 더 깊이 있는 방식으로 반응할 수 있다. 성령의 인도하심을 받는 참자아가 우리를 이끌 때, 우리는 "서로에게 안식"이 되어줄 수 있다.[1] 곁에 있는 것만으로도 누군가에게 쉼과 성찰을 제공하는 친구가 되기 위해서는, 먼저 '유턴하기'를 통해 도움이 필요한 상대의 말에 반응하며 내면에서 무슨 일이 일어나는지를 살필 필요가 있다.

성령의 인도하심을 받는 참자아의 인도 아래 살아갈 때, 우리는 친구나 가족에게 더 건설적으로 반응할 수 있게 된다. 누군가가 고통스러운 감정을 나누거나 문제를 털어놓을 때, 다음의 질문과 태도들이 더 깊은 연결을 형성하는 데 도움이 될 수 있다.

- "혹시 이 아픈 부분도 네 안에 존재하는 이유가 있고, 나름대로 너를 돕고자 하는 선한 의도가 있는 건 아닐까? 그 부분이 어떻게 너를 도우려고 하는 걸까?" 이렇게 질문함으로써 그 부분의 목적과 의도를 인정하고, 새로운 관계를 맺도록 격려한다.
- "이 아픈 내면의 부분에 **대해** 너는 어떻게 느끼고 있어?"라고 묻는다. 그렇게 함으로써 내면의 비판자나 유배자가 지닌 두려움을 알아차리게 도울 수 있다. 자신의 보호자 부분들과 관계를 맺는 것은 '유턴하기'를 할 수 있도록 돕는다.
- "너를 아프게 한 그 사람도 사실은 그 사람 안의 어떤 부분에 휘둘려 반응한 것일 수도 있어"라고 말한다. 그 부분을 좋아할 필요는 없지만 이해하게 되면, 자신에게 상처를 준 부분 외에도 그 사람 안에 더 많은 면모가 있다는 사실을 깨닫게 될 것이다.
- 고통받고 있는 자기 내면의 부분과 상처를 준 그 사람 안의 부분들을 위해 각각 기도하자고 제안한다.

예수님은 산상수훈에서 "화평하게 하는 자는 복이 있나니"(마5:9)라고 말씀하셨다. 성령의 인도하심을 받는 참자아로 살아갈수록,

우리는 평화의 도구가 되어 다른 이들도 화평케 하는 사람이 되도록 도울 수 있다.

갈등 해결하기: 호기심과 연민의 힘

이제 도움이 필요한 사람에게 반응하는 것을 넘어, 복잡한 대인 갈등을 해결하는 방법으로 나아가보자. 만약 지금 우리 자신이 고통스러운 관계를 겪고 있는 당사자라면 어떻게 해야 할까? 어려운 상황에서도 친밀감, 곧 깊은 연결의 경험을 유지하려면, 먼저 자신의 연약함과 스스로를 보호하려는 방식에 대해 호기심을 갖는 것이 필요하다. 그리고 이러한 유배자와 보호자에 휘둘리지 않고, 그들을 대신해 건강하게 표현하는 법을 배워야 한다. (4장에서 다룬 "내면의 부분에 휘둘러 말하지 않고, 그 부분을 대신해서 말하기"를 참조하라.) 갈등을 해결하는 과정은 선한 의도를 가지고 타인을 비판하려는 우리 내면의 비판자를 부분 탐지기로 전환해 가는 과정이기도 하다. 이러한 전환을 통해 사랑하는 사람의 연약한 부분을 잘 분별하고 연민의 시선으로 바라보는 능력이 자라나게 된다.

무력감은 우울로 이어지지만, 성령 안에서 사는 삶은 주도성과 자기 돌봄을 통해 기쁨으로 우리를 인도한다. 그러므로 기도하는 가운데 하나님께 창의적이고 용기 있게 대처하는 지혜를 구하자. 때로는 자신을 보호하기 위해 다른 사람을 **편안한 거리에서** 사랑하고 중보하는 선택이 필요할 수도 있다.

다음은 내(Kimberly)가 실제로 갈등을 해결했던 사례다.

그때는 남편 켄과 나, 우리 둘 다 매우 바쁜 시기였다. 켄은 마감이 임박한 글을 쓰고 있었고, 나는 영적 돌봄 수련회를 준비 중이었다. 서로의 관심이 각자의 과업에 집중되다 보니, 미처 열어보지 못한 우편물이 점점 쌓여갔다. 커피를 마시러 부엌에 들를 때마다 나는 그 우편 더미를 점점 더 짜증 섞인 눈으로 바라보게 되었다. 내 안의 한 부분이 '누군가는 이걸 정리해야 해!'라고 외쳤다. 이 일을 끝내기 전까지는 수련회 준비에 집중이 안 될 것 같았다. 우편물 더미는 부엌뿐 아니라 내 머릿속까지 어지럽히고 있었다. 더군다나 켄은 이 상황을 전혀 문제로 느끼지 않는 것 같았다.

한참 속을 끓이다가 마침내 내 안의 개혁가 부분이 이 문제를 해결할 기회를 찾기로 결심하고, 적절한 순간을 기다렸다.

그리고 드디어 그 순간이 찾아왔다. 어느 날 아침, 켄이 다정하게 웃으며 말했다. "곧 생일이잖아. 올해는 뭐 갖고 싶어?"

나는 곧장 대답했다. "딱 한 시간 동안만 우편물 정리 좀 같이 해줘."

켄의 얼굴에는 당혹스러운 표정이 떠올랐다. 내 생일 선물로 우편물 정리를 요청한 것에 대해 켄 내면의 한 부분은 전혀 흥미를 느끼지 않는 듯했다.

"로맨틱한 저녁 식사로 대신하면 어때?" 그가 조심스럽게 제안했다.

그 순간 우리 사이에는 미묘한 긴장이 흘렀다. 다행히 몇 시간 후, 내 안의 성령의 인도하심을 받는 참자아가 내게 '유턴하기'를 권면해 주었다.

먼저 나는 내 안에 불안해하는 개혁가 부분이 있다는 걸 깨달았다. 쌓여가는 우편물에 대해 걱정하던 이 부분은 혹시 중요한 청구서나 편지를 놓치게 되지 않을까 두려워하고 있었다. 나는 이 불안한 개혁가 부분에 집중했고, 그 부분의 두려움을 이해하고 감사하게 여겼다. 이렇게 이 불안과 친해진 후, 나는 예수님께 다가와 달라고 초대했다. 그리고 그 두려움을 주님께 맡기고, 그 대신 평화를 얻었다. 그런 다음 평온해진 그 부분에게 조언을 구해, 켄에게 어떻게 말할지 계획했다. 이런 '유턴하기' 덕분에 나는 반사적으로 대응하지 않고, 의도적으로 내 안의 두려움을 대신해서 말할 수 있었다.

다음 날 저녁, 켄이 퇴근하고 집에 들어오자 나는 부엌에서 그를 기다리고 있었다. 켄이 다가와 나를 안으려 했을 때, 나는 이렇게 말했다. "여보, 미안해. 나도 당신을 사랑하고, 당신도 나를 사랑한다는 걸 알아. 그런데 내 안의 한 부분이 몇 가지 일들이 처리되지 않고 있다는 점에서 불안해하고 있어."

켄은 내가 불안함을 느끼고 있다는 걸 이해했고, 우리는 함께 우편물 더미를 정리할 수 있었다. 그 과정에서 우리는 서로에게 더 가까워졌고, 가정 안에서 각자의 책임에 대해서도 명확히 정리할 수 있었다.

이 경험은 내게 중요한 교훈을 주었다. 문제를 해결할 때는 내 감정을 인식하고, 거기서 새롭게 발견한 것을 사랑하는 이와 나누는 것이 중요하다는 사실을 말이다. 불안해하는 내 안의 개혁가 부분을 대신해서 말했을 때, 우리는 다시금 한 팀이 되어 함께 일할 수 있었다.

친밀한 친구나 배우자와 함께 발전시킬 수 있는 유용한 습관 중

하나는 둘 중 한 사람이 불안이나 그 밖의 불편한 감정을 느낄 때, "잠깐만요, 저 잠시 '유턴하기' 좀 하고 올게요"라고 말하기로 약속하는 것이다. 이 간단한 실천이 나와 켄에게서는 매우 잘 작동한다. 그 결과 상대방의 반응을 마주할 때 '이건 무슨 의미지, 어떻게 대응해야 하지?'라고 그 자리에서 서둘러 해석하고 대처하려는 부담을 피하고, 대신 각자가 자신의 내면을 돌아보는 과정을 먼저 밟게 되었다. 그러고 나서 우리는 서로에게 훨씬 더 명확하게 사랑으로 말할 수 있게 되었다.

분노, 슬픔, 불안 같은 감정을 지닌 부분이 성령의 인도하심을 받는 참자아와 너무 가까이 있거나 너무 멀리 떨어져 있다는 사실을 인식하게 되면, 그 감정이나 신념과 더 진정성 있게 연결될 수 있다. 내면에서 건강한 소통이 이루어지면, 자연스럽게 타인과의 소통 또한 더 효과적으로 이루어질 수 있다. 효과적인 소통은 우리의 영혼을 잘 돌보는 것이 주변 사람들에게 그리스도의 사랑을 전하는 데 도움이 된다는 것을 보여주는 많은 방식 중 하나다.

정리하자면, 갈등 상황에서 건강한 바운더리를 세운다는 것은 다음과 같은 요소를 포함한다.

- 자기 안의 통제되지 않은 감정으로부터 분화하기
- 성령의 인도하심을 받는 참자아로부터 그 감정과 다시 연결되어 건강하고 강한 내적 애착을 형성하기
- 자신의 감정과 요청을 사랑의 태도로 표현하고 소통하기

변화의 과정에 있는 사람을 사랑하기

우리는 모두 하나님이 빚으신 걸작품이다. 또한 동시에 아직 **변화의 과정에 있는** 부분들을 지닌 존재들이다. 따라서 아무리 건강한 관계라 해도, 때때로 일어나는 갈등을 피할 수는 없다. 예를 들어, 배우자가 어떤 직업적 결정을 내렸는데, 그로 말미암아 내가 곤란을 겪게 될 수도 있다. 또는 성인이 된 자녀가 내게 시간을 내주지 않을 수도 있다. 아니면 절친이 평생에 한 번 올까 말까 한 기회를 자랑스레 이야기하는데, 그 이야기를 들으면서 나는 왠지 뒤처지고 있는 느낌을 받을 수도 있다. 이럴 때 성령의 인도하심을 받는 참자아가 지닌 창의력과 인내심을 동원하는 것은 대개 우리 안의 부분 탐지기가 작동하면서, 곧 타인의 짜증나는 습관이나 상처 주는 행동조차도 사실은 그 안의 선한 의도를 지닌 **부분**에서 비롯된 것임을 깨달으면서 시작된다. 이런 통찰을 얻게 되면, 그 사람 안에 있는 그 부분과 더 효과적으로 소통할 수 있는 전략을 세울 수 있다.

자기 영혼의 불편한 부분을 돌보듯이, 사랑하는 사람 안에 있는 불편한 부분들을 잘 돌보기 위해서는 먼저 자신의 기대치를 점검해야 한다. 왜냐하면 관계에 있어 중요한 원칙 중 하나는, 흔히 말하듯이 "관계는 둘이 만드는 것"이기 때문이다. 혹시 '나는 완벽한 이해와 돌봄을 받을 자격이 있다'라는 기대를 당연하게 여기는 내면의 부분을 가지고 있는가? 그렇다면 기대가 너무 높은 것일 수 있다. 반대로 머리를 모래 속에 파묻는 타조처럼 문제를 회피하고 싶은 내면의 부분이 있다면, 다른 사람이나 자기 자신, 상황, 아니면 **셋 모두**에 대한 기대가 너무 낮은 것일 수 있다.

지금 우리는 과도한 요구의 상태와 자포자기 상태의 스펙트럼에서 어느 정도에 위치해 있는가? 아래에 표시해 보자.

```
       자포자기                                    과도한 요구
     '나는 아무것도     ——— 건강한 기대 ———    '나는 완벽한 대우를
     받을 자격이 없어.'                            받을 자격이 있어.'
```

성령의 인도하심을 받는 참자아가 인도하는 상태에서 건강한 기대를 가지고 있을 때는, 타인에게 바운더리를 세울 때도 냉혹하지 않고 사랑으로 말하게 된다. 예를 들어, 자신의 형제가 피곤하거나 스트레스를 받을 때마다 늘 싸움을 걸어온다면, 그 안의 불편한 부분을 인식하고, 호기심의 시선으로 그것을 바라보며, '유턴하기'를 거친 뒤에 응답해 보자. 그와 이러한 반복되는 패턴에 관해 대화할 수 있는 사이라면 더할 나위 없이 이상적이지만, 그렇지 않은 사이라면, 언제 그리고 어떻게 그와 시간을 보낼지 전략적으로 결정해야 한다. 자신의 반응과 타인의 반응을 주의 깊게 관찰하는 것만으로도 자기 내면의 연약한 부분들을 지켜낼 수 있다. 그리고 때로는 그것을 굳이 말로 표현하지 않아도 괜찮다. 불편함을 표현할 적절한 시기와 방식을 인내심 있게 기다릴 수만 있다면, 건강한 대화를 나눌 수 있는 기회도 극대화될 것이다.

사랑하는 사람 안에 있는 성실하지만 때로 부담되는 부분에게 진심 어린 격려의 말을 건네자. 그 부분이 자신에게 맡겨진 역할을

얼마나 열심히 감당하고 있는지를 인정하고 존중해주자. (이는 실제로 효과가 있다.) 예를 들어, 좋은 의도를 가졌으나 육아에 관해 원치 않는 조언을 하는 시어머니에게 이렇게 말할 수 있다. "이런 훌륭한 남편을 길러주셨잖아요. 정말 좋은 어머니세요." 이런 방식으로 마음속에 원망만 쌓아두는 대신, 그녀 안의 과하게 개입하고자 하는 마음 뒤에 숨겨진 선한 의도를 인식하고 존중하는 연습을 해보자. 브레네 브라운(Brené Brown)은 『불완전함의 선물(The Gifts of Imperfection)』에서 이렇게 말했다. "우리가 자신에게 친절해질 때, 타인에게 베풀 수 있는 연민의 여지도 만들 수 있게 된다."[2]

뇌과학이 친밀감을 향상시키는 방법: 정서적 연결의 지혜

자신의 영혼 안에 있는 여러 부분들로부터 한 걸음 물러나 '유턴하기'를 실천하고, 각 부분에 이름을 붙이며 사랑의 태도로 그 부분들과 다시 연결될 때, 우리는 타인과의 관계에서도 건강한 바운더리를 세울 수 있는 기초를 다지게 된다. 이 책에서 소개하는 통합적 모델은 심리학과 뇌과학에 기반하고 있다. 1970년대 이후, 바운더리에 대한 이해는 점점 더 깊어졌다. 심리학자 머레이 보웬(Murray Bowen)은 인간관계에 처음으로 '분화(differentiation)'라는 과학적 개념을 적용한 인물이다. 그는 인간 내면에 존재하는 이성적 뇌와 감정적 뇌의 구분을 설명하면서, 이러한 구분을 내면의 분화라고 불렀다.

보웬은 감정을 통제 불가능한 미성숙한 영역으로 간주했고, 이성적 사고를 담당하는 대뇌피질이 원초적 감정을 담당하는 변연계를 통제하고 억제해야 한다고 믿었다. 당시 심리학계는 감정보다 이성을 더 성숙하고 진보된 것으로 여겼다.

하지만 최근의 뇌과학 연구는 전혀 다른 사실을 보여준다. 감정은 어떤 상황을 처리하고 이해하는 데 있어 매우 중요한 역할을 한다는 것이다. 감정을 함께 다루어야만 진정한 연결과 갈등 해결이 가능하다. 오늘날 우리는 뇌가 감정을 어떻게 처리하는지를 더 잘 이해하게 되었고, 이처럼 자기 내면의 건강한 분화가 타인과의 애착 형성에 어떤 영향을 미치는지도 더 많이 알게 되었다. 다시 말해 높은 정서 지능, 곧 자신의 감정을 깊이 이해하는 능력이 타인과의 관계에도 긍정적인 영향을 미친다는 것이 과학적으로 입증되고 있다.

또한 존 가트맨(John Gottman)과 줄리 가트맨(Julie Gottman)의 연구에 따르면, 감정을 배제하고 갈등을 해결하는 것은 효과를 거두지 못한다는 사실도 밝혀졌다. 이성과 감정은 모두 뇌의 '사고하는' 영역인 대뇌피질과 연결되어 있기 때문에, 타인과 건강한 바운더리를 세워가려면 자기 감정과 연결되는 과정이 반드시 동반되어야 한다.

신경생물학자 댄 시겔(Dan Siegel) 또한 문제를 해결하거나 타인에게 돌봄을 확장할 때 감정을 통합하는 것이 필수적이라고 강조한다. 그는 『마음챙김의 기술(Mindsight)』에서 이렇게 말한다. "감정 상태(겉으로 드러나는 감정의 징후)에 이름을 붙이는 것은 변연계를 진정시킨다. 우리는 때로 이름을 붙여야 길들일 수 있다. 핵심은 좌뇌와 우뇌를 연결하는 것이다."[3] 시겔은 좌뇌는 보웬이 말한 '사고하는' 뇌에 해당하고, 우뇌는 '감정적' 뇌와 연결된다고 설명한다. 서로 상충하는 감정은 혼란과 불확실성을 초래할 수 있지만, 좌뇌가 우뇌의 감정을 인식하고 그것에 이름을 붙일 수 있을 때, 우리는 감정의 모호함을 더 잘 견딜 수 있게 된다. 이처럼 서로 다른, 때로는 충돌하는 내면의 부분들을 연결하는 과정이야말로 건강한 마음의 핵심이다.

비슷하게 기독교 정신과 의사 커트 톰슨은 『영혼의 해부학(Anatomy of the Soul)』에서 우리는 내면에서 분리되기 쉬운 존재이며, 감정을 나눌 때 오히려 더 큰 친밀감에 도달할 수 있다고 말한다. 그는 이렇게 썼다. "마음은 스스로의 선택에 맡겨둘 경우 연결보다 단절을 향하려는 경향이 있다. 그것은 종종 감정의 깊이, 기억, 관계 패턴, 그리고 믿기 힘들 정도로 우리를 사랑하시는 하나님의 존재 같은 진실들을 자기 자신과 타인으로부터 감추려고 한다." 이어서 그는 이렇게 덧붙였다. "우리는 하나님을 아는 것보다 옳고 그름을 아는데, 즉 좌뇌의 기능에 더 관심을 가지는 경향이 있는데, 이는 사실 두려움과 수치심에 대처하려는 방식이다. 그러나 좌뇌와 우뇌의 통합을 통해서만 하나님을 온전히 알 수 있다." 이처럼 옳음을 추구하는 지적인 활동은 때로 하나님은 물론, 타인과의 깊은 연결을 방해할 수 있다.[4]

상처 입은 내면의 부분들을 돌볼 때, 우리는 감정과 인지를 모두 통합하는 전체적인 공간 안에서 작업하게 된다. 이런 방식은 우리 안에 있는 도움이 되지 않는 생각이나 감정을 지닌 부분들과 분화할 수 있게 하며, 동시에 그들과 건강한 방식으로 연결될 수 있게 한다. 그런 다음에야 그 부분들을 우리 내면의 다른 부분들과 다시 조화롭게 통합할 수 있게 된다. 이 책에서 제시한 내면에 건강한 바운더리를 세우는 지혜와 통찰을 배워갈수록, 우리는 자신에 대해 새로운 관점을 갖게 되며, 타인을 바라보는 시선도 이전보다 훨씬 더 명확해질 것이다.

타인의 위험한 부분과 건강한 거리 유지하기

"모든 사람과 더불어 화목하라"(롬12:18)는 말씀대로 살고 싶지만, 상처 주는 사람의 내면에 있는 지나치게 위험한 부분 때문에 갈등이 해결되지 않을 때, 우리는 어떻게 해야 할까? 분노나 비난, 조작적인 행동을 보이는 상대 내면의 부분들이 성령의 인도하심을 받는 참자아를 따르기 어려운 상태라면, 우리 내면의 부분 탐지기가 지금은 자신을 보호해야 할 때라고 신호를 줄 수 있다. 누군가에게 반복적으로 상처를 받고 있다면, 반드시 다음 사실에 주의를 기울이고 기억해야 한다. 즉, 그 사람은 완전히 악한 존재가 아니라, 여전히 하나님의 창조물이라는 것, 그리고 그는 본래 **선한 의도**를 지녔지만, 뿌리 깊고 길을 잃어버린 내면의 보호자 부분을 **대신해 말하지 않고** 그 부분에 **휘둘려 말하며** 행동한다는 것이다.

어쩌면 그 사람은 우리의 친구나 가족, 지인일 수도 있으며, 가까운 시일 내에 변화할 가능성이 거의 없을 수도 있다. 그런 경우에는 우리 안에 있는 상처 입은 부분이 성령의 인도하심을 받는 참자아의 주의 깊은 돌봄과 인도를 받아야 한다. 그들과 건강한 거리를 유지해야 할 때인 것이다.

그러나 어떤 상황에서는 예의나 전통, 또는 가족 모임이나 직장

행사와 같은 의무적인 일 때문에, 그 사람과 얼굴을 마주해야만 할 때가 있다. 그런 경우에는 더 이상 상처받지 않도록 미리 전략을 세우고 바운더리를 설정해야 한다. 예를 들면, 대화에서 피해야 할 주제를 정해두고, 그 주제가 나오면 화제를 돌리거나 자리를 뜨는 것이다. 필요하다면 미리 대본을 준비해서 단호하게 말할 수도 있어야 한다. 우리 안의 상처 입은 부분에게 이렇게 약속하자. "이 사람과 함께 있는 시간을 최소화할 거야. 필요할 때는 반드시 바운더리를 세워 줄게." 때로는 친구 전략을 활용해 절대 혼자서 그 사람을 마주하지 않도록 할 수도 있다. 이렇게 약속을 지켜나갈 때마다 내면 가족은 점점 더 나를 신뢰하게 될 것이다.

또한 한 가지 명심해야 할 것은 타인의 뿌리 깊은 보호자 부분과 싸우는 일은 결국 상처만 깊어질 뿐이라는 것이다. 이 사실을 기억하는 것만으로도 상황을 더 신중하고 현명하게 판단하고 행동할 수 있게 된다.

다음에 그 사람과 마주하게 될 때는 자신의 상처받기 쉬운 부분을 마음 안의 작은 방에 머물게 하자. 그 부분에게 자신을 지킬 준비가 충분히 되어 있다고 안심시켜 주자. 우리가 예수님께 삶을 맡길 때, 성령 하나님이 우리와 함께하신다. 시편의 저자도 이렇게 고백했다. "여호와여 주는 나의 방패시요 나의 영광이시요 나의 머리를 드시는 자이시니이다"(시3:3). 상처받은 우리 내면의 부분에게는, 다시는 다른 사람의 비판적이거나 가혹하거나 학대적인 부분 앞에 서게 하지 않겠다고 약속하자. 그리고 위험하다고 느낄 때는 그 자리를 떠나겠다고 알리자. 이런 작은 약속을 내면의 부분에게 지켜갈수록, 우리는 자신을 더욱 신뢰하게 됨은 물론, 나아가 성령의 인도하심을 받는 참자아의 명확하고 차분한 리더십을 더욱 신뢰하는 법을 배우게 될 것이다.

또한 타인의 위험한 부분과 마주할 때, 우리 안의 분노한 보호자가 나타날 수도 있다. 그 보호자는 타인과 맞서 싸우거나 날카로운 말을 퍼붓고 싶어 할지도 모른다. 그럴 때는 기도하면서 상상력을 활용해 먼저 그 부분에게 충직하게 자신을 지켜준 데 고마움을 표시하자. 그리고 이제부터는 새로운 역할, 곧 바운더리 자문가 역할을 맡겨, 앞으로 우리의 '안전지대'가 위협을 받을 때마다 경고해 달라고 부탁하자. 그리고 이 새로운 자문가에게 성령의 인도하심을 받는 참자아가 주도권을 쥐고 상황을 이끌 것임을 알게 하자.

경우에 따라서는 그 사람과 직접 맞서야 할 때도 있다. 하지만 그때 만약 그로부터 기대했던 반응을 얻지 못했다면, 우리 안의 실망한 부분과 친해지고, 나아가 그 부분이 내면 가족 안에서 새로운 역할을 찾을 수 있도록 도와주자. 그러다 보면 이 실망한 부분도 갈등 상황에서 성령의 인도하심을 받는 참자아의 판단을 신뢰하게 될 것이다.

진정한 강함은 외부에서 오는 것이 아니라, 내면에서 길러지는 힘이다. 이 힘은 성령의 인도하심을 받는 참자아가 우리 안의 여러 상처 입은 부분들을 돌보는 과정에서 쌓아가는 신뢰와 섬세한 자기 이해에서 비롯된다. 이런 힘이 자라날수록, 우리는 어떤 상황에서도 쉽게 흔들리지 않게 될 것이다.

은혜는 틈을 메운다

감사하게도 그 어떤 것도 우리를 하나님의 사랑에서 끊을 수 없다. 예수님은 그분의 삶과 죽음, 부활을 통해 회개하는 모든 사람에게 무한한 용서를 베풀어 주신다. "만일 우리가 우리 죄를 자백하면 그는 미쁘시고 의로우사 우리 죄를 사하시며 우리를 모든 불의에서 깨끗하게 하실 것이요"(요일1:9). 그리고 하나님이 우리에게 넘치도록 용서를 베푸셨기에, 우리 역시 그분의 사랑 안에서 자신과 타인을 용서하라는 부르심을 받는다.

어떤 경우에는 용서가 쉬울 때가 있다. 그러나 때로는 용서를 실천하는 일이 참으로 버겁게 느껴질 때도 있다. 상처가 깊을수록, 우리는 자신이나 타인이 범하는 같은 잘못에 대해 계속 반복해 용서해야만 할 때가 있다. 왜냐하면 고통의 새로운 층위가 드러날 때마다 마음이 다시 아파오기 때문이다. 신학자 N. T. 라이트(N. T. Wright)는 이렇게 말했다. "우리는 오직 천국에서야 비로소 온전히, 완전하게 용서할 수 있을 것이다."[5] 그때까지 우리는 용서를 실천하려 애씀으로써 하나님 나라를 확장하는 일에 동참할 수 있다.

용서의 과정을 돕기 위한 한 가지 방법은 자신이 용서하기 어려운 어떤 사람을 떠올리는 것이다. 그 사람을

> 하나님이 우리에게 넘치도록 용서를 베푸셨기에, 우리 역시 그분의 사랑 안에서 자신과 타인을 용서하라는 부르심을 받는다.

마음속에 떠올린 후, 다음 문장을 완성해 보자.

1. 내가 용서하기 힘든 사건은…
2. 내가 아주 사소하게라도 그와 비슷한 행동을 했던 적은…
3. 내가 용서하기 힘든 그 사건에서 가장 상처받았던 점은…
4. 그 일이 건드린 내 어린 시절의 핵심적인 상처는…
5. 우리 사이의 암묵적인 약속이 깨져버린 것은…
6. 그 갈등에 기여한 나의 성격적 측면은… (단, 어린 시절의 학대에서 비롯된 상처는 해당되지 않음)
7. 그 사람이 왜 그런 행동을 했는지를 이해하는 데 도움이 되는 내가 알고 있거나 짐작하는 사실은…
8. 지금 이 시점에서 내가 놓아주지 못하고 있는 두려움은…
9. 나의 진짜 모습은…
10. 작별을 고해야 할 좋았던 것들, 나빴던 것들, 그리고 이루어 질 수도 있었던 것들은…
11. 이 아픈 경험을 통해 내가 얻게 된 감사한 선물은…
12. 내가 앞으로 치유의 여정을 계속해 가기 위해 취해야 할 다음 단계는…

앞으로의 참자아를 위한 마지막 기도

우리가 이 책에서 성령의 인도하심을 받는 참자아 리더십의 여정을 함께 걸어오며 깨닫는 것은, 우리 역시 여전히 온전함을 향해 나아가는 중에 있다는 사실이다. 그러나 우리는 하나님이 지으신 모습 그대로 변화되어 가는 길 위에 있음을 확신하면서 이 여정을 걸어간다. 바울의 표현처럼, "푯대를 향하여 그리스도 예수 안에서 하나님이 위에서 부르신 부름의 상을 위하여 달려가"는 것이다(빌3:14).

이제 우리도 앞을 향해 달려가며, 잠시 눈을 감고 하나님이 바라보시는 시선으로 나 자신을 바라보자. 지금 나는 어떤 짐을 내려놓고 있는가? 나를 가장 사랑하시는 하나님으로부터 어떤 자질과 은혜를 받아들이고 있는가? 그 모든 은혜를 깊이 받아들이며, 다른 이들에게 아낌없이 나누도록 하자.

하나님의 말씀에 담긴 이 진리들을 마음에 새기자. 이 진리는 하나님께 삶을 드린 사람이라면 누구에게서든, 그의 모든 내면에 동일하게 적용되는 변함없는 실재다. 나는 하나님의 자녀로 입양되었고, 기꺼이 받아들여졌으며, 이름으로 불림을 받았다. 나는 그리스도 안에 감추어졌고, 선택받았으며, 깨끗하게 씻김을 받았고, 온전히 용서받았다. 나는 구속되었고, 성령과 능력, 자비와 은혜를 받았으며, 지성소로 들어갈 수 있는 길을 얻었다. 나는 그리스도의 마음을 지녔고, 그분 안에서 온전하게 되었으며, 그분의 의로 옷 입었고, 그분의 사랑 안에서 쉼을 누린다.[6]

우리는 모두 온전함과 풍성한 삶으로 다른 이들을 격려할 수 있는 탁월한 역량을 지닌 존재다. 이 여정을 계속해 가며, 하나님께서 얼마나 나를 기뻐하시고, 사랑하시며, 자랑스러워하시는지를 알아가게 되기를 기도한다. 하나님께서 나를 만나주시고 이 생애와 영원 속에서 참된 자유와 기쁨을 누리게 하시기를 바란다. 하나님의 능력이 내 안의 의무적이거나 방황하거나 고통받는 모든 부분 안에서 역사하셔서, 그 모든 부분들이 주님의 빛 안에서 드러나고, 자비로 받아들여지며, 온전히 회복되게 하시기를 기도한다.

감사의 글

배움은 공동체 안에서 이루어지기에, 이 책을 세상에 내놓기까지 함께해 준 모든 이에게 진심으로 감사의 마음을 전한다.

이 프로젝트의 중요한 순간마다 우리를 격려해 준 친구들, 멘토, 교수님들, 그리고 트레이너들에게 감사드린다. 시작부터 믿고 지지해 준 존 타운센드(John Townsend), 리처드 슈워츠, IFS 공동체와 이 책의 유익한 원리를 가르쳐 준 이마고(Imago) 트레이너들과 동료들, 격려와 신뢰를 아낌없이 보내준 에이전트 웨스 요더(Wes Yoder), 탁월한 마케팅 컨설턴트 롭 이거(Rob Eagar), 열정적인 편집자 제니 바움가트너(Jenny Baumgartner), 그리고 헌신적인 토마스 넬슨 출판사 가족에게도 감사드린다. 또한 처음으로 이 개념들을 강의할 기회를 준 "기독교 시각예술인 연합(CIVA)"에도 감사를 전한다. 모두가 이 메시지를 믿어주셨고, 세상에 전해질 수 있도록 용기를 내어 함께해 주셨다.

편집을 도와주신 지혜롭고 매력적인 엘리자베스 커닝햄(Elizabeth Cunningham)에게도 감사드린다. 원고를 읽고 조언을 건네주며 응원해 주신 모든 분들, 그리고 용기 있는 여정을 걸으며 이 작업에 영감을 준 내담자들에게도 마음 깊이 감사드린다. 그중 일부 내담자들은 신원 보호를 위해 세부 사항을 바꾸는 조건 하에 자신의 이야기를 책에 담는 것을 허락해 주셨다.

킴벌리 밀러(Kimberly Miller)

책을 함께 쓰자는 아이디어를 처음 꺼내준 소중한 친구 앨리슨, 삶과 사역에 대한 열정으로 언제나 나를 북돋아 준 것에 감사한다. 나를 사랑하고 내 목소리를 들어준 가족들, 특히 부모님이자 인생의 롤모델인 하빌 헨드릭스(Harville Hendrix)와 헬렌 라켈리 헌트(Helen LaKelly Hunt)에게 깊이 감사드린다. 사랑하고 존경하는 삼촌 레이 헌트(Ray Hunt)와 텍사스 가족들, 예수 그리스도를 위해 온전히 헌신된 삶을 보여준 이모 준 헌트(June Hunt), 글쓰기를 연마하도록 도와주고 글쓰기 수련회를 위해 아낌없이 집을 내어준 이모 스와니 헌트(Swanee Hunt)에게도 감사드린다. 멜리아(Melia), 헌터(Hunter), 레아(Leah), 론(Ron), 그리고 고등학교 시절, 인성과 배려심으로 상을 받은 나의 언니 캐서린 루스(Kathryn Ruth), 내 눈에는 매일같이 그 상을 다시 받을 만한 사람이다. 그리고 무엇보다 사랑하는 남편 켄(Ken), 이 책의 모든 페이지를 읽고, 지혜를 나눠 주고, 서문 속 다윗 이야기와 8장에 담긴 링컨 이야기 작업을 함께해 준 그에게 깊은 감사를 전한다. 이 책에 담긴 모든 선한 것은 켄의 삶 속에서 내가 매일 목격하는 진실이다.

앨리슨 쿡(Alison Cook)

IFS 개념을 처음 소개해주고, 함께 이 여정을 걸어준 놀랍고도 소중한 공동 저자 킴에게 감사한다. 킴과 함께한 시간은 내게 큰 영광이었다. 어릴 적부터 내 마음과 영혼에 예술성과 언어 감수성을 불어넣어 준 언니 코트니(Courtney), 이 프로젝트 전반에 걸쳐 시간을 내어주고 그녀의 재능과 경청을 나누어 준 것에 감사한다. 변함없는 사랑과 섬김의 본보기가 되어 주신 부모님 윌라드(Willard)와 샐리 쿡(Sally Cook), 늘 기쁨을 안겨주는 존(John)과 베로니카(Veronica), 작가의 꿈 같은 공간인 뒷마당을 내어준 주디(Judy)와 데이비드(David), 이 책 전반에 그들의 지혜가 녹아 있는 게리(Gary)와 낸시(Nancy), 날카로운 통찰력과 유쾌한 유머로 이 프로젝트를 가능케 한 브룩(Brooke)과 체이스(Chase)에게도 감사드린다. 무엇보다 와이오밍 산들에 대한 그들의 사랑은 내 마음을 다시 집으로 이끌어 주었다. 그리고 마지막으로 내게 변함없는 지지와 신뢰를 보내 준 남편 조(Joe)에게 감사를 전한다. 명확한 관점과 통찰을 주는 조의 능력은 하늘이 주신 선물이다. 조와 하나가 되어 살아간다는 사실은 내 인생의 가장 큰 기쁨이다.

그리고 모든 은혜의 하나님께 찬양을 드린다. 그분은 언제나 우리 곁에 계신다.

"내가 가진 의는 율법에서 난 것이 아니요 오직 그리스도를 믿음으로 말미암은 것이니 곧 믿음으로 하나님께로부터 난 의라 내가 그리스도와 그 부활의 권능과 그 고난에 참여함을 알고자 하여 그의 죽으심을 본받아 어떻게 해서든지 죽은 자 가운데서 부활에 이르려 하노니 내가 이미 얻었다 함도 아니요 온전히 이루었다 함도 아니라 오직 내가 그리스도 예수께 잡힌 바 된 그것을 잡으려고 달려가노라 형제들아 나는 아직 내가 잡은 줄로 여기지 아니하고 오직 한 일 즉 뒤에 있는 것은 잊어버리고 앞에 있는 것을 잡으려고 푯대를 향하여 그리스도 예수 안에서 하나님이 위에서 부르신 부름의 상을 위하여 달려가노라"

_빌립보서 3장 9-14절

부록

영혼의 지도

내면에 존재하는 두 가지 보호자 유형 중 하나로, 감정적으로 안전하게 지키고 고통을 미리 예방하려는 역할을 한다. 관리자는 고통이 발생하지 않도록 사전에 차단하고 방지하는 데 집중한다.

주요 행동 예시: 과도한 걱정, 자기비판, 기쁘게 하려는 태도, 통제하려는 경향, 끊임없는 성취 추구, 완벽주의

내면에 존재하는 두 번째 보호자 유형으로, 고통이 이미 발생한 후 그것을 진압하거나 무디게 만들기 위해 작동한다. 관리자가 고통을 미리 막으려는 예방적 역할이라면, 소방관은 고통을 즉각적으로 덮으려는 반응적 역할을 한다.

주요 행동 예시: 과식, 자해, 중독, 공상에 빠짐, 과소비, 분노 폭발

내면에서 밀어내고 싶어 하는 연약하고 상처 입은 부분들. 과거의 고통스러운 기억 속에 갇혀 있으며, 내면 깊숙이 숨겨져 있다.

대표 감정: 수치심, 불안감, 외로움, 두려움, 상처, 슬픔

다섯 단계 연습 가이드
감정에 압도될 때 유턴하기

이 연습은 한 번으로 끝나는 작업이 아니라, 반복적으로 실천하면서 내면의 회복을 이루어가는 여정이다. 감정이 몰려올 때마다 성령의 인도하심을 받는 참자아로 돌아가는 길을 연습해 보자. 필요하다면 믿을 수 있는 친구나 멘토, 영적 동반자, 또는 상담사와 함께 이 과정을 나눌 수도 있다. 예수님조차 겟세마네에서 감정에 압도되셨을 때, 제자들에게 함께 깨어 있어 달라고 요청하셨다(마 26:36-38).

지금 가장 강하게 느껴지는 감정은 무엇인가?

1. 집중하기
- 이 감정을 몸의 어느 부위에서 느끼고 있는가?
- 이 감정에 집중할 때 떠오르는 생각이나 이미지는 무엇인가?
- 이 감정은 자기 자신과 얼마나 떨어져 있다고 느껴지는가?
- 이 감정과 관련된 가장 초기의 기억은 무엇인가?

2. 친해지기

- 이 감정을 느끼는 내면의 부분에 대해 어떤 감정이 드는가?
- 만약 호기심이나 연민 외 다른 감정이 느껴진다면, 그 감정을 느끼는 부분에게 잠시 물러나 달라고 요청해 보자.
- 다시 처음 감정을 느꼈던 부분으로 돌아가, 그 부분을 연민을 가지고 바라볼 수 있는가?
- 이 부분이 나에게 더 말하고 싶어 하는 것은 무엇인가?

3. 초대하기

- 이 부분이 예수님을 가까이 초대하고 싶어 하는가?
- 만약 그렇지 않다면, 이 부분이 가진 두려움이나 염려는 무엇인가? 예수님께 그것을 솔직히 말할 수 있는가?
- 예수님께서 말씀하시거나, 행동하시거나, 선물로 주고 싶어 하시는 것은 무엇인가?

4. 짐 내려놓기

- 이 부분이 지금까지 짊어지고 있던 짐은 무엇인가?
- 그 짐을 내려놓는 데 두려움은 없는가?
- 그 짐을 어떻게 내려놓고 싶은가?
- 이 부분이 그 대신 받고 싶어 하는 것은 무엇인가? (예: 평안, 안전감, 사랑의 확신)

5. 통합하기

- 이 감정을 불편하게 여겼던 다른 내면의 부분들을 떠올려 보자.
- 이 두 부분은 앞으로 내면 가족 안에서 어떤 역할을 하고 싶어 하는가?
- 이제 이 두 부분은 서로 하나의 팀이 되어 협력할 준비가 되었는가?
- 오늘 함께해 준 모든 내면의 부분들과 하나님께 감사하자.
- 이 다섯 단계를 마친 후, 이 부분들과 다시 연결되는 시간을 따로 마련하자.

용어집

IFS 모델(Internal Family Systems): 심리학자 리처드 C. 슈워츠(Richard C. Schwartz)가 개발한, 전 세계적으로 빠르게 확산 중인 근거 기반 심리치료 모델이다. 이 모델은 개인이 자신의 내면 안에 존재하는 다양한, 때로는 서로 충돌하는 부분들과 함께 작업하도록 돕는다. 그 목적은 각 부분이 맡고 있는 극단적인 역할에서 벗어나도록 하고, 참자아(Self)에 대한 신뢰를 회복하며, 모든 부분들이 조화를 이루도록 인도하는 데 있다.[1]

공간 만들기(Creating Space): 성령의 인도하심을 받는 참자아가 혼란스러운 부분에게 잠시 물러나 줄 수 있는지 정중히 요청하여, 내면에 여유 공간을 마련하는 과정이다. 이 공간은 성령의 인도하심을 받는 참자아가 상황을 이끌 수 있도록 돕고, 필요 시 또 다른 내면의 부분이 드러날 수 있는 여지를 제공한다. 이 과정을 통해 우리는 그 부분을 더 깊이 이해하고, 연민으로 돌볼 수 있게 된다.

그리스도인(Christian): 예수 그리스도의 은혜로운 용서를 받아들이고, 그분께 헌신된 삶을 살아가며, 그분의 가르침을 따르는 사람을 말한다(요1:12, 3:16; 롬10:9; 엡2:8).

내면 가족(Internal Family): 영혼을 구성하는 모든 부분과 성령의 인도하심을 받는 참자아를 포함한 전체를 의미한다. 이들 각 부분은 생물학적 가족처럼 상호작용하며, 어떤 구성원은 서로 잘 지내고, 어떤 구성원은 갈등을 겪기도 한다. 각 부분은 자신의 역할을 인식해야 하며, 내면의 조화를 이루기 위해서는 성령의 인도하심을 받는 참자아 리더십이 필요하다. 이 책에서 '내면 가족'은 '영혼'과 같은 의미로 사용된다. 자신의 부분이 몇 개인지를 정확히 아는 것은 필수가 아니며, 자주 나타나는 부분들을 인식해 가는 것이 실질적인 도움이 된다.

내면의 동반자(Internal Allies): 본래는 서로 경쟁하거나 충돌하던 내면의 부분들이 다섯 단계를 거쳐, 협력적이고 건설적으로 작동하기 시작한 상태를 말한다. 문제가 많던 부분들이 새로운 유익한 역할을 맡게 됨으로써, 내면의 적이 내 편이자 협력자로 변화된 것이다. (참조: 한 팀이 된 경쟁자)

내면의 적(Internal Enemies): 자신이 받아들이기 어렵거나, 내면의 다른 부분들과 통제권을 두고 갈등을 빚는 혼란 상태의 부분들을 일컫는다. 이들은 성령의 인도하심을 받는 참자아로부터 너무 멀어져 있거나, 반대로 지나치게 가까워져 조화를 이루지 못하는 상태일 수 있다.

내면 체계(Constellations of parts): 특정 반응을 함께 만들어내는, 서로 밀접하게 연결된 내면의 부분들로 이루어진 집단을 말한다. 부분들은 고립적으로 작동하지 않으며, 하나의 부분이 활성화될 때 관련된 다른 부분들도 함께 작동하면서 상호 영향을 주고받는다. 따라서 하나의 불편한 부분을 인식할 때, 그와 연결된 다른 부분들도 함께 등장함을 경험하게 된다.

다섯 단계(Five Steps): 혼란스럽고 압도적인 생각과 감정에 건강한 바운더리를 설정하도록 돕는 다섯 가지 실천 단계다. 이 책에서는 유턴하기(You-Turn)를 실천하기 위한 구조로 소개되며, IFS 치료 모델을 기독교적 관점에서 단순화한 형태로 제시된다.

1단계: 나를 압도하는 내면의 한 부분에 집중하기
2단계: 불편하게 느껴지는 이 부분과 친해지기
3단계: 예수님을 이 부분 가까이로 초대하기
4단계: 지친 이 부분이 짊어지고 있는 짐 내려놓기
5단계: 이 부분을 내면의 한 팀으로 통합하기

관리자(Managers): 보호자 유형의 하나로, 또 다른 유형인 소방관과 함께 작동한다. 관리자는 정서적 안전을 지키고 현실에 적응하도록 돕는다. 이들은 과업 중심적으로 기능하며, 수행, 생산, 보호, 타인을 기쁘게 하려는 행동을 유도한다. 생존 본능을 기반으로 하며, 고통을 직면하는 것은 비현실적이라 여긴다. 바운더리가 건강하지 않으면, 관리자는 깊은 기쁨이나 진정한 관계 형성을 방해하게 된다.

바운더리(Boundaries):

외적 바운더리: 물리적 또는 상상적인 선으로, 자신의 정당한 영향력과 책임의 범위가 어디서 시작되고 어디서 끝나는지를 보여준다. 일반적으로 바운더리는 사람이나 외부 상황과의 관계 속에서 고려된다.

내적 바운더리: 자신의 영혼 안에 존재하는 다양한 부분들의 영향력과 책임을 구분 짓는 상상적 선이다. 타인과의 관계에서 바운더리를 설정하듯, 내면에서도 바운더리를 설정할 수 있다.

건강한 바운더리: 영혼의 다양한 부분들 사이에 명확성과 조화가 이루어진 상태로, 각 부분이 자신의 영향력과 책임의 범위를 이해하고, 생명력 있고 가치 있는 방식으로 자신의 역할을 수행하는 상태다.

보호자(Protectors): 유배자가 고통을 느끼지 않도록 보호하려는 역할을 하는 부분들이다. 보호자에는 두 가지 유형이 있으며, 하나는 관리자, 다른 하나는 소방관이다.

부분(들)(Parts): IFS(내면가족체계) 치료에서 사용하는 용어로, 인간 영혼을 구성하는 다양한 내면의 측면이나 상태를 의미한다. 각 부분은 저마다의 생각, 감정, 신념, 충동, 그리고 자신만의 이야기를 지니고 있으며, 특정 역할을 수행한다. 이러한 부분들은 대개 성장 과정에서 형성되고, 상처나 트라우마를 겪을 경우 극단적인 방식으로 작동하게 된다. 이들을 제거할 수는 없으며, IFS의 목표는 각 부분이 치유되어 본래의 소중한 역할로 회복되고, 서로 협력하도록 돕는 것이다. (참조: 편안한 거리)

어떤 부분을 대신해서 말하기(Speaking on Behalf of a Part): 내면에서 한 부분이 앞서 나설 때, 성령의 인도하심을 받는 참자아가 그 부분의 감정을 해치지 않도록 부드러운 바운더리를 설정하고, 대신해서 표현해 주는 방식이다. 예를 들어, 분노에 휘둘려 말한다면 "너 정말 싫어!"라고 할 수 있지만, 분노를 대신해 말한다면 "나는 너를 아끼지만, 지금 내 안의 한 부분이 매우 화가 나 있어"라고 말할 수 있다.

부분 탐지기(Parts Detective): 타인의 보호자 부분 또는 유배자 부분을 감지하는 능력을 인격화한 상상의 부분이다. 이 부분 탐지기를 활용하면, 타인의 방어적이거나 상처 입은 부분이 도움이 되지 않는 행동을 유발할 때, 이를 알아차리고 호기심과 연민을 가지고 반응할 수 있게 된다.

분화(Differentiation): 둘 이상의 존재나 개념을 구별하는 과정이다. 내면적으로는, 성령의 인도하심을 받는 참자아가 자신의 내면의 특정 부분들과 동일시되지 않고, 일정한 거리에서 관찰자처럼 인식할 수 있을 때 분화가 일어난다. 이러한 분화를 통해 우리는 그 부분들을 성령의 인도하심을 받는 참자아의 관점에서 연민으로 바라볼 수 있게 된다.

성령(Holy Spirit): 기독교 전통에서 삼위일체 하나님의 세 번째 위격으로, 지성, 의지, 감정을 지닌 인격적 존재다. 성령은 그리스도인에게 위로자이자 상담자로 역사하신다(시139:7-8; 요14장; 롬8:26-27; 고전2:10-11; 엡4:30).

성령의 인도하심을 받는 참자아(Spirit-Led Self): 이 책에서 사용하는 용어로, 하나님의 성령에 의해 인도받는 자아를 뜻한다. 이 상태의 자아는 혼란스러운 생각과 감정에 민감하게 반응하고, 그들에게 필요한 돌봄을 제공할 수 있다. 성령의 인도하심을 받는 참자아는 또 하나의 부분이 아니라, 우리 존재의 중심이며, 영혼의 각 부분을 오케스트라처럼 조화롭게 이끄는 지휘자 역할을 한다.

성령의 인도하심을 받는 참자아 리더십(Spirit-Led Self-Leader ship): 이 책의 저자들이 제안한 상담 접근법으로, 바운더리 개념과 IFS 치료 모델을 기독교적 관점으로 통합한 방식이다. 이 과정은 영혼 안에 있는 상처 입은 부분들을 하나님과의 교제로 이끌며, 영혼 내에 건강한 바운더리를 형성하게 한다. 성령의 인도하심을 받는 참자아 리더십의 특징은 차분함, 배려, 호기심, 연민, 자신감, 연결감, 창의성, 용기, 명료함이며, 이는 갈라디아서 5장에 나오는 성령의 열매들과 일치한다.[2]

소방관(Firefighters): 보호자 유형 중 하나로(다른 하나는 관리자), 내면의 고통스러운 감정이나 생각이 터져 나올 때 이를 진압하려는 방식으로 작동한다. 고통스러운 사건이 발생한 직후, 소방관은 중독적이거나 충동적인 기분 전환 행동에 몰두함으로써 주의를 돌리고자 한다. 그러나 감정은 선택적으로 무디게 만들 수 없기 때문에 고통뿐 아니라 기쁨, 타인과의 연결감까지도 함께 차단되는 결과를 초래한다.

신학 점검자(Theology Inspector): 신학적 오류를 감지할 수 있는 능력을 인격화한 상상의 부분이다. 이 '신학 점검자'를 활용하면 누군가 성경의 진리와 모순되는 주장을 펼칠 때 이를 알아차릴 수 있게 된다.

압도됨(Overwhelm): 유배자 부분이 성령의 인도하심을 받는 참자아로부터 필요한 돌봄을 받지 못한 채 영혼 전체를 뒤덮는 극단적인 불편한 경험이다. 이 책에서는 독자의 이해를 돕기 위해, 보호자가 성령의 인도하심을 받는 참자아를 대신하거나 가릴 때도 이 용어를 사용한다. IFS에서는 이를 '뒤섞인 상태(blended)'라 부르며, 이는 참자아와 특정 부분이 분리되지 않은 상태를 말한다. 일반 심리학에서는 이와 유사한 개념을 '밀착(enmeshed)' 상태로 설명한다.

양극화(Polarized/Polarization): 두 부분이 서로 반대되거나 경쟁하는 방식으로 관계를 맺는 내면 상태로, 각 부분은 상대가 자신을 장악하거나 지배할 것이라는 두려움 때문에 성령의 인도하심을 받는 참자아에 접근하지 못하게 된다.[3] 양극화는 내면의 분열과 갈등으로 이어진다.

업데이트(Update): 성령의 인도하심을 받는 참자아가 유배자에게 지금까지 내면 가족이 쌓아온 자원과 지혜를 알려주며, 그가 더 이상 과거가 아닌 현재에 머물 수 있도록 돕는 과정이다.

영혼(Soul): 우리 존재의 비물질적 부분으로, 지성, 의지, 감정으로 구성되어 있다. 이 책에서는 '내면 가족'이라는 용어와 동의어로 사용된다.

유배자(Exiles): 두려움, 수치심, 죄책감, 슬픔, 외로움, 불안감 등 고통스러운 감정을 품고 있으며, 고통스러운 과거 경험에 고착되어 있는 내면의 부분들을 말한다. 이들은 오랜 시간 억압되거나 소외되어 왔고, 적절한 접근과 돌봄 없이 방치될 경우 내면을 압도하거나 예기치 않게 표출될 수 있다. 성령의 인도하심을 받는 참자아는 이들에게 연민과 인내로 다가가야 한다.

대물림된 짐(Legacy Burdens): 자라온 가족이나 문화로부터 세대를 거쳐 전해진 짐이다. 개인의 직접적인 경험에서 비롯된 것이 아니라, 왜곡된 신념, 역할, 감정 반응 등이 여기에 해당한다.

유턴하기(You-Turn): 내면을 바라보고, 압도하는 부분들을 성령의 인도하심을 받는 참자아 리더십 아래 두는 과정을 의미하는 용어다.[4] 유턴하기는 어려운 상황에서 무의식적인 반응이나 회피 대신, 의도와 배려를 담아 말하고 행동할 수 있도록 돕는다. 또한 자신의 생각과 감정을 문제로 보는 대신, 해결의 일부로 인식할 수 있도록 도와준다.

장악하다(Take Over): 보호자 역할을 하는 내면의 부분이 지나치게 영향력을 행사함으로써, 성령의 인도하심을 받는 참자아과 협력하지 않고 독자적으로 작동하는 도움이 되지 않는 내면의 경험이다.

죄(Sin): 하나님의 완전하고 거룩한 기준에 도달하지 못한 상태다. "모든 사람이 죄를 범하였으매 하나님의 영광에 이르지 못하더니 그리스도 예수 안에 있는 속량으로 말미암아 하나님의 은혜로 값없이 의롭다 하심을 얻은 자 되었느니라"(롬 3:23-24). 부분들이 상처를 입거나 트라우마를 겪으면 극단적인 생각, 감정, 역할로 치우치게 되며, 죄에 더 취약해진다.

짐(Burdens): 고통스러운 경험의 결과로 영혼의 일부인 부분이 떠맡게 된 극단적인 신념, 감정, 또는 기억을 말한다. 짐은 언제든 형성될 수 있으나, 대부분은 어린 시절, 복잡한 경험을 이해하거나 소화할 수 없었던 시기에 생긴다.

짐 내려놓기(Unburden): 유턴하기 다섯 단계 중 네 번째 단계다. 이 단계에서 유배자 부분에게 그가 지고 있던 짐을 벗어던지도록 초대한다. 과거에 묶여 있던 부분들이 이 과정에서 갱신되고, 현재로 불러와져 성령의 인도하심을 받는 참자아와 함께할 수 있게 된다.

집중하기(Focus): 유턴하기 다섯 단계의 첫 번째 단계다. 지금 경험하고 있는 가장 강한 생각이나 감정에 대해 호기심을 갖는다. 그 부분이 몸 어디에서 느껴지는지 알아차릴 수 있으며, 하나님이 주신 상상력을 활용해 그 부분을 시각화할 수도 있다. 그리고 그 부분에 대해 다른 부분들이 어떤 생각이나 감정을 갖고 있는지 알아차린 뒤, 이 다른 부분들이 잠시 물러나도록 요청하여 원래의 부분에 연민과 호기심으로 집중할 수 있게 한다.

참자아(Self): IFS에서 사용하는 용어로, 영혼 중 가장 순수한 중심부이며, 진정한 자신을 뜻한다. 참자아는 리더십을 제공하며, 연민과 자비, 관점, 호기심, 자신감과 같은 치유적 특성을 지니고 있다.

초대하기(Invite): 유턴하기 다섯 단계 중 세 번째 단계다. 이 단계는 영혼의 특정 부분을 예수님과 더 가까운 관계로 초대할 때 일어난다. 일반적으로 이때 그 부분이 예수님께 가까이 다가오기를 원하는지 물어보게 된다.

친해지기(Befriend): 유턴하기 다섯 단계 중 두 번째 단계다. 부분과 친해지기란, 성령의 인도하심을 받는 참자아가 영혼 안의 한 부분을 향해 호기심과 연민을 확장하고, 그 부분이 필요로 하는 돌봄을 제공하는 것을 뜻한다.

통합하기(Integrate): 유턴하기의 다섯 번째 단계다. 성령의 인도하심을 받는 참자아가 영혼 안에 있는 상반되는 부분들을 조율하고 화해시키는 과정이다. 통합을 위해, 서로 충돌하는 부분들과 협상하며, 삶의 가치, 비전, 사명, 목표에 부합하는 바운더리를 설정한다. 통합은 이전에 적대적이었던 내면의 부분들 사이에 조화를 이루게 한다.

편안한 거리(Comfortable Distance): 내면에서 과도하게 주도권을 쥐려는 부분들과 건강한 바운더리를 설정하고 유지할 때 생기는 결과를 말한다. 혼란스러운 부분에 너무 가까우면 혼란스럽고 압도당한 느낌이 들며, 성령의 인도하심을 받는 참자아의 시야를 잃기 쉽다. 반대로 그 부분과 너무 멀리 떨어져 있으면, 그 부분이 영혼 전체를 장악하려 들며 불쑥 튀어나오게 된다. 이 거리를 적절히 조절함으로써 성령의 인도하심을 받는 참자아 리더십을 유지하며 각 부분을 돌볼 수 있다.

한 팀이 된 경쟁자(Team of Rivals): 경쟁하던 내면 가족 구성원인 부분들이 유턴하기 다섯 단계를 거쳐, 성령의 인도하심을 받는 참자아 리더십 아래 협력적으로 작동하기 시작한 상태를 말한다. 이 용어는 도리스 컨스 굿윈(Doris Kearns Goodwin)의 에이브러햄 링컨 전기 *Team of Rivals*의 제목에서 따온 것이기도 하다.

회복을 향한 여정(Quest for Redemption): 상처받았던 상황을 무의식적으로 다시 재현하려는 노력으로, 그 안에서 상처 입은 부분이 치유를 경험하거나 어떤 방식으로든 회복되기를 바라는 내면의 시도다.

주(註)

들어가면서

1. 사무엘하 11:3.
2. Henry Cloud and John Townsend, *Boundaries: When to Say Yes, How to Say No to Take Control of Your Life* (Grand Rapids: Zondervan, 1992), 245-246. 『No라고 말할 줄 아는 그리스도인』(좋은씨앗).
3. IFS Institute, Evolution of the Internal Family Systems Model by Dr. Richard Schwartz, https://ifs-institute.com/about-us
4. Foundation for Self-Leadership, IFS, an Evidence-Based Practice, http://www.foundationifs.org/news-articles/79-ifs-an-evidence-based-practice
5. Dallas Willard, *Renovation of the Heart: Putting on the Character of Christ* (Colorado Springs: NavPress, 2002), 27. 『마음의 혁신』(IVP).

1장 왜 우리 영혼에 바운더리가 필요할까?

1. Dictionary.com, s.v. "soul," accessed August 21, 2017, http://www.dictionary.com/browse/soul?s=t
2. 윌라드, 『마음의 혁신』(머리말, 미주 5 참고).
3. Dictionary.com, s.v. "boundary," http://www.dictionary.com/browse/boundary?s=t
4. Harville Hendrix and Helen Lakelly Hunt, *Making Marriage Simple: 10 Truths for Changing the Relationship You Have into the One You Want* (New York: Harmony, 2013), 37.
5. '한 팀이 된 경쟁자(team of rivals)'라는 용어는 8장에서 더 자세히 다룬다.

6. Harvard Law School Library, "Ask a Librarian," http://asklib.law.harvard.edu/faq/115309. 1930년대 후반부터 하버드 대학교 총장은 졸업식 연설에서 로스쿨 졸업생들에게 이 문구를 전하고 있다. 이는 존 맥아더 맥과이어(John MacArthur Maguire, 1924-1973) 교수가 만든 말이다. "여러분은 이제 사람을 자유롭게 만드는 지혜로운 한계를 형성하고 적용하는 데 기여할 준비가 되어 있습니다."
7. 이 유턴하기 단계들은 앞서 언급했듯이, 미국 국가 근거기반 프로그램 등록부(NREPP)에서 근거 기반 치료로 인정받은 내면가족체계(IFS) 치료 모델을 기반으로 한다(머리말, 미주 4 참고).
8. 클라우드, 타운센드, 『No라고 말할 줄 아는 그리스도인』의 부제에서 인용(머리말, 미주 2 참고).

2장 성령의 인도하심을 받는 참자아

1. Henri J. M. Nouwen, *The Inner Voice of Love: A Journey Through Anguish to Freedom*, repr. ed. (New York: Image, 1998), 14.
2. 클라우드, 타운센드, 『No라고 말할 줄 아는 그리스도인』(머리말, 미주 2 참고).
3. Richard C. Schwartz and Martha Sweezy, *Internal Family Systems Therapy*, 2nd ed. (New York: The Guilford Press, 2019)『내면가족체계치료』(학지사, 2021).
4. '성령의 인도하심을 받는 참자아 리더십'이라는 용어는 우리가 새롭게 정의한 것이다. 이 용어는 IFS(내면가족체계) 치료 모델에서 사용되는 '새사람(Self) 리더십' 개념을 바탕으로 발전시켰다. 자세한 내용은 슈워츠, 스위지의 『내면가족체계치료』(학지사, 2021)를 참고하라.
5. 관련 내용은 C. S. 루이스, 『스크루테이프의 편지』(홍성사)와 달라스 윌라드, 『하나님의 음성』(IVP)을 참고하라.
6. 윌라드, 『마음의 혁신』(머리말, 미주 5 참고).

3장 내 안의 세 가지 부분

1. 커트 톰슨, 킴벌리 밀러와의 대화 중, 2015년 4월 10일.
2. IFS 모델에 대한 더 자세한 내용은 슈워츠, 스위지의 『내면가족체계치료』(학지사, 2021)를 참고하라(2장, 미주 3 참고).
3. 마음의 세 가지 부분에 대한 더 자세한 내용은 슈워츠, 스위지의 『내면가족체계치료』(학지사, 2021)를 참고하라(2장, 미주 3 참고).
4. 1980년대에 짐 스타인먼(Jim Steinman)이 작곡하고 웨일스 출신 가수 보니 타일러(Bonnie Tyler)가 불러 유명해진 노래 제목에서 따온 표현이다.
5. 슈워츠, 스위지, 『내면가족체계치료』(학지사, 2021) (2장, 미주 3 참고).
6. L. Y. Abramson, M. E. Seligman, and J. D. Teasdale, "Learned Helplessness in

Humans: Critique and Reformulation", *Journal of Abnormal Psychology* 87, no. 1(1978): 49-74.
7. Andy Crouch, *Strong and Weak: Embracing a Life of Love*, Risk, and True Flourishing (Downers Grove, IL: InterVarsity Press, 2016), 11.
8. 2013년 류마티스 학회지(Journal of Rheumatology)에 발표된 무작위 통제 연구에 따르면, IFS(Internal Family Systems) 기반 중재는 류마티스 관절염(RA) 환자의 통증과 우울 증상을 감소시키고, 신체 기능과 자기연민을 향상시키는 긍정적인 효과를 보였다. 하버드 의대 브리검 여성병원의 낸시 쉐딕(Nancy Shadick) 박사가 주도한 이 연구는 79명의 환자를 대상으로 시행되었으며, 연구진은 이 중재가 RA 환자에게 적용 가능하고 의학적 치료를 보완할 수 있다고 결론 내렸다.

4장 1단계 - 집중하기

1. IFS에서 말하는 '부분의 집단(clusters)' 개념에 대해서는 슈워츠, 스위지의 『내면가족체계치료』(학지사, 2021), 2장을 참고하라(2장, 미주 3 참고).
2. Anne Lamott, *Bird by Bird: Some Instructions on Writing and Life* (New York: Anchor, 1995), 27.
3. Teresa of Ávila, *The Interior Castle*, trans. E. Allison Peers (n.p.: Dover, 2007), 15. 『영혼의 성』(바오로딸). 또한 "내 아버지 집에 거할 곳이 많도다"(요한복음 14:2 참고).
4. 예를 들어, 사이칼라이브(PsychAlive) 웹사이트에 실린 "마음에 대한 발췌: 뇌의 가소성에 대한 댄 시겔(Dan Siegel) 박사의 설명"(Dr. Dan Siegel on Neuroplasticity: An Excerpt from Mind)에서는 뇌의 구조와 기능은 경험에 따라 변화할 수 있다는 '뇌의 가소성(neuroplasticity)' 개념에 대해 설명하고 있다. (해당 글은 2017년 9월 19일에 열람되었으며, 현재 주소는 https://www.psychalive.org/dr-daniel-siegel-neuroplasticity/ 이다.)
5. Alexis de Tocqueville, *Democracy in America* (New York: Alfred A. Knopf, 1994), 563. 『미국의 민주주의』(계명대학교출판부).

5장 2단계 - 친해지기

1. Henri Nouwen, *Reaching Out: The Three Movements of the Spiritual Life* (New York: Doubleday, 1975), 71. 『영적 발돋움』(두란노).
2. Toni Herbine Blank, Internal Family Systems Online Circle 트레이닝 영상, IFS Institute, http://ifs-institute.com.

6장 3단계 - 초대하기

1. Brother Lawrence, *The Practice of the Presence of God*, rev. ed. (New Kensington,

PA: Whitaker House, 1982), 26. 『하나님의 임재 연습』(두란노).
2. Marjorie J. Thompson, *Soul Feast: An Invitation to the Christian Spiritual Life* (Louisville, KY: Westminster John Knox, 1995), 7.
3. Richard J. Foster, *Celebration of Discipline: The Path to Spiritual Growth*, 3rd ed. (New York: HarperCollins, 1998), 7. 『영적훈련과 성장』(생명의말씀사).

7장 4단계 - 짐 내려놓기

1. Bessel van der Kolk, *The Body Keeps the Score*, 1 (see chap. 3, n. 3). 『몸은 기억한다』(을유문화사).
2. Richard C. Schwartz, *Internal Family Systems Therapy* (New York: Guilford, 1994), 138.
3. Richard Rohr and Andreas Ebert, *The Enneagram: A Christian Perspective* (New York: Crossroad, 2004), 54.
4. For more on attempts to re-create childhood relational dynamics in hopes of redeeming the past, see Harville Hendix *Getting the Love You Want: A Guide for Couples* (New York: Henry Holt, 2008), 34-44.
5. Nowen, *The Inner Voice of Love*, 49 (2장, 미주 1 참고).
6. 슈워츠, 스위지, 『내면가족체계치료』(2장, 미주 3 참고).
7. 갈라디아서 6:5. 또한 클라우드, 타운센드, 『No라고 말할 줄 아는 그리스도인』(머리말, 미주 1 참고).
8. For more on passive rescue wishes, see John Townsend, *The Entitlement Cure: Finding Success in Doing Hard Things the Right Way* (Grand Rapids: Zondervan, 2015), 268.
9. 슈워츠, 스위지, 『내면가족체계치료』(2장, 미주 3 참고).
10. Howard Thurman, *Disciplines of the Spirit* (New York: Harper & Row, 1963), 108.

8장 5단계 - 통합하기

1. Abraham Lincoln, *The Collected Works of Abraham lincoln*, ed. Roy P. Basler, vol. 2 (New Brunswick, NJ:Rutgers University Press, 1953), 461.
2. Doris Kearns Goodwin, *Team of Rivals: The Political Genius of Abraham Lincoln* (New York: Simon & Schuster, 2005). 『권력의 조건』(아르테).
3. Abraham Lincoln, *The Collected Works of Abraham Lincoln*, ed. Roy P. Basler, vol. 8 (New Brunswick, NJ: Rutgers University Press, 1953), 332.
4. 슈워츠, 스위지, 『내면가족체계치료』(2장, 미주 3 참고).
5. Abraham Lincoln, first inaugural address, *in The Collected Works of Abraham*

Lincoln, 3d. Roy P. Basler, vol. 4 (Rockville, MD: Wildside, 2008), 271.
6. Helen LaKelly Hunt, *Faith and Feminism: A Holy Alliance* (New York: Atria, 2004), 53.
7. Frederick Buechner, *Wishful Thinking—A Theological ABC by Frederick Buechner* (New York: Harper & Row, 1973), 95.
8. 김(Kim)은 Richard Schwartz에게서 영감을 받은 Betsy McConnell에게서 이 연습을 배웠다.

9장 분노

1. English Oxford Dictionaries, s.v. "anger," accessed September 22, 2017, https://en.oxforddictionaries.com/definition/anger.
2. June Hunt, *How to Forgive When You Don't Feel Like It* (Eugene, OR: Harvest House, 2007), 211-12.
3. 히브리어로 '물'을 뜻하는 단어는 Mayim이다. 요나 2장 5절에서 이 단어가 사용된 예를 볼 수 있다. "물이 나를 영혼까지 둘렀사오며 깊음이 나를 에워싸고…." 엘리콧 주석에서는 이렇게 설명한다. "히브리 시편에서 넘쳐흐르는 물의 이미지는 슬픔에 짓눌리는 상황을 표현할 때 흔히 사용된다." http://biblehub.com/commentaries/jonah/2-5.htm
4. 슈워츠, 스위지, 『내면가족체계치료』(2장, 미주 3 참고).
5. Catharina von Schlegel, "Be Still, My Soul," *Lutheran Worship* (St. Louis, MO: Concordia, 1986).

10장 두려움과 불안

1. English Oxford Dictionaries, s.v. "fear," accessed September 22, 2017, https://en.oxforddictionaries.com/definition/fear.
2. English Oxford Dictionaries, s.v. "anxiety," accessed September 22, 2017, https://en.oxforddictionaries.com/definition/anxiety.
3. Mother Teresa, *Come Be My Light: The Private Writings of the Saint of Calcutta* (New York: Doubleday, 2007), 187.
4. Mother Teresa, *Come Be My Light*, 188.
5. C. S. Lewis, *The Screwtape Letters and Screwtape Proposes a Toast* (New York: Macmillan, 1961), 39. 『스크루테이프의 편지』(홍성사).
6. Mary Oliver, "The Summer Day," *New and Selected Poems*, vol. 1 (Boston: Beacon, 1992), 94.

11장 슬픔

1. Dictionary.com, s.v. "sad," accessed September 22, 2017, http://www.dictionary.com/browse/sad?s=t.
2. Henri J. M. Nouwen, *Life of the Beloved: Spiritual Living in a Secular World* (New York: Crossroad, 1992), 92.
3. 김(Kim)은 Harville Hendrix가 개발한 The Goodbye Process 연습의 세 가지 범주를 그와의 개인적 대화를 통해 배웠다.
4. Miranda lambert, "The House That Built Me," by Tom Douglas and Allen Shamblin, MP3, on Revolution, Columbia Nashville, 2009.
5. Joni Eareckson Tada, "December 27: Inward Pain," *More Precious Than Silver: 366 Daily Devotional Readings* (Grand Rapids: Zondervan, 1998), 393.

12장 시기심과 욕망

1. Merriam-Webster Dictionary, s.v. "envy," accessed September 25, 2017, https://www.merriam-webster.com/dictionary/envy.
2. English Oxford Dictionaries, s.v. "desire," accessed September 25, 2017, https://en.oxforddictionaries.com/definition/desire.
3. See the usage note for "jealous," accessed September 19, 2017, *The Free Dictionary by Farlex*, http://www.thefreedictionary.com/jealous.
4. 신명기 21:16; 여호수아 24:19; 시편 78:58 참고.
5. 슈워츠, 스위치, 『내면가족체계치료』(2장, 미주 3 참고).
6. C. S. Lewis, *The Weight of Glory: And Other Addresses* (New York: HarperOne, 1949), 25-26. 『영광의 무게』(홍성사).

13장 죄책감과 수치심

1. The Free Dictionary by Farlex, s.v., "guilt," accessed September 25, 2017, http://www.thefreedictionary.com/guilt.
2. The Free Dictionary by Farlex, s.v. "shame," accessed September 25, 2017, http://www.thefreedictionary.com/shame.
3. June Hunt, *Counseling Through Your Bible Handbook* (Eugene, OR: Harvest House, 2008), 19.
4. Madeleine L'Engle, *Two-Part Invention: The Story of a Marriage* (New York: HarperCollins, 1988).
5. Brené Brown, "The Power of Vulnerability," YouTube video, 20:49, posted by TED, January 3, 2011, http://www.youtube.com/watch?v=iCvmsMzlF7o.

6. Curt Thompson, *The Soul of Shame: Retelling the Stories We Believe About Ourselves* (Downers Grove, IL: InterVarsity, 2015), 34.
7. Thompson, *The Soul of Shame*, 12.
8. Curt Thompson, *Anatomy of the Soul* (Carol Stream, IL: Tyndale, 2010), 53. 『영혼의 해부학』(IVP).

14장 타인의 불편한 감정들

1. Wayne Muller, *Sabbath: Finding Rest, Renewal, and Delight in Our Busy Lives* (New York: Bantam, 1999), 183.
2. Brené Brown, *The Gifts of Imperfection* (Center City, MN: Hazelden, 2010), 61.
3. Dan Siegel, *Mindsight: The New Science of Personal Transformation* (New York: Bantam, 2010), 116.
4. Thompson, *Anatomy of the Soul*, 3-4 (see chap. 13, n.8).
5. N. T. Wright, *Evil and the Justice of God* (Downers Grove, IL: InterVarsity Press, 2006), 145.
6. All of these statements are drawn from the Bible and are listed in the book by June Hunt, *Seeing Yourself Through God's Eyes* (Eugene, OR: Harvest House, 2008).

용어집

1. Center for Self Leadership, accessed October 2, 2017, https://www.selfleadership.org/.
2. IFS에서는 '참자아 리더십'이라는 용어를 사용한다.
3. 슈워츠, 스위지, 『내면가족체계치료』(2장, 미주 3 참고).
4. IFS에서는 '유턴하기'라는 표현을 같은 의미로 사용한다.